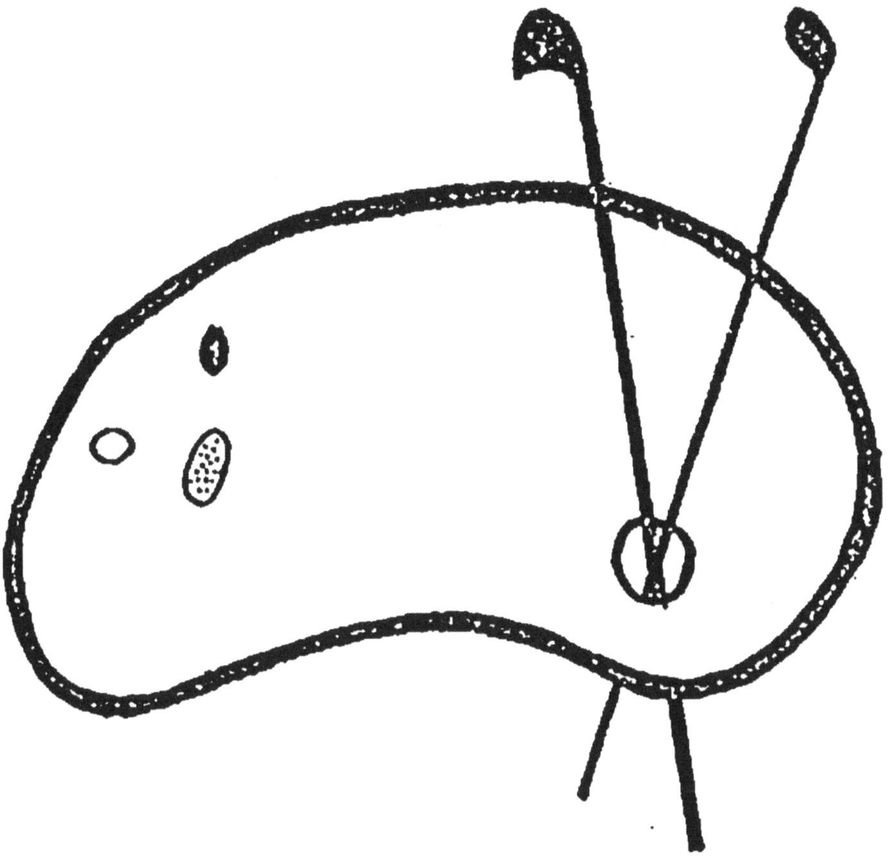

COUVERTURE SUPERIEURE ET INFERIEURE
EN COULEUR

ESSAIS

DE

CRITIQUE PHILOSOPHIQUE

PAR

AD. FRANCK

MEMBRE DE L'INSTITUT
PROFESSEUR AU COLLÈGE DE FRANCE

PARIS
LIBRAIRIE HACHETTE ET Cie
79, BOULEVARD SAINT-GERMAIN, 79

1885

Librairie HACHETTE et Cie, Boulevard Saint-Germain, 79, PARIS.

BIBLIOTHÈQUE VARIÉE A 3 FR. 50 LE VOLUME
FORMAT IN-16

Études littéraires.

Albert (Paul) : *La poésie*, études sur les chefs-d'œuvre des poètes de tous les temps et de tous les pays. 1 vol.
— *La prose*, études sur les chefs-d'œuvre des prosateurs de tous les temps et de tous les pays. 1 vol.
— *La littérature française des origines à la fin du xvie siècle*. 1 vol.
— *La littérature française au xviie siècle*. 1 vol.
— *La littérature française au xviiie siècle*. 1 vol.
— *La littérature française au xixe siècle*. 2 vol.
— *Variétés morales et littéraires*. 1 vol.
— *Poëtes et poésies*. 1 vol.

Berger (Adolphe) : *Histoire de l'éloquence latine, depuis l'origine de Rome jusqu'à Cicéron*, publié par M. V. Cucheval. 2 vol.
Ouvrage couronné par l'Académie française.

Bersot : *Un moraliste; études et pensées*.

Bossert : *La littérature allemande au moyen âge*. 1 vol.
— *Gœthe, ses précurseurs et ses contemporains*. 1 vol.
— *Gœthe et Schiller*. 1 vol.
Ouvrage couronné par l'Académie française.

Brunetière : *Études critiques sur l'histoire de la littérature française*. 2 vol.

Caro : *La fin du xviiie siècle; études et portraits*. 2 vol.

Deltour : *Les ennemis de Racine au xviie siècle*. 1 vol.
Ouvrage couronné par l'Académie française.

Deschanel : *Études sur Aristophane*. 1 vol.

Despois (E.) : *Le théâtre français sous Louis XIV*. 1 vol.

Gebhart (E.) : *De l'Italie*, essais de critique et d'histoire. 1 vol.
— *Rabelais, la Renaissance et la Réforme*.
Ouvrage couronné par l'Académie française.
— *Les origines de la Renaissance en Italie*.
Ouvrage couronné par l'Académie française.

Girard (J.), de l'Institut : *Études sur l'éloquence attique* (Lysias, — Hypéride, — Démosthène). 1 vol.
— *Le sentiment religieux en Grèce*. 1 vol.
Ouvrage couronné par l'Académie française.

Janin (Jules) : *Variétés littéraires*. 1 vol.

Laveleye (E. de) : *Études et essais*. 1 vol.

Lenient : *La satire en France au moyen âge*.
— *La satire en France, ou la littérature militante au xvie siècle*. 2 vol.

Lichtenberger : *Études sur les poésies lyriques de Gœthe*. 1 vol.
Ouvrage couronné par l'Académie française.

Martha (C.), de l'Institut : *Les moralistes sous l'empire romain*. 1 vol.
Ouvrage couronné par l'Académie française.
— *Le poème de Lucrèce*. 1 vol.
— *Études morales sur l'antiquité*. 1 vol.

Mayrargues (A.) : *Rabelais*. 1 vol.

Mézières (A.), de l'Académie française : *Shakespeare, ses œuvres et ses critiques*.
— *Prédécesseurs et contemporains de Shakespeare*. 1 vol.
— *Contemporains et successeurs de Shakespeare*. 1 vol.
Ouvrage couronné par l'Académie française.
— *En France*. 1 vol.
— *Hors de France*. 1 vol.

Montégut (E.) : *Poëtes et artistes de l'Italie*. 1 vol.
— *Types littéraires et fantaisies esthétiques*. 1 vol.
— *Essais sur la littérature anglaise*. 1 vol.

Nisard (Désiré), de l'Académie française : *Études de mœurs et de critique sur les poètes latins de la décadence*. 2 vol.

Patin : *Études sur les tragiques grecs*. 4 vol.
— *Études sur la poésie latine*. 2 vol.
— *Discours et mélanges littéraires*. 1 vol.

Pey : *L'Allemagne d'aujourd'hui*. 1 vol.

Prévost-Paradol : *Études sur les moralistes français*. 1 vol.

Sainte-Beuve : *Port-Royal*. 7 vol.

Taine (H.), de l'Académie française : *Essai sur Tite-Live*. 1 vol.
Ouvrage couronné par l'Académie française.
— *Essais de critique et d'histoire*. 2 vol.
— *Histoire de la littérature anglaise*. 5 vol.
— *La Fontaine et ses fables*. 1 vol.

Tréverret (de) : *L'Italie au xvie siècle*. 2 vol.

Wallon : *Éloges académiques*. 2 vol.

Chefs-d'œuvre des littératures étrangères.

Byron (lord) : *Œuvres complètes*, traduites de l'anglais par M. Benjamin Laroche. 4 vol.

Cervantès : *Don Quichotte*, traduit de l'espagnol par M. L. Viardot. 2 vol.

Dante : *La divine comédie*, traduite de l'italien par P. A. Fiorentino. 1 vol.

Ossian : *Poèmes gaéliques*, recueillis par Mac-Pherson, traduits de l'anglais par P. Christian. 1 vol.

Shakespeare : *Œuvres complètes*, traduites de l'anglais par M. E. Montégut. 10 vol.
Ouvrage couronné par l'Académie française.
Chaque volume se vend séparément.

Coulommiers. — Imp. P. BRODARD et GALLOIS.

ESSAIS
DE
CRITIQUE PHILOSOPHIQUE

DU MÊME AUTEUR

Dictionnaire des sciences philosophiques; 2º édition. 1 très fort volume grand in-8, broché........ 35 fr. »
Esquisse d'une histoire de la logique. 1 vol. in-8... 3 fr. »
La Kabbale. 1 vol. in-8......................... 7 fr. 50
La certitude. 1 vol. in-8....................... 8 fr. »
Études orientales. 1 vol. in-8.................. 7 fr. 50
Réformateurs et publicistes de l'Europe. 2 vol. in-8... 7 fr. 50
Philosophie et religion. 1 vol. in-8............ 7 fr. 50
Moralistes et philosophes. 1 vol. in-8.......... 7 fr. 50
Philosophes modernes. 1 vol. in-16............. 3 fr. 50
Philosophie du droit pénal. 1 vol. in-16....... 2 fr. 50
Philosophie du droit ecclésiastique. 1 vol. in-16. 2 fr. 50
Le mysticisme en France au XVIIIᵉ siècle. 1 vol. in-16.. 2 fr. 50
La vraie et la fausse égalité. Brochure........ » 25
La morale pour tous. 1 vol. in-16.............. 1 fr. 50

COULOMMIERS. — Typog. P. BRODARD et GALLOIS.

ESSAIS
DE
CRITIQUE PHILOSOPHIQUE

PAR

AD. FRANCK

MEMBRE DE L'INSTITUT
PROFESSEUR AU COLLÈGE DE FRANCE

---•---

PARIS
LIBRAIRIE HACHETTE ET Cie
79, BOULEVARD SAINT-GERMAIN, 79
—
1885
Droits de propriété et de traduction réservés

AVANT-PROPOS

Je n'ai rien à ajouter aux considérations que j'ai présentées dans une de mes précédentes publications [1], sur la haute antiquité de la critique philosophique et sur le rôle particulièrement utile qu'elle est appelée à remplir aujourd'hui. Il ne me reste donc qu'à donner une idée sommaire des matières auxquelles ce genre de critique s'applique et des résultats auxquels il a donné lieu dans le présent volume. Ils embrassent un grand laps de temps puisque, commençant à l'antiquité grecque, ils s'étendent jusqu'à des œuvres et à des systèmes de la philosophie contemporaine. Mais ce serait abuser de la confiance du lecteur que de lui laisser croire que ces différents essais forment un tout et peuvent donner un aperçu du travail de la pensée humaine pendant la suite des siècles auxquels ils se rapportent. Sans être isolés les uns des autres, parce que rien n'est isolé dans l'histoire, ils n'ont pas d'autre

---

1. *Philosophes modernes*, 1 vol. in-18, chez Didier et Cⁱᵉ, Paris, 1879, Avant-propos.

unité que celle des principes sous l'empire desquels ils ont été écrits, celle de la méthode qui a servi à constater et à recueillir ces principes, et celle de la doctrine qui en est la conséquence nécessaire. Les principes dont je parle, est-il nécessaire de le dire? sont ceux que l'intelligence humaine, depuis qu'elle a commencé à réfléchir, a toujours appliqués aux objets de ses réflexions, parce qu'ils sont le fond même de l'intelligence, le fond même de la raison, un fond inattaquable aux chimériques transformations de l'évolutionnisme et à l'analyse dissolvante de l'empirisme physiologique. La méthode qui met les principes en lumière, c'est la méthode d'observation, non moins différente de la méthode de construction, si longtemps en usage en Allemagne, que de la méthode de dissolution préconisée en Angleterre et dans une certaine école de notre pays. Elle consiste à regarder en soi-même et autour de soi, sans penser à détruire ou à créer et surtout sans essayer d'expliquer l'unité de la conscience, l'unité de la personne humaine comme un assemblage fortuit d'une multitude d'unités inconscientes. Enfin la doctrine, c'est le spiritualisme, non pas traditionnel, comme on affecte de l'appeler dans une intention dénigrante, mais libre et purement philosophique, bien qu'il se croie obligé de tenir le même compte des manifestations de l'esprit humain dans l'histoire que des faits et des lois directement aperçus par la conscience. Le spiritualisme, selon moi, n'est pas un système et encore moins le dogmatisme fermé de l'école, c'est la science philosophique elle-même, c'est-à-dire la science qui est le couronnement des autres, toujours prête à profiter de leurs œuvres, à s'enrichir de leurs découvertes et à les mettre en communication avec la raison d'où elles tirent leur commune certitude.

Voici maintenant ce qui fait l'intérêt de chacune des études dont ce volume se compose :

La première donne une idée de ce qu'était l'histoire naturelle ou, pour mieux dire, la philosophie zoologique dans l'antiquité grecque et chez le plus grand génie de cette époque. L'*Histoire des animaux* d'Aristote, récemment traduite en français par M. Barthélemy Saint-Hilaire, n'est étrangère à aucun des problèmes qui n'ont été abordés pour la première fois par l'esprit moderne qu'au XVIII° et au XIX° siècle. Peut-être est-ce encore le philosophe grec qui en a donné la meilleure solution en montrant, par une sorte de prévision des observations paléontologiques d'Agassiz et des arguments de Cuvier contre Geoffroy Saint-Hilaire, que la nature a des lois, par conséquent des formes immuables ; que les espèces vivantes, obéissant à ces lois et répondant à ces formes sans lesquelles tout est confusion dans l'univers, conservent ce qu'elles ont d'essentiel au milieu des changements qui peuvent les atteindre ou que la volonté de l'homme leur impose. Aristote, dans le même ouvrage, soutient contre les empiriques et les positivistes de son temps le principe des causes finales, inséparable pour lui de l'ordre qui règne dans la nature et de l'intervention de la raison dans les sciences.

En passant de l'antiquité grecque aux premiers siècles de l'ère chrétienne, nous voyons les discussions théologiques et les questions de dogme remplacer la philosophie pure et l'étude des sciences naturelles. Parmi ces questions, il n'en est pas qui attirent plus les esprits que celles de la création, de l'origine et du premier état des âmes et de leurs destinées après la mort. Origène les a traitées avec une originalité et une hardiesse qui ont surpris et souvent scandalisé les théologiens de son temps et bien plus encore leurs successeurs. Il ne reconnaît qu'une création éternelle donnant naissance à des mondes sans nombre. Il ne reconnaît que des âmes libres, égales entre elles, qui se sont elles-mêmes rendues inégales par l'inégalité de leur volonté dans la poursuite du bien et dans la fuite du mal. La chute qui a entraîné un grand nombre d'entre elles n'est point irréparable. Se relevant par l'expiation et par le repentir, toutes atteindront la béatitude finale. C'est à l'occasion du savant livre de M. Denis, couronné par l'Académie des sciences morales et politiques, que j'ai été amené à m'occuper d'Origène et à signaler entre sa doctrine et certaines traditions kabbalistiques et mazdéennes des ressemblances trop négligées jusque-là.

C'est un autre livre non moins savant et également couronné par la cinquième classe de l'Institut, l'*Histoire de la philosophie scolastique* par M. Hauréau, qui m'a donné l'idée d'une étude sur la philosophie du moyen âge. C'était déjà, je crois, rendre aux esprits cultivés, mais un peu étrangers aux arides recherches de l'érudition, un service d'une certaine valeur que de leur faire connaître, dans ses éléments essentiels et dans ses conclusions les plus importantes, l'ouvrage de

M. Hauréau. Mais je ne me suis pas borné à ce rôle de libre intermédiaire entre l'auteur et le public. M. Hauréau est un nominaliste, non pas sans doute à la façon de Roscelin, mais à celle de Guillaume d'Ockam, le devancier au XIV⁰ siècle de la philosophie de Locke et même, à certains égards, de celle de Kant. C'est dans le nominalisme qu'il aperçoit la plus fidèle interprétation de la pensée d'Aristote et c'est le règne d'Aristote qu'il croit reconnaître dans celui de la scolastique. Ces trois opinions de M. Hauréau, soutenues d'ailleurs avec une rare abondance de recherches et un grand talent de discussion, je les ai combattues de toutes mes forces. Je pense avoir réussi à démontrer que le nominalisme du XIV⁰ siècle, comme l'empirisme et le positivisme de nos jours, n'est qu'un abaissement de la philosophie qui ne tarderait pas, s'il venait à prévaloir, à devenir l'abaissement de l'esprit humain. Les yeux fixés sur le texte d'Aristote, notamment sur le XIIe livre de la *Métaphysique* et le IIIe livre du *Traité de l'âme*, j'ai pu, je crois, établir également que le chef du Lycée n'est pas aussi éloigné qu'on le pense et que n'ont cessé de le répéter de prétendus disciples, du maître qu'il combat si souvent et avec tant d'injustice, de l'auteur du *Phédon* et de la *République*. Enfin, un simple coup d'œil sur les principaux systèmes et les maîtres les plus illustres du moyen âge, par exemple sur Albert le Grand et saint Thomas d'Aquin, suffit à convaincre une intelligence impartiale qu'ils se partagent en nombre à peu près égal entre Platon et Aristote. Seulement il faut avoir soin de remarquer que c'est sous le nom d'Aristote que Platon, le plus souvent, fait accepter sa domination au moyen âge.

Parmi les idées les plus extraordinaires de cette époque, si longtemps regardée comme une ère d'aveugle soumission et presque comme une interruption de la vie intellectuelle, on rencontre le plan de réforme politique et religieuse proposé au XIVe siècle par Marsile de Padoue. Quatre siècles avant Rousseau et Montesquieu, Marsile de Padoue soutient, comme le premier, que la souveraineté réside, non pas précisément dans ce qu'on appelle le peuple, mais dans le corps entier de la nation, et comme le second, que la meilleure forme de la souveraineté nationale est le gouvernement représentatif, soit avec une monarchie constitutionnelle, soit avec une organisation républicaine. Comme Montesquieu aussi, il distingue entre le pouvoir exécutif et le pouvoir législatif. Mais ce qui donne un caractère particulier d'audace à son principal ouvrage, le *Défenseur de la paix* (*Defensor pacis*), c'est la distinction radicale qu'il établit entre les lois d'ordre civil et les lois d'ordre religieux, n'admettant pas que les dernières, qui s'adressent à la seule conscience, comportent, comme les autres, une sanction matérielle. J'ai résumé la doctrine politique et religieuse de Marsile de Padoue dans un volume qui remonte déjà à quelques années[1]; mais il m'a paru opportun d'y revenir et de m'y arrêter plus longtemps en faisant connaître en France le consciencieux mémoire de M. Labanca.

Avec Cornelius Agrippa, nous entrons dans l'ère de

---

1. *Réformateurs et publicistes de l'Europe, Moyen-âge, Renaissance*, in-8°, Paris, 1864.

la Renaissance. Ce personnage, de caractère équivoque comme plusieurs de ses contemporains, moitié charlatan et moitié homme de génie, avide d'aventures dans le domaine de la pensée aussi bien que dans les relations du monde, était mal connu jusqu'à présent. Aucun historien de la philosophie n'avait cru qu'il valût la peine d'être étudié de près. M. Prost a comblé cette lacune. Dans les deux substantiels volumes qu'il lui a consacrés et où l'on trouvera accumulés avec profusion de précieux documents de plus d'un genre, rien ne manque de ce qui peut mettre en lumière la vie d'Agrippa, ses interminables pérégrinations, son passage à travers plusieurs professions savantes qu'il n'avait pas le droit d'exercer, ses alternatives de fortune et de misère, de succès et de mécomptes, et surtout les querelles qu'il faisait naître, les colères et aussi les enthousiasmes qu'il allumait partout où il résidait quelque temps. Mais pour ce qui regarde ses doctrines, ses idées, la matière de son enseignement dans les universités de Dôle et de Pavie, M. Prost nous laisse dans le vague ou dans l'incertitude. Je me suis assuré que, pour se rendre maître de la pensée d'Agrippa, il fallait la chercher dans les livres hermétiques et écrits de Platon traduits en latin par Marsile Ficin, et bien plus encore dans la doctrine kabbalistique telle que Reuchlin l'avait comprise et en grande partie falsifiée dans ses deux principaux ouvrages. Il en résulte que Cornelius Agrippa n'est pas un sceptique, ainsi qu'on l'a cru jusqu'ici, par suite d'une fausse interprétation de son *Traité de la vanité des sciences* (*De vanitate scientiarum*); mais que chez lui le mysticisme alexandrin se mêlait, comme chez Paracelse, aux rêves de l'alchimie et à la pratique du libre examen.

Je passerai rapidement sur Antoinette Bourignon qui, d'ailleurs, tient une très petite place dans ce volume. Supérieure à Mme Guyon par la vigueur de l'esprit et l'originalité des idées, Antoinette Bourignon nous offre l'exemple d'un mysticisme particulier, surtout chez une femme plus métaphysique que religieuse, plus favorable au raisonnement et à ce qu'on pourrait appeler une libre philosophie, qu'au sentiment exalté de la foi et au respect des dogmes révélés. Plus d'un siècle avant les philosophes du XVIIIe siècle, elle réclame pour toutes les religions, sans en excepter le judaïsme, la plus large tolérance, confondue dans son esprit avec la charité. Au reste, toutes les religions, pour elle, se réunissent en une seule qui existe depuis le commencement du monde et qui durera éternellement, une religion qui se passe de miracles et de culte.

En rendant compte dans le *Journal des Savants* [1] et à l'Académie des sciences morales et politiques, de l'*Histoire de la philosophie en France au XIXe siècle* par M. Ferraz, j'ai exposé avec quelque étendue et jugé selon mes convictions les doctrines de Joseph de Maistre et de Bonald. Je m'étais déjà occupé plusieurs fois, dans mon cours d'histoire du droit naturel, de ces deux adversaires de toutes les libertés consacrées dans la société moderne. J'avais sur chacun d'eux des

---

1. Année 1880, cahiers d'avril et de mai.

opinions arrêtées que je mettais d'autant plus d'empressement à produire au jour que j'ignorais si, à l'âge où je suis arrivé, je trouverais une autre occasion de les faire sortir de mes manuscrits. Parmi ces opinions, il y en a une qui mérite, je crois, une certaine attention : c'est que les idées de Joseph de Maistre, qui nous paraissent les plus extraordinaires, telles que le caractère surnaturel de la Révolution française; la formation également surnaturelle et, par conséquent, l'origine divine des constitutions politiques des différents peuples; la nature divine et surnaturelle de la guerre; la vertu divinement purificatrice du sang répandu par la guerre et par les supplices, fût-ce le sang innocent; que toutes ces idées, dis-je, et quelques autres qui seront indiquées à leur place, ont été empruntées à Saint-Martin, *le philosophe inconnu*, et employées au profit de la théocratie pontificale, tandis que Saint-Martin ne les fait valoir que dans l'intérêt d'une théocratie indéfinie et purement mystique. Cette généalogie, comme on devait s'y attendre, a été vivement contestée. Un admirateur passionné de Joseph de Maistre et un défenseur convaincu de tous ses principes, de ses principes politiques aussi bien que de ses principes philosophiques et religieux, M. Amédée de Margerie, dans un livre très bien fait, très intéressant et qui contient un bon nombre de documents nouveaux [1], me reproche d'avoir eu le triste courage d'in-

---

1. *Le comte Joseph de Maistre, sa vie, ses écrits, ses doctrines, avec des documents inédits,* par Amédée de Margerie, doyen de la Faculté catholique des lettres de Lille, ancien professeur de philosophie à la Faculté des lettres de Nancy. 1 volume in-8º, Paris, 1882.

tenter à un homme tel que celui qui est l'objet de son culte « une accusation de plagiat et un procès en contrefaçon ». Des expressions aussi fortes, car ce sont bien celles que M. de Margerie emploie, sont tout à fait déplacées ici et ne répondent en aucune manière à ma pensée.

Tout d'abord il faut écarter le mot contrefaçon qui ne s'applique qu'à l'industrie. Il désigne l'imitation servile, faite dans un but de lucre, non seulement des inventions du prochain, mais du signe qui en garantit l'authenticité, ou de ce qu'on appelle la marque de fabrique. Le plagiat s'exerce sur les choses de l'esprit et il consiste à s'attribuer, en cachant avec soin le nom de l'auteur original, une partie ou la totalité de l'œuvre d'autrui, ses expressions aussi bien que sa pensée. Est-ce un acte pareil que j'ai imputé à Joseph de Maistre? Je ne pouvais pas même y songer. Sachant ce qu'est Joseph de Maistre et l'ayant étudié de près, j'ai dit seulement qu'il avait emprunté à Saint-Martin les idées que j'ai rappelées tout à l'heure, en leur donnant un tour personnel et en les employant au profit de ses conclusions monarchiques et ultramontaines. On n'est pas pour cela un plagiaire. La seule question à résoudre, c'est de savoir si le fait est vrai, si l'emprunt que j'ai signalé existe réellement. Eh bien! après avoir lu attentivement l'argumentation de M. de Margerie, j'ose affirmer qu'il est incontestable. Il suffit, pour en être convaincu, de comparer entre elles, sans parti pris, les citations que j'ai puisées dans les deux auteurs. De Maistre lui-même, loin de dissimuler ce qu'il doit à son mystique contemporain et à quelques autres esprits semblables à lui (il y en avait beaucoup dans les années qui précèdent et dans celles qui suivent la Révolution), semble, au contraire, s'en faire honneur. Il connaissait certainement les œuvres de Saint-Martin parues en grand nombre avant les siennes, puisqu'il l'appelle le « plus instruit, le plus sage et le plus élégant des théosophes français ». Il reconnaît qu'il a beaucoup fréquenté les sectes d'illuminés. « Mais, a-t-il soin d'ajouter, j'en suis demeuré à l'Église catholique, apostolique et romaine, *non cependant sans avoir acquis une foule d'idées dont j'ai fait mon profit* [1]. »

C'est un plaisir pour moi de rendre justice à la scrupuleuse exactitude de M. de Margerie. C'est lui qui nous a fait connaître pour la première fois, d'après une lettre inédite, cet important passage; mais c'est en vain qu'il cherche à amoindrir le sens des mots qui le terminent.

Les réflexions que suggère à l'esprit critique de notre temps ce qu'on a appelé la philosophie de Bonald et qui contient aussi sa politique, on les trouvera plus loin; je n'ai rien à y ajouter ici. Peut-être même me reprochera-t-on d'avoir trop insisté sur sa puérile théorie de l'institution divine de la parole et de l'écriture. Mais me rappelant que, dans les années de ma jeunesse, ces rêveries étaient enseignées par certains maîtres, avec l'approbation, sinon par les ordres de l'autorité, comme une des bases de l'orthodoxie chrétienne, je n'ai pas voulu me dispenser de les examiner à fond.

Dans les pages que j'ai consacrées à François

---

[1]. *Le comte de Maistre*, p. 431.

Thurot, j'ai voulu redresser une erreur et réparer un oubli. Dans les rares et très courts documents où il est question de lui, ce professeur érudit, helléniste et philosophe, digne titulaire de la chaire de philosophie grecque et latine au Collège de France, est représenté comme un des derniers défenseurs de l'école de la sensation, tandis qu'il a été, avec Laromiguière et Royer-Collard, un des premiers promoteurs de la rénovation spiritualiste qui a longtemps honoré et qui honore encore l'enseignement public dans notre pays.

En revanche, je serais tenté, si on me le permettait, d'attacher une importance capitale aux considérations que j'ai présentées sur l'école anglaise, non seulement sur sa morale, si habilement analysée par M. Guyau, mais sur les principes les plus essentiels de sa psychologie et de sa métaphysique. J'avoue que j'éprouve une véritable humiliation pour l'esprit de notre temps à voir la célébrité exceptionnelle dont jouit cette école à l'heure qu'il est et l'autorité qu'elle exerce un peu partout, mais peut-être nulle part autant qu'en France. On trouverait difficilement, je crois, dans l'histoire entière de la philosophie, autant d'affirmations arbitraires, de chimériques hypothèses, de raisonnements sophistiques, de conclusions contradictoires, de mépris pour l'histoire, la raison, le sens moral et le sens religieux de l'humanité qu'il y en a dans les innombrables, indigestes et prolixes volumes de M. Herbert Spencer et de ses auxiliaires. On dirait que le nombre pour eux remplace la qualité et que, sur les champs de bataille de la science comme sur ceux de la guerre, c'est aux masses que la victoire est assurée.

J'ai fait suivre l'école anglaise de deux philosophes français, l'un, M. de Pressensé, qui la combat avec vigueur, comme il combat en général tous les systèmes opposés au spiritualisme ; l'autre, M. Alfred Fouillée, qui, tout en gardant son indépendance, emprunte cependant à Herbert Spencer et à Darwin l'hypothèse de l'évolutionnisme ; et c'est en s'appuyant sur cette supposition qu'il prend à tâche de détruire tous les fondements de la morale. Je pense avoir donné une idée de cette œuvre de destruction et des objections de toute espèce qu'elle soulève contre elle. Quant à M. de Pressensé, quoique d'accord avec lui sur les points capitaux, je n'ai pas pu, pour l'honneur de la liberté philosophique, laisser passer sans discussion certaines propositions, qui me paraissent plutôt avoir leur fondement dans une tradition acceptée sans examen par la foi, que dans les faits constatés par la conscience ou dans les vérités imposées par la raison.

On sait maintenant ce que contient ce livre et dans quel esprit il a été composé. J'ose espérer qu'on ne le lira pas sans quelque profit.

AD. FRANCK.

Paris, le 31 janvier 1885.

ESSAIS
DE
CRITIQUE PHILOSOPHIQUE

L'HISTOIRE NATURELLE

DANS L'ANTIQUITÉ [1]

C'était une grande et périlleuse entreprise de traduire en français toutes les œuvres d'Aristote. Il fallait, pour y réussir, avoir devant soi de longs jours; être en possession de la langue grecque comme de sa propre langue; avoir l'esprit exercé à comprendre, non seulement les spéculations de la philosophie, mais celles des différentes sciences auxquelles Aristote a touché et dont quelques-unes lui sont redevables de leurs premiers progrès. Toutes ces conditions, M. Barthélemy Saint-Hilaire les remplit, et voilà un demi-siècle que, au milieu des révolutions, dans les situations les plus diverses et quelquefois dans les plus hautes fonctions de l'État, il poursuit avec persévérance la tâche

---

[1]. *Histoire des animaux* d'Aristote traduite en français et accompagnée de *Notes perpétuelles* par Barthélemy Saint-Hilaire, membre de l'Institut, sénateur. 3 vol. in-8, librairie Hachette, 1883.

qu'il s'est imposée. La persévérance n'exclut pas les interruptions, car je ne suppose pas que M. Barthélemy Saint-Hilaire, pendant qu'il était secrétaire général du gouvernement de M. Thiers ou lorsqu'il avait entre les mains le portefeuille des Affaires étrangères, eût le loisir de méditer sur la *Métaphysique* d'Aristote; c'est tout au plus s'il lui arrivait quelquefois de penser à sa *Politique*. D'ailleurs M. Saint-Hilaire s'est permis bien d'autres infidélités. Entre les 27 volumes qu'il nous a déjà donnés sur le philosophe grec, objet de sa dévotion suprême, il a trouvé le temps de glisser quelques livres de moins longue haleine, mais dont l'ambition de beaucoup d'autres se serait contentée. C'est une traduction en vers français des deux poèmes d'Homère. C'est un Mémoire sur le *Nyaya* ou le monument sanscrit de la logique des Indiens. C'est un travail sur les *Védas*, d'après les textes originaux. C'est une vie de *Çakya Mouni*, le fondateur du Bouddhisme, avec un exposé de sa doctrine. C'est une *Vie de Mahomet* avec une appréciation critique de sa religion. C'est un *Exposé de la philosophie des deux Ampère*. C'est un *Rapport sur l'École philosophique d'Alexandrie*. Enfin, ce sont des *Lettres écrites d'Égypte et sur l'Égypte* pendant un voyage occasionné par les travaux préparatoires du canal de Suez. Quant à Aristote, après avoir publié tout récemment, à trois ou quatre ans d'intervalle, la traduction de la *Métaphysique* et celle de l'*Histoire des animaux*, il ne reste plus à M. Barthélemy Saint-Hilaire, pour avoir terminé sa tâche, que quatre ou cinq volumes à mettre au jour, l'affaire de cinq ans tout au plus. Il y compte, quoique à la veille d'être octogénaire, et nous y comptons avec lui. C'est l'*Histoire des animaux* qui doit seule nous occuper ici.

C'est déjà un grave sujet de réflexion que ce livre, le premier et le seul de ce genre qui ait paru dans l'antiquité, ait été écrit par Aristote. On sait qu'il y a une École, très accréditée de nos jours, d'après laquelle la métaphysique n'a rien de commun avec la science et a disparu dans les ténèbres, après la théologie, aussitôt que la lumière de la science a commencé d'éclairer le monde. Eh bien! il faut que les philosophes positivistes en prennent leur parti, le même génie qui a créé la métaphysique, a créé aussi de toutes pièces la zoologie. Un fait semblable ne s'est-il pas produit dans les temps modernes? N'est-ce pas l'auteur de la *Monadologie* et des *Essais de théodicée* qui a été, ou seul ou en même temps que Newton, l'inventeur du calcul infinitésimal, et n'est-ce pas à un autre métaphysicien, à Descartes, qu'on doit l'algèbre appliquée à la géométrie?

Qu'Aristote soit le créateur de la science zoologique, c'est une vérité sur laquelle M. Barthélemy Saint-Hilaire ne laisse subsister aucun doute. Dans une savante *Préface* qu'il a placée en tête de sa traduction de l'*Histoire des animaux*, il montre qu'avant Aristote il n'y avait pas trace de cette branche des connaissances humaines.

Parmi les philosophes qui l'ont précédé et dont lui-même, lui seul, nous a transmis les observations, il y a eu des investigateurs pleins de sagacité qui ont entrevu quelques-unes des conditions de la vie et des lois de la nature. Ainsi le médecin et philosophe pythagoricien Alcméon de Crotone a compris la nécessité et donné le premier exemple des dissections. Empédocle a fait des recherches sur l'intensité variable de la chaleur dans l'homme et dans la femme, sur le développement du fœtus, sur la distinction des sexes dans l'embryon, sur la respiration des animaux et la croissance des plantes. Il a eu même comme un pressentiment des espèces antédiluviennes. Diogène d'Apollonie a porté son attention sur la respiration des poissons et des huitres. Il a aussi fait des dissections pour découvrir chez l'homme la structure des veines. Démocrite, le plus savant des Grecs avant l'auteur de l'*Histoire des animaux*, a écrit soixante ouvrages, tous perdus malheureusement, qui traitaient des sujets les plus variés, entre autres des animaux et des plantes. Quelques-unes de ses opinions nous sont connues et méritent de l'être. Mais il y a loin de ces essais multiples, de ces vues isolées et dispersées, auxquelles se mêlaient d'ailleurs beaucoup d'erreurs et de fables, à un traité régulier de zoologie, aussi complet qu'il pouvait l'être et plus que ne semblaient le permettre les conditions et l'époque où il a été composé. Ce n'est pas M. Barthélemy Saint-Hilaire qui le dit, c'est Buffon, c'est Cuvier.

« L'*Histoire des animaux* d'Aristote, écrit le premier, est peut-être encore aujourd'hui ce que nous avons de mieux fait en ce genre, et il serait fort à désirer qu'il nous eût laissé quelque chose d'aussi complet sur les végétaux et sur les minéraux. » Cuvier donne à son admiration une expression encore plus ferme et plus étendue. « De toutes les sciences, dit-il, celle qui doit le plus à Aristote, c'est l'histoire naturelle des animaux. Non seulement il a connu un grand nombre d'espèces, mais il les a étudiées et décrites d'après un plan vaste et lumineux dont peut-être aucun de ses successeurs n'a approché, rangeant les faits, non point d'après les espèces, mais selon les organes et les fonctions, seul moyen d'établir des résultats comparatifs. Aussi peut-on dire qu'il est non seulement le plus ancien auteur d'anatomie comparée dont nous possédions les écrits, mais encore que c'est un de ceux qui ont traité avec le plus de génie cette branche de l'histoire naturelle et celui qui mérite le mieux d'être pris pour modèle. Les principales divisions que les naturalistes suivent encore dans le règne animal sont dues à Aristote, et il en avait déjà indiqué plusieurs auxquelles on est revenu dans ces derniers temps après s'en être écarté mal à propos [1]. » Personne, assurément, ne soupçonnera Littré d'avoir des préventions en faveur du créateur de la métaphysique et de l'auteur du *Traité de l'âme*, un traité qui affirme l'existence d'une intelligence immortelle, incorruptible, supérieure à l'homme, principe actif de ses idées. Eh bien, Littré, en parlant de l'*Histoire des animaux*, tient le même langage que Buffon et Cuvier. « La physiologie, dit-il, naquit de la médecine à peu près vers l'époque où florissait Hippocrate. Toutefois, le premier travail physiologique qui nous soit parvenu appartient à

---

[1]. *Biographie universelle de Michaud*, article Aristote.

Aristote, et ce premier travail est un chef-d'œuvre [1]. »

Et comment Aristote a-t-il porté la science zoologique à cette hauteur où il n'a eu aucun devancier et où il n'a trouvé un successeur digne de lui qu'au commencement de notre siècle dans l'auteur du *Discours sur les révolutions du globe?* Sans doute la première cause en est dans son incomparable génie. Il en faut faire honneur aussi à Alexandre qui, sachant de quoi son maître était capable, l'a entouré de tous les moyens d'observation, de tous les échantillons des espèces vivantes que la vaste étendue de ses États et ses lointaines expéditions lui permettaient de rassembler. Mais ce qui a surtout rendu possible l'œuvre du naturaliste grec, ce qui en fait la grandeur, l'originalité, la solidité inébranlable, c'est l'esprit philosophique dans lequel elle a été conçue et exécutée, c'est la méthode que ce même esprit a créée et qui est son premier instrument. Personne ne la connaissait mieux qu'Aristote, car c'est lui aussi qui est le père de la logique, et, dès le premier jour, il l'a portée à un tel degré de perfection que Kant a pu dire, avec vérité, que, depuis le jour où elle est née, elle n'a pas fait un seul pas en avant. On voit que le moyen âge n'a pas mal placé son admiration. Il a choisi avec un remarquable discernement le maître qu'il lui fallait.

L'esprit philosophique qui trouve son emploi partout où la raison trouve le sien, surtout dans la science, qui sans lui n'est que de l'empirisme, a un grand rôle à remplir dans l'étude de la vie. Comment comprendre, en effet, la vie sans une fin proposée à l'être vivant et sans la subordination de tous les organes et de leurs fonctions à cette fin évidente, inévitable, rebelle à tous les arguments inventés pour la supprimer? Cette condition sans laquelle il n'y a plus de vie dans la nature, mais seulement des phénomènes physiques, chimiques et mécaniques, c'est ce qu'on appelle le principe des causes finales. Aristote, dans sa *Métaphysique,* en fait un principe nécessaire de la raison, en même temps

---

1. Paroles citées par M. Barthélemy Saint-Hilaire, p. xii de sa Préface.

que, dans son *Histoire des animaux*, et, bien plus encore, dans le *Traité des parties des animaux*, il la présente comme une loi universelle de la nature. Il n'y a pas, selon lui, dans la nature un seul être organisé qui n'ait une fin, et c'est précisément en vue de cette fin qu'il a reçu les organes qui lui appartiennent. Il n'y a pas de hasard dans la nature ; il n'y a pas non plus de nécessité ; car ce qu'on appelle de ce dernier nom, c'est l'ensemble des conditions que tout être doit remplir pour atteindre la fin qui lui est proposée, le but pour lequel il existe. Mais qu'est-ce que la fin d'un être, sinon son bien ? Donc, la nature veut le bien de chacune de ses œuvres, et l'on est d'autant plus sûr de la comprendre qu'on est plus pénétré de la pensée qu'elle ne fait rien en vain, qu'elle ne fait rien sans raison, que chaque organe a sa fonction à laquelle il est prédestiné, que toutes ces fonctions coopèrent à un but commun.

C'est à ce principe, complètement méprisé de nos jours, qu'Aristote est redevable de sa méthode, de cette méthode si admirée de Cuvier et qui consiste à ranger les faits d'histoire naturelle, non d'après les espèces, mais d'après les organes, en les comparant tous aux organes de l'homme, les plus parfaits que nous connaissions, ceux dont les fonctions nous présentent le moins d'obscurité. Par exemple, Aristote était dans l'erreur sur les fonctions et aussi sur la conformation du cerveau. Mais comment se faire une idée du cerveau des animaux, de son rôle dans les sensations et dans les instincts, de sa division elle-même, si l'on n'a pas commencé par se faire une idée quelque peu exacte du cerveau humain ? Il en faut dire autant des mœurs des animaux, de leurs industries, de leurs appétits, de leurs instincts. C'est en les comparant aux facultés analogues de l'homme que nous sommes en état de les distinguer les uns des autres, de leur assigner un caractère et un but, de leur donner des noms.

Et pourquoi l'homme nous est-il plus connu, est-il plus parfait à nos yeux, — aux yeux de la science et non pas seulement à ceux de notre amour-propre, — que tous les animaux de la terre ? Parce que, dit Aristote, « aucun animal, si ce n'est l'homme, n'est doué de raison ; l'homme est un être à part [1] ». Aussi, en faisant du singe une description aussi exacte que possible, ne lui vient-il pas à l'esprit de l'assimiler à l'homme ; et, si d'autres l'ont fait, c'est que, moins sages et peut-être moins savants que lui, ils ont oublié qu'il faut admettre d'abord l'existence du maître si on veut le faire descendre au rang de valet, et qu'il faut qu'il y ait un valet si, par imitation des antiques saturnales, on se propose de lui donner le rang de maître. La seule chose qui soit certaine, dans le rapprochement qu'on établit aujourd'hui entre les deux espèces, c'est que l'homme possède la raison ; ce qui est absolument hypothétique, c'est que le singe pourra l'acquérir un jour, après un nombre incalculable de siècles. Aristote s'en est tenu au certain, il a laissé l'hypothèse à ses modernes successeurs. C'est lui qui a compris les véritables conditions de la science.

Si la raison est la faculté maîtresse de l'homme, le privilège qui le met au-dessus et à part de tous les animaux, il est évident que son organisation est faite pour la servir ou lui obéir. Cette observation devient pour Aristote la réfutation éloquente d'un sophisme qu'Helvétius croyait avoir inventé et qu'il a rendu célèbre, mais qui a été trouvé par Anaxagore cinq siècles avant notre ère. L'un et l'autre ont osé soutenir que l'homme doit à ses mains la supériorité de son intelligence. « Anaxagore, dit Aristote, prétend que l'homme est le plus intelligent des êtres parce qu'il a des mains ; mais la raison nous dit, au contraire, que l'homme n'a des mains que parce qu'il est si intelligent. Les mains sont un instrument, et la nature, comme le ferait un homme sage, attribue toujours les choses à qui peut s'en servir. N'est-il pas convenable de donner une flûte à qui sait jouer de cet instrument plutôt que d'imposer à celui qui a un instrument de ce genre d'apprendre à en jouer ? » C'est le bon sens même qui tient ce langage, et aucune théorie

---

1. *Histoire des animaux*, Préface, p. xxx.

mécanique, physique ou chimique ne peut le détruire. Mais écoutons la suite, elle n'est pas moins remarquable. « La main n'est pas un instrument unique ; c'est plusieurs instruments à la fois ; elle est, on peut le dire, l'instrument qui remplace tous les instruments. C'est donc à l'être qui était susceptible de pratiquer le plus grand nombre d'arts et d'industries que la nature a concédé la main, qui, de tous les instruments, est applicable au plus grand nombre d'emplois. On a bien tort de croire que l'homme est mal partagé et qu'il est au-dessous des animaux parce que, dit-on, il n'est pas chaussé aussi bien qu'eux, parce qu'il est nu et parce qu'il est sans armes pour sa défense. Mais tous les animaux autres que l'homme n'ont jamais qu'une seule et unique ressource pour se défendre ; il ne leur est pas permis d'en changer pour en prendre une autre... Au contraire, l'homme a pour lui une foule de ressources et de défenses ; il peut toujours en changer à son gré et avoir à sa disposition l'arme qu'il veut et toutes les fois qu'il la veut [1]. »

Il y a dans ces lignes plus qu'une explication de l'organisation de l'homme, il y a toute une théorie de la nature, justifiée par les faits, justifiée par l'anatomie, et non seulement de la nature vivante, mais de la nature prise dans son universalité. Le principe des causes finales est pour Aristote un principe sans exception et sans limite. De là vient son admiration, on peut dire son enthousiasme pour la nature. Si l'art a le don de nous charmer en imitant par la peinture ou la sculpture quelques-uns des êtres et des objets qui nous entourent, combien, selon lui, l'impression produite sur notre esprit par la réalité ne doit-elle pas être plus vive et plus profonde que celle dont nous sommes redevables à toutes ces copies ! Il pense que parmi les êtres même les plus infimes et les détails qui flattent le

[1]. Ce passage, cité par M. Barthélemy Saint-Hilaire, p. cxxxvi-viii de sa Préface, n'est pas tiré de l'*Histoire des animaux*, mais du *Traité des parties des animaux*. On remarquera que ce dernier ouvrage n'est en réalité qu'une partie du premier.

moins nos sens, il n'y en a pas un qui ne soit digne d'être observé; car dans toutes les œuvres de la nature il y a place pour l'admiration, et l'on peut, ajoute-t-il avec une grâce tout attique, leur appliquer un mot qu'on cite d'Héraclite. Des étrangers qui étaient venus pour le voir et s'entretenir avec lui, le trouvèrent qui se chauffait au feu de la cuisine. « Entrez, leur dit le philosophe, entrez sans crainte; les dieux sont ici comme partout. » — « De même, continue Aristote, dans l'étude des animaux, quels qu'ils soient, il n'y a jamais à détourner nos regards dédaigneux, parce que dans tous, sans exception, il y a quelque chose de la puissance de la nature et de sa beauté. »

Il ne faut pourtant pas s'imaginer que dans ces œuvres qu'il observe avec tant de patience et qui lui inspirent une admiration à la fois si réfléchie et si vive, il fasse jamais intervenir la Providence telle que nous l'entendons. Ce nom même ne se présente pas une seule fois dans l'*Histoire des animaux* ni dans ses autres écrits. Et cependant il admet, il démontre avec soin l'existence de Dieu, d'un Dieu unique qui se suffit à lui-même. Mais ce Dieu n'agit sur le monde qu'en l'attirant à lui par l'amour, par le besoin, par l'idée de la perfection dont il est la réalisation éternelle : il est la cause finale, non l'auteur des êtres.

C'est vers lui qu'ils tendent, ce n'est pas de lui qu'ils dérivent, ce n'est pas lui qui les a formés ni qui leur a donné des lois. A cette double tâche la nature suffit, car la nature est un être réel, éternel comme Dieu dont la pensée la pénètre et l'inspire; elle ne fait rien en vain, elle ne fait rien sans raison ou sans une fin, et, comme on nous l'a déjà dit, comme Aristote le répète sans cesse, notamment dans son *Traité de la génération*, la fin en vue de laquelle une chose subsiste et se produit, est précisément ce qui constitue pour cette chose sa beauté et sa perfection ».

La base et en même temps l'originalité de cette doctrine, qui de la métaphysique a passé dans l'histoire naturelle, c'est que le principe des causes finales est un principe aussi absolu, aussi nécessaire à la pensée, aussi indispensable à la raison et à la science que le principe des causes efficientes. Cela revient à dire que nous ne comprenons pas mieux que dans l'ordre universel, dans l'ordre de la nature, une chose qui a commencé d'exister, existe sans raison, sans but, sans une fin à atteindre, que nous ne comprenons qu'elle existe sans cause. Ce n'est pas assez que nous sachions par qui ou par quoi elle a été produite ; notre esprit, qu'il y réussisse ou non, veut savoir aussi pourquoi elle a été produite. Avec leur éternel *pourquoi*, ce sont les enfants qui sont dans le vrai ; tandis que rien n'est plus faux, plus arbitraire, plus antiscientifique que cette prétendue science qui fait naître le monde sans cause et sans raison, et l'intelligence elle-même d'une force inintelligente.

Avec Aristote, la force qui est dans la nature ne s'exerce pas sans la raison qui est aussi dans la nature ; car, comment existerait-elle si elle n'était pas naturelle ? La raison, source de l'ordre ; la raison, source de la finalité et de l'accord des moyens avec la fin de chaque être, ce n'est pas autre chose que le beau et le divin que nous admirons dans les œuvres de la création : car le beau et le divin, selon Aristote aussi bien que selon Platon, sont de véritables causes. Par leur nature propre, ils réalisent, parmi les choses possibles, celles qui méritent le plus d'entrer en possession de l'existence : l'être, la vie, l'âme, parce que l'être vaut mieux que le néant, l'être animé que l'être inanimé et l'âme que le corps.

Dirigée par l'*idée du mieux*, laquelle est elle-même suggérée par l'amour de la perfection, la Nature est un artiste qui, par une méthode aussi ingénieuse que sûre, poursuit l'exécution d'un plan invariable. C'est ainsi que, dans la formation des animaux, elle commence par des esquisses, par de simples dessins, auxquels peu à peu elle applique un corps et des couleurs. A l'embrasser dans son ensemble, l'œuvre de la nature se compose de deux parties : d'une partie changeante et périssable : ce sont les individus ; d'une partie invariable et éternelle : ce sont les espèces. « C'est par elles que se perpétuent à jamais les hommes, les animaux et les plantes [1]. »

Tout en érigeant en principe, comme Leibniz l'a fait après lui, que la nature ne procède que par degrés; tout en signalant les différences, souvent imperceptibles, qui s'interposent entre les règnes de la nature et certaines espèces vivantes, Aristote nie absolument que les espèces se transforment les unes dans les autres. Il lui paraît évident que, sans elles, il n'y a plus de plan, plus de lois, plus de fixité dans l'univers, partant plus de science, et en toute occasion il en soutient la permanence. Aristote a-t-il tort? Rien ne le prouve; je crois même que le contraire a été prouvé. Quand on n'aurait à citer contre la doctrine de l'évolutionnisme que les objections d'Aristote et de George Cuvier, ce serait déjà une grande présomption contre elle. Mais il y a un illustre naturaliste, mort depuis peu d'années, qu'on affecte aujourd'hui de passer sous silence, comme on cherche à supprimer un témoin gênant, et dont les arguments, à ce qui semble, ne laissent rien subsister de la théorie de Darwin et de M. Herbert Spencer. C'est d'Agassiz que je veux parler. Agassiz a établi que, dans une période de trois à quatre cent mille ans que certains récifs de la Floride ont mis à se former, les espèces animales dont ces récifs contiennent les débris n'ont pas subi la plus légère modification. Il a fait la même observation sur tous les animaux du golfe du Mexique. Aucun de ces animaux, selon lui, n'a subi, durant le même laps de temps, un changement appréciable. Un développement progressif du règne animal tout entier, tel que le conçoivent et que l'affirment les sectateurs de l'évolution, il ne l'aperçoit nulle part; il le trouve, au contraire, en contradiction avec les résultats des recherches paléontologiques les plus récentes. Rien ne fait croire que les animaux rayonnés aient précédé les mollusques et les articulés dans les formations les plus anciennes,

---

1. *Traité de la génération*, passage cité et traduit par M. Barthélemy Saint-Hilaire, p. xlix de sa Préface.

ni que les animaux vertébrés aient apparu plus tard. C'est la conclusion opposée qui sort de toutes les observations recueillies jusqu'aujourd'hui. Dès la première apparition des animaux à la surface du globe, il y a eu simultanément des rayonnés, des mollusques, des articulés et même des vertébrés [1].

De telles propositions, émanées d'une telle source, méritaient au moins d'être examinées. Je n'ai pas souvenir que les évolutionnistes se soient donné cette peine. Mais comme chaque siècle a sa chimère pour laquelle il se passionne d'autant plus qu'il a moins de forces pour la défendre, il pourrait bien arriver que les générations à venir eussent de la transformation des espèces l'opinion que nous avons maintenant de la transmutation des métaux.

On voit que l'*Histoire des animaux* d'Aristote, devenue accessible à tout le monde, grâce à l'excellente traduction de M. Barthélemy Saint-Hilaire et aux éclaircissements de toute espèce dont il l'a accompagnée, intéresse à la fois les philosophes et les savants. Elle soulève les plus grandes questions qui puissent être traitées dans les deux camps, et les solutions qu'elle en donne n'ont pas vieilli autant qu'on pourrait le croire. L'*Histoire des animaux* fera mieux comprendre la *Métaphysique* et diminuera la distance qui, dans l'opinion générale, sépare Aristote de Platon. Ce serait grand dommage qu'il en fût autrement. Platon et Aristote, aussi longtemps que durera la civilisation, resteront les maîtres et les modèles des plus hautes spéculations de l'esprit humain.

---

[1]. Voir dans la *Revue des Deux Mondes*, janvier 1875, les articles de M. Blanchard sur Agassiz.

LA PHILOSOPHIE CHRÉTIENNE

AU TROISIÈME SIÈCLE [1]

I

Le livre à l'occasion duquel nous allons nous occuper d'Origène est, avec quelques développements et quelques changements en petit nombre, le mémoire que M. Denis a présenté en 1881 à l'Académie des sciences morales et politiques pour concourir au prix Victor Cousin, et que l'Académie a couronné. Ayant eu l'honneur d'être le rapporteur du concours de 1881, j'ai dû, pour rester fidèle à la pensée de la Section de philosophie dont j'étais l'interprète, n'apprécier le travail de M. Denis que par comparaison avec les mémoires de ses concurrents et dans ses rapports avec le programme proposé. Ici je me donne pour tâche de le considérer en lui-même, abstraction faite de toute condition prescrite et de toute préoccupation d'un prix à décerner. C'est un point de vue différent de celui où j'ai été obligé de me placer dans mon rapport académique [2] et qui me permettra, je l'espère, de ne pas me répéter.

1. *De la philosophie d'Origène*, par M. J. Denis, professeur à la Faculté des lettres de Caen, mémoire couronné par l'Institut (Académie des sciences morales et politiques). — 1 vol. in-8 de vii-730 pages, imprimé à l'Imprimerie Nationale, en vente chez Ernest Thorin. Paris, 1884.
2. Publié dans les *Comptes rendus des séances de l'Académie des*

L'ouvrage de M. Denis se divise naturellement en trois parties, que l'auteur n'a pas indiquées parce qu'elles se présentent d'elles-mêmes à l'esprit et aux yeux du lecteur. Dans la première, il est uniquement question d'Origène et des différents aspects sous lesquels on peut considérer sa doctrine, sa méthode, sa théologie, ses idées sur le monde et sur la nature humaine, sa théorie de la résurrection, sa foi dans le salut universel. La seconde partie nous fait connaître les destinées très diverses qu'ont eues dans l'histoire les opinions philosophiques et théologiques d'Origène, les adhésions et les résistances qu'elles ont rencontrées, l'influence tantôt visible, tantôt secrète qu'elles ont exercée depuis la fin du IIIe siècle jusqu'aux temps modernes. Enfin la conclusion que l'auteur se croit en droit de tirer de la succession des faits et de la discussion des idées, forme la matière de la troisième et dernière partie. Le tout est précédé d'une *Introduction*, où l'auteur nous fait assister à la naissance de l'École chrétienne d'Alexandrie et nous explique par quelles raisons, par quelles circonstances elle acquit bien vite un degré de célébrité et d'autorité que nulle autre ne partagea avec elle. A la fin du volume se trouve rejetée une savante et, je crois, une décisive dissertation sur les *Philosophoumènes*, que quelques-uns ont eu le tort d'attribuer à Origène. C'est naturellement l'introduction qui nous occupera d'abord, non seulement à cause de son rang, mais parce qu'elle nous fournit d'avance la solution de bien des problèmes que nous aurons à examiner plus tard.

La ville d'Alexandrie, pendant les deux siècles qui ont précédé et les trois ou quatre siècles qui ont suivi l'ère chrétienne, fut comme le confluent de plusieurs courants de civilisations, les uns partis de la Grèce, les autres de différents points de l'Orient. Toutes les opinions philosophiques et religieuses alors répandues dans le monde,

---

sciences morales et politiques, numéros de juillet et août 1882, p. 80 et suivantes.

toutes les orthodoxies et toutes les hérésies s'y mêlèrent et, sans se confondre, y subirent une profonde transformation. C'est là que furent rédigés les livres de *l'Ecclésiastique* et de *la Sagesse* et cette fameuse version des Septante, où le platonisme se fondit avec les enseignements de Moïse et des prophètes. C'est là que l'esprit éclectique de Philon, secondé par une ardente imagination et une érudition prodigieuse, réunit en un seul corps de doctrine, je me garderai de dire en un seul système, les spéculations les plus hardies de la sagesse orientale et les principaux systèmes de la philosophie grecque, sans oublier les traditions et les croyances de sa race. C'est là aussi que s'est développée la branche égyptienne du gnosticisme, représentée par Basilide et Valentin, qui, familière avec les religions et les philosophies de l'Orient, non moins versée dans la science des Écritures, absorbait le judaïsme et le christianisme dans une sorte de polythéisme métaphysique. Je ne parle pas de l'École néoplatonicienne, qui, si elle était née, n'était pas encore connue et dont Potamon et Ammonius Saccas ne nous présentent que d'obscurs précurseurs.

Comment supposer que les docteurs chrétiens d'Alexandrie aient échappé à ce milieu? Sur Pantène, le fondateur du Didascalée à la fin du IIe siècle de notre ère, il nous est arrivé des renseignements incomplets. Nous savons seulement qu'aucun des systèmes philosophiques de la Grèce ne lui était étranger et qu'il les faisait servir, surtout celui des stoïciens, à la démonstration ou à la défense de la théologie. C'était ce qui faisait l'attrait de son enseignement et lui donnait pour auditeurs les hommes les plus instruits non seulement d'entre les chrétiens, mais d'entre les païens et les Juifs. Quant à Clément, que nous connaissons directement par ses écrits, il est tout imprégné de l'esprit de Philon; il a si peu d'aversion pour les gnostiques, qu'il veut lui-même fonder une gnose, mais une gnose chrétienne plus sainte, plus fortifiante, plus fidèle à l'esprit, à la perfection morale de l'Évangile que celle des Valentin et des Basilide; enfin, tel est son culte pour la philosophie grecque

que, à certains moments, il la place au même rang que l'Écriture sainte. Toutes deux, selon lui, sont une révélation de Dieu, une manifestation du Verbe. Ce que les patriarches et les prophètes ont été pour les Hébreux, les philosophes de la Grèce, les Pythagore, les Socrate, les Platon, les Zénon l'ont été pour les gentils. Ils ont, par des moyens différents, ou plutôt en ne différant les uns des autres que par le langage, préparé les hommes au règne de Dieu et à la perfection évangélique. C'est presque le même fond d'idées que Lessing a développé quinze siècles plus tard dans son petit livre si souvent cité, il y a quelque cinquante ans, *De l'éducation divine du genre humain*. N'allons pas pour cela faire de Clément ce qu'on appelle aujourd'hui un libre penseur ou un rationaliste. Le surnaturel n'a rien perdu sur lui de l'influence qu'il exerçait sur tout son temps. Ainsi cette sagesse des Grecs, pour laquelle il professe une si vive admiration; cette philosophie, que nous appelons païenne, elle contient, à l'en croire, les trésors de vérité confiés par les anges aux filles des hommes qui les ont séduits par leurs charmes.

Origène n'éprouvait pas pour la philosophie grecque le même enthousiasme que son maître Clément; il avait surtout à cœur de la maintenir à une grande distance au-dessous de la sagesse révélée dans les Livres saints. M. Denis nous prouve par des arguments irrécusables qu'il la connaissait imparfaitement et que l'érudition qu'on lui attribue en ce genre est en grande partie imaginaire. Cependant, à s'en tenir strictement aux faits qu'il accepte et que dans mainte occasion il se plaît à faire ressortir[1], la différence entre le maître et le disciple n'est pas aussi grande qu'il veut le laisser croire. Tous deux se sont nourris des écrits de Philon et pensent comme lui sur un point très important, sur l'éternelle création du monde. Philon a peut-être plus d'autorité encore sur Origène que sur Clément toutes les fois qu'il s'agit d'interpréter l'Ancien

---

1. Je signalerai principalement la page 220.

Testament. Ainsi que Clément, Origène a les yeux fixés sur les gnostiques, car ce sont leurs doctrines que, le plus souvent, il combat par la sienne. S'il est moins épris ou moins bien informé de la métaphysique des philosophes, il accorde à leur morale plus de prix qu'on ne peut le supposer de la part d'un théologien. La morale des philosophes, probablement celle de Platon et des stoïciens, est pour lui la même que celle de Moïse et du Christ. Il va jusqu'à dire que la loi naturelle est plus près de l'Évangile que la Loi, à moins que la Loi ne soit interprétée spirituellement [1]. Avec Cicéron et les stoïciens, il nous assure que c'est Dieu qui a donné au genre humain et écrit dans tous les cœurs la loi naturelle [2]. Malgré cela, malgré la place considérable que tient la philosophie dans ses opinions, et quoiqu'il ait sa philosophie à lui, Origène n'est pas un philosophe, c'est un théologien. La raison, surtout la dialectique, n'est pour lui qu'une auxiliaire, une alliée si l'on veut, il ne faudrait pas dire une servante. Il ne faut pas, quand il la consulte, qu'elle parle pour elle-même, mais qu'elle lui aide à fixer la tradition encore flottante, le sens des Écritures et les règles de la foi.

Cette tâche, Origène la remplit un peu au hasard, sans plan arrêté, en commentant successivement diverses parties de l'Ancien et du Nouveau Testament et en réfutant, suivant l'occasion, les erreurs répandues par les hérétiques ou les objections élevées par les ennemis du nom chrétien contre les fondements mêmes de la révélation. De là les écrits exégétiques d'Origène, son livre contre Celse et son *Traité des principes* (Περὶ ἀρχῶν), qui est moins un traité qu'un recueil de pensées et d'opinions rangées sous certains titres et relatives aux plus importantes questions de la théologie. De ces matériaux si incohérents, M. Denis a su tirer une œuvre suivie, extrêmement intéressante, où aucune proposition n'est avancée sans preuves, où aucun fait ne demeure

---

1. *De la philosophie d'Origène*, p. 240.
2. *Ibid.*, p. 243.

sans explication, et où le talent de l'exposition accompagne constamment une critique aussi judicieuse que savante.

Par le temps et le milieu où a vécu Origène, par le but qu'il se propose et par la forme de ses ouvrages, on peut déjà se faire une idée de sa méthode. Cette méthode est celle qui, dans l'interprétation des textes, substitue le sens spirituel au sens naturel, et considère comme des symboles des récits entiers, les personnages d'une histoire réelle et jusqu'aux prescriptions les plus impérieuses d'un code sacré, d'une loi écrite. C'est la méthode allégorique telle que Philon l'a pratiquée, telle que l'ont connue avant lui les Esséniens et les thérapeutes, telle que la définit saint Paul, telle aussi que les stoïciens et les platoniciens, plus tard les alexandrins, l'ont appliquée à la mythologie païenne. Mais nul ne l'a poussée plus loin et n'en a fait un usage plus hardi que l'auteur du *Traité des principes*. C'est qu'il n'en est pas de plus favorable au dessein qu'il avait conçu de transfigurer la religion au nom même de la tradition et de l'Écriture et en croyant sincèrement les respecter. « L'exégèse allégorique, comme le remarque avec raison M. Denis, est une des formes de la liberté de la pensée en face d'un texte que l'on continue de révérer et à regarder comme le dépositaire de toute vérité [1]. » Grâce à ce procédé, il arrive souvent à Origène d'être d'accord avec Celse et de justifier d'avance les objections élevées contre la Bible par les philosophes du xviiie siècle. Ni le premier ni les derniers n'auraient désavoué cette critique du récit de la création tel que nous le lisons dans la Genèse : « Quel est l'homme de sens qui croira jamais que le premier, le second et le troisième jour, le soir et le matin purent avoir lieu sans soleil, sans lune et sans étoiles, et le jour qui est nommé le premier, se produire lorsque le ciel n'était pas encore? Qui serait assez idiot pour s'imaginer que Dieu a planté à la manière d'un agriculteur un jardin à Éden, dans un certain pays de l'Orient, et qu'il a placé là un arbre de

---

1. *De la philosophie d'Origène*, p. 33.

vie, tombant sous les sens, tel, que celui qui en goûterait avec les dents du corps recevrait la vie ?... A quoi bon en dire davantage lorsque chacun, s'il n'est dénué de sens, peut facilement relever une multitude de choses semblables que l'Écriture raconte comme si elles étaient réellement arrivées et qui, à les prendre textuellement, n'ont guère eu de réalité [1]. » L'histoire du déluge, l'arche de Noé qui, dans l'espace de quelques coudées, renfermait tous les animaux de la création, la destruction de Sodome et de Gomorrhe, Loth et ses filles lui suggèrent des plaisanteries qui n'ont certainement pas été dépassées par celles de Bayle et de Voltaire.

Les lois et les prescriptions du code mosaïque, la circoncision, le sabbat, les néoménies, le régime alimentaire, les puretés légales, toutes choses que les premiers chrétiens d'origine juive ont longtemps conservées avec le plus grand respect, ne sont pas plus ménagées que les traditions légendaires ou les faits historiques. Mais ce qui est surtout fait pour nous surprendre, c'est que, d'autant plus hardie devant la lettre qu'elle veut s'élever plus haut dans les régions de l'esprit, la critique d'Origène ne s'arrête pas même devant les textes, les récits et certains préceptes de l'Évangile. Il n'a pas attendu l'avènement de l'exégèse allemande pour signaler dans les quatre évangélistes des invraisemblances, des discordances, des contradictions. Il demande comment, pour devenir parfait, il suffit, comme on le fait dire à Jésus, de vendre ses biens et d'en distribuer le prix aux pauvres ; comment, par cela seul qu'on ne possède plus rien, on sera au-dessus de la colère, du chagrin, de l'attrait du plaisir, de la crainte de la mort et des autres passions de l'âme humaine. Donc, dans le Nouveau Testament comme dans l'Ancien, la lettre tue et l'esprit vivifie, et il faut toujours chercher « un sens digne de Dieu ».

En suivant cette maxime, on peut aller loin, et, en effet, Origène s'est laissé entraîner à des conséquences qui pou-

---

[1]. Traduit par M. Denis, p. 39, d'après le *Traité des principes*, IV, 16.

vaient mettre en péril l'existence même du christianisme tel qu'il avait été enseigné jusqu'à lui. « De même que la Loi, si nous en croyons saint Jérôme, n'était à ses yeux que l'ombre de l'Évangile, l'Évangile, tel qu'il a été prêché en ce monde, ne lui paraissait que l'ombre de cet Évangile éternel dont parle l'auteur de l'Apocalypse [1]. » Origène n'a rien écrit qui démente l'imputation de saint Jérôme; au contraire, plusieurs de ses expressions les plus habituelles et son système entier d'exégèse la confirment. Mais, à moins de pousser jusqu'au pur docétisme et de franchir la distance qui sépare l'Église chrétienne des différentes sectes gnostiques, il a bien fallu admettre une limite et fixer une base qui pût devenir celle de la foi, de la foi de tous les fidèles, et non plus seulement de quelques âmes isolées, en quelque sorte perdues dans l'infini de l'idéal. Cette pierre angulaire à laquelle s'attacha Origène, sur laquelle il voulut faire reposer toute sa doctrine, c'est le dogme de la Trinité.

Comme on peut déjà le supposer d'après ce qu'on sait de son ouvrage, ce n'est ni en théologien, ni en philosophe, mais en historien que M. Denis aborde ce grave et délicat sujet. Tout en déclarant qu'il voit dans la Trinité « le plus puissant effort de la pensée pour se rendre compte de l'idée de Dieu », il ne prétend la défendre ni au nom de la raison ni au nom de la foi. S'en étant fait cette opinion, il songe encore moins à l'attaquer. Mais ayant à parler d'Origène, chez qui la théologie et la philosophie sont absolument inséparables, il lui était difficile, pour ne pas dire impossible, de ne pas rechercher comment il comprend la Trinité et dans quelle mesure il a contribué à en fixer le sens, à en rédiger la formule dans l'Église dont il reste, malgré ses écarts, un des plus grands docteurs. Rien, même aux yeux des plus fervents croyants, ne paraîtra plus légitime, puisque, à l'époque où vivait Origène, plus de trois quarts de

---

[1]. Ces paroles sont de M. Denis, qui résume celles de saint Jérôme, p. 50 de son livre.

siècle avant le concile de Nicée, le dogme de la Trinité n'était pas encore défini. D'ailleurs la Trinité, à la considérer d'un point de vue général, est une conception religieuse et philosophique que l'on rencontre chez différents penseurs longtemps avant la naissance du christianisme. Il y avait donc un intérêt historique de premier ordre à se demander si la théologie chrétienne n'en était redevable qu'à elle-même, ou si elle l'avait empruntée à quelque doctrine étrangère, et dans l'un et l'autre cas quel caractère distinctif elle lui a donné, comment et sous quelle forme elle l'a faite sienne. Ces questions présentent les plus grandes difficultés, et si la solution qu'en a donnée M. Denis n'est pas de tout point inattaquable, elle se trouve du moins justifiée par de solides raisons, et présente à l'esprit un degré de clarté rarement égalé en de pareilles matières.

Il démontre que la Trinité chrétienne, telle que l'ont définie les pères de Nicée, n'a rien de commun ni avec la Triade de l'Inde, ni avec la Trinité de l'école d'Alexandrie. La Trimourti indienne, d'ailleurs postérieure au christianisme, est étrangère au problème de la théologie ou de la métaphysique religieuse; elle énumère les différents modes d'activité que Dieu déploie dans la nature, elle se tait sur les attributs qui constituent son essence. On en peut dire autant des triades mythologiques de l'Égypte, de la Perse et de quelques autres peuples de l'antiquité. Quant à la Trinité de l'école d'Alexandrie, M. Denis a tort d'assurer qu'elle n'était pas née quand la Trinité chrétienne cherchait et même avait déjà trouvé sa formule. Origène aurait très bien pu connaître Plotin, qui n'est mort que quinze ou seize ans après lui, et le système dont Plotin fut le plus brillant interprète était déjà, selon toute probabilité, le fond de l'enseignement d'Ammonius Saccas. C'est pour une autre raison qu'on est en droit d'affirmer que la Trinité chrétienne ne s'est pas formée sur le modèle de la Trinité néoplatonicienne. Celle-ci est la tête d'un système qui est fondé tout entier sur le principe de l'émanation. Or, avec le principe de l'émanation, même quand il revêt, comme chez Plotin et ses disciples, une forme purement idéaliste, la substance divine se confond avec celle de l'univers, et les personnes divines ou hypostases, dont la Trinité se compose, sont nécessairement subordonnées les unes aux autres, parce qu'elles procèdent les unes des autres (πρόοδος). Elles représentent les différents degrés d'un foyer de lumière qui, en se répandant hors de lui, s'obscurcit de plus en plus. Telle n'est pas et ne pouvait pas être la Trinité chrétienne. Le Dieu des chrétiens, après tout, est le même que celui des juifs. C'est le Dieu personnel, le Dieu créateur, le Dieu libre qui se distingue du monde, et qui, au-dessus du monde, se possède tout entier. Si en lui la foi ou la raison sont obligées de distinguer plusieurs hypostases ou personnes, ces personnes participent à l'éternité et sont toutes de la même substance, elles sont coéternelles et consubstantielles, et de plus elles sont égales entre elles.

Telle est précisément la façon dont Origène comprend la Trinité. En un seul point elle diffère de la définition de Nicée. Origène ne reconnait pas l'égalité des personnes divines; mais sur toutes les autres parties du dogme il est en parfaite communauté de pensée et d'expression avec la doctrine qui a prévalu dans l'Église. Par là et même par l'idée purement philosophique qu'il se fait de Dieu, il se place bien au-dessus des Pères qui l'ont précédé. Dans un temps où plusieurs docteurs de l'Église, entre autres Tertullien, ne concevaient Dieu que matériellement, nul n'a insisté plus que lui sur l'unité et l'immatérialité de la nature divine; nul aussi n'a combattu avec plus de force cette exubérance du génie oriental qui, pour élever Dieu au-dessus de la raison, pour le placer hors de la portée de l'esprit humain, le réduisait à une pure abstraction, peu différente de l'*inconnaissable* des positivistes de nos jours.

Il y a cependant, dans le très remarquable chapitre qu'il a consacré à la théologie d'Origène, plusieurs propositions de M. Denis qui donnent prise à quelques observations. Qu'est-ce qui l'autorise à affirmer qu'il n'y a dans les dialogues de Platon aucune trace d'une doctrine trinitaire?

Quand il n'y aurait en faveur de l'opinion contraire qu'une sorte de tradition philosophique, c'était déjà une raison pour l'examiner ou pour la traiter moins sommairement. Mais il n'y a nulle témérité à croire que cette tradition est fondée. Platon reconnait d'abord, au sommet des existences et au plus haut degré de la pensée, le bien, le soleil qui éclaire le monde intelligible. Le monde intelligible lui-même, le lieu où résident les idées, archétypes éternels des choses, la raison éternelle qui les contient, c'est le *Logos*, ce que les Latins appellent le Verbe. Enfin il y a, dans Platon, une âme du monde qui, au-dessous du Logos, communique à l'univers le mouvement et la vie. C'est l'âme du monde qui, dans la Trinité alexandrine, tient la place de la troisième personne et est devenue l'esprit vivifiant, *spiritus intus alit.* Mais il y a une autre idée platonicienne qui a plus d'analogie avec ce que les croyances juives et chrétiennes appellent l'Esprit saint. C'est l'amour platonique tel que le définit Diotime dans le *Banquet.* Assurément tout cela ne forme pas une doctrine parfaitement arrêtée ; mais il est presque impossible de ne pas y voir les linéaments, les éléments constitutifs d'une doctrine qui a beaucoup d'affinité avec le dogme capital du christianisme.

La trinité de Philon, quoique plus arrêtée que celle de Platon, l'est certainement moins que celle d'Origène. Philon ne s'exprime pas toujours de la même manière et ne professe pas toujours la même doctrine sur la nature divine considérée dans sa généralité. Mais, sur la question particulière du Logos, la différence entre le philosophe juif et le prêtre chrétien est beaucoup moins grande que M. Denis se plaît à le dire. Peut-être même est-elle tout à fait insaisissable. Sur cette question, Origène s'était surtout inspiré de Philon, et Philon lui-même s'était inspiré de Platon et de la Bible. Il faut se rappeler en effet que, dans le livre des *Proverbes*, il y a un chapitre[1] qui appartient à une des plus belles époques de la littérature biblique, et où la Sagesse,

---

1. Le chapitre VIII, v. 21, 31.

à part l'incarnation, joue le même rôle que le Verbe dans les premiers versets de l'Évangile de saint Jean. Rien ne serait plus facile que de montrer l'équivalence des termes qu'emploie Philon et de ceux dont se sert le maître du Didascalée. Mais je ne me suis déjà que trop arrêté sur ces questions ardues et, à quelque point de vue qu'on se place, toujours controversables. Il me sera plus facile de résumer, d'après le livre de M. Denis, les opinions d'Origène sur l'univers, sa cosmologie, qu'on appellerait peut-être plus justement une cosmogonie, bien que la discussion n'y manque pas et qu'elle soit dirigée en grande partie contre le gnosticisme et contre certains systèmes de philosophie.

Nous avons déjà vu, à propos de sa méthode, avec quelle liberté Origène répudie le sens littéral du premier chapitre de la Genèse. C'est Philon qui en a donné l'exemple à lui et à son maître Clément. C'est Philon qui a dit que les six jours dont parle Moïse ne sont pas des jours de vingt-quatre heures, mais les périodes, les degrés, l'ordre de dignité qu'on peut distinguer dans l'œuvre de la création ou dans la formation des choses; que Dieu ne s'est pas reposé le septième jour comme aurait pu le faire un ouvrier fatigué, mais qu'il a commandé que l'ordre des choses établi par la sagesse divine se maintînt à perpétuité. Philon l'a dit, Clément et Origène l'ont répété. Mais Philon, partagé entre plusieurs doctrines contradictoires, dominé tantôt par le système oriental de l'émanation, tantôt par le dualisme idéaliste de Platon, quelquefois par le panthéisme des stoïciens, ne professe que par moments, et encore en termes assez obscurs, le dogme biblique de la création *ex nihilo*. Clément d'Alexandrie y incline davantage sans se prononcer encore en sa faveur d'une manière très claire et très décidée. C'est précisément de ce dogme qu'Origène fait la base de sa théorie sur l'origine des êtres et les rapports de Dieu avec le monde. Non seulement il l'accepte sans réticence au nom de la foi, mais il le défend avec une grande habileté par des raisons philosophiques. C'était, à cette époque, une grande nouveauté et une grande hardiesse; car rien n'entrait plus difficilement dans l'esprit des Grecs et des anciens en général, même après leur conversion au christianisme, que la croyance que quelque chose a pu être formé de rien et que l'action divine d'où l'univers est sorti a pu se passer d'une matière première, par conséquent éternelle. M. Denis nous apprend, par la comparaison des textes, que les arguments d'Origène contre la vieille hypothèse de l'éternité de la matière sont les mêmes que Bossuet a développés dans ses *Élévations*. Mais voici des propositions où Bossuet aurait refusé de suivre son devancier du III° siècle.

La création étant un acte de la bonté divine, et la bonté divine étant éternelle comme Dieu lui-même, puisqu'elle fait partie de son essence, il en résulte que la création est éternelle, non pas dans les œuvres qu'elle produit, dont chacune a eu un commencement et, quand elle appartient à l'ordre matériel, aura une fin, mais en elle-même et dans la suite de ses œuvres. De même que le feu brûle toujours et que la neige refroidit toujours, Dieu n'a jamais existé et n'existera jamais sans créer. Seulement, tandis que le feu et la neige obéissent à la nécessité, la bonté de Dieu ne s'exerce pas sans sa volonté; par conséquent la volonté divine intervient aussi dans l'acte de la création. Que par cette réserve la liberté divine soit sauvée ou non, la création n'en est pas moins éternelle. Elle n'a pas pu commencer, car tout commencement a eu lieu dans le temps, et le temps lui-même a été créé.

S'il en est ainsi, le monde actuel, celui que nous connaissons et où nous vivons, n'est pas le seul ni le premier qu'ait produit la toute-puissance de Dieu, toujours en action, toujours effective, comme sa bonté. Il a été précédé d'une infinité de mondes, et il y en a une infinité d'autres qui lui succéderont quand il ne sera plus. Mais, à vrai dire, dans la pensée d'Origène, il n'y a qu'un seul monde qui passe par un nombre indéterminé de transformations, d'évolutions, comme on dirait aujourd'hui. Ce sont ces évolutions successives et transitoires qu'il appelle des *siècles*, sans doute pour les opposer aux *Éons* éternels imaginés par les gnostiques et qui portaient le même nom (αἰῶνες).

Sans limites dans le temps, la création est cependant limitée par le nombre des esprits et la quantité de matière qu'elle renferme; car si elle était infinie, aucune pensée ne pourrait l'embrasser ni aucune puissance la contenir, elle serait indépendante de son auteur. L'esprit et la matière dont l'univers se compose sont des substances distinctes, mais non séparées. A l'exception des trois personnes de la Trinité, qui sont d'une essence immatérielle parce qu'elles sont en dehors et au-dessus de la création, tous les esprits sont unis à des corps. C'est par leurs corps qu'ils sont limités dans leur puissance spirituelle et qu'ils se distinguent les uns des autres. C'est presque la définition que Maine de Biran oppose à celle de Bonald. Celui-ci, à l'exemple de saint Augustin, définit l'âme : « Une intelligence servie par des organes ». L'âme, d'après Maine de Biran, est « une intelligence gênée par des organes ». Mais que le corps leur soit une entrave ou un secours, puisque les esprits, dans le système d'Origène, ne peuvent ni se passer, ni se séparer de lui, on ne comprend pas qu'il ait fait naître le monde des esprits avant celui de la matière. L'Écriture, nous dit-il, nous apprend que le ciel a été créé avant la terre, et le ciel ne peut être que le monde des esprits, la terre le monde des corps. Ayant à choisir entre un texte de la Bible et la suite de ses propres pensées, mieux valait encore sacrifier le texte de la Bible, comme il le fait en mainte autre occasion quand ce sacrifice lui paraît nécessaire.

Tandis que les gnostiques reconnaissaient trois sortes d'âmes, émanées de principes différents et qui étaient prédestinées à des sorts différents, Origène, pour établir la supériorité du système de la création sur celui de ces hérétiques, soutient que toutes les âmes, que tous les esprits ont été créés en même temps et parfaitement égaux entre eux. Œuvre d'un Dieu parfait, ils ne pouvaient être que parfaits. Œuvre d'un Dieu juste, ils avaient les mêmes droits au bonheur et se trouvaient en fait également heureux. Immatériels, ils étaient et sont restés par là même immortels. Mais une opinion à laquelle on ne se serait pas attendu de la part d'Origène, c'est que chacun de ces esprits étant uni à un corps, qui est sa limite nécessaire et qui lui donne, en quelque sorte, sa physionomie propre, les corps, quoique susceptibles de changements, sont également doués d'immortalité et la matière dont ils ont été formés est immortelle comme eux.

La perfection que les esprits créés ont reçue à leur origine ne leur était pas nécessaire et essentielle comme elle l'est à la nature divine. Elle n'était qu'un don gratuit de la bonté du Créateur, un effet de sa grâce. Il était en leur pouvoir de la conserver en l'aimant d'un amour unique et en s'y attachant de toute la force de leur volonté. Mais il était aussi en leur pouvoir de s'en écarter plus ou moins, parce qu'ils avaient été créés libres et parce que la liberté, c'est le fond même de toute nature raisonnable et spirituelle. C'est ce qui est arrivé à un grand nombre d'entre eux, tandis que d'autres, demeurés fidèles à leur destination suprême, l'ont poursuivie avec une ardeur et une constance inégales. Ces derniers ont formé la hiérarchie céleste, dans laquelle sont comprises les natures angéliques de tous les degrés. Les autres sont devenus les hommes et les démons. Les enveloppes matérielles de toutes ces âmes sont en rapport avec leur état spirituel. Les anges sont revêtus de corps lumineux, presque immatériels; les âmes des hommes et des démons, de corps plus ou moins lourds, plus ou moins opaques, plus ou moins difformes aussi, selon la gravité de leur chute ou la distance qui les sépare de leur perfection primitive ; de sorte qu'on peut appliquer aux âmes et aux corps qu'elles habitent ce qu'on a dit des peuples et des gouvernements : Chaque âme a le corps qu'elle mérite.

A la destinée des âmes se rattache étroitement celle des mondes successifs dont se compose le monde unique éternellement engendré par l'acte de la création. Entre ces mondes si différents, où les biens et les maux sont mêlés dans des proportions inégales, sont réparties les âmes en raison de la condition que chacune d'elles a méritée dans une vie antérieure. Elles s'y relèvent de leurs chutes par l'expiation et y trouvent les moyens de remonter à leur premier état. Ce sont, selon les expressions d'Origène, comme de vastes hôpitaux où la Providence traite les âmes pour les ramener peu à peu et sans violence à leur perfection perdue.

Au nombre des esprits déchus que la bonté de Dieu, inséparable de sa justice, aide à se relever, se trouve l'âme humaine; car, elle aussi était un esprit pur, revêtu d'un corps glorieux; mais, s'écartant du bien et persévérant dans le mal, elle se laissa corrompre par sa propre perversité et revêtit un corps en rapport avec la grossièreté de ses penchants, et avec le monde misérable où elle fut condamnée à vivre. A mesure qu'elle s'efforce de retourner à Dieu, son corps se transfigure et elle traverse des mondes de plus en plus heureux jusqu'à ce qu'elle ait atteint sa complète réhabilitation.

Se fondant sur cette partie de sa doctrine, plusieurs Pères de l'Église, entre autres saint Jérôme, et un historien moderne de la philosophie, Ritter, ont accusé Origène d'avoir enseigné, au nom du christianisme, la métempsycose; mais M. Denis n'a pas de peine à montrer que les migrations de l'âme à travers les mondes, en gardant toujours l'essence impérissable de son enveloppe matérielle, ressemblent peu à son passage par des corps différents, sans en excepter les corps des animaux. Les migrations supposées par Origène ne sont pas non plus des *incorporations*, comme on les appelle quelquefois; ce sont des résurrections successives, puisque c'est le même corps qui meurt et qui renaît, ou plutôt qui semble mourir et qui semble renaître sous les formes les plus diverses. C'est le transformisme individuel élevé à sa plus haute puissance. On y reconnait même la sélection, puisque c'est par un effet de son libre choix que chaque âme change l'état de son corps. Cela n'est pas platonicien comme on l'a souvent répété, quoique l'idée de la réminiscence y soit impliquée, c'est comme une amplification et une interprétation morale de la croyance à la résurrection des corps, si chère à tout l'Orient, non seulement aux Juifs, mais aux Perses et aux Égyptiens. Cette croyance elle-même n'est pas fort éloignée d'un genre particulier de métempsycose qui, au temps d'Origène, était répandu un peu partout, chez les chrétiens, chez les Juifs, chez les gnostiques, chez les philosophes platoniciens ; c'est celui qui fait passer l'âme d'un corps humain dans un autre corps humain, et qu'un philosophe français, partisan de la même opinion, a appelé la « renaissance de l'homme dans l'humanité [1] ».

Toutes ces idées qui nous paraissent aujourd'hui si étranges, M. Denis les explique par l'état général des esprits au IIe et au IIIe siècle de l'ère chrétienne. « Juifs, gentils, orthodoxes, hérétiques, tout le monde, dit-il, vivait dans une atmosphère de surnaturalisme où la pensée perdait le sens de la réalité ; ce qu'ils savaient le mieux de ce monde, c'est ce qui en était venu du monde d'en haut ; la terre n'était qu'une pauvre contrefaçon et qu'une copie dégradée du ciel. Comment tous les regards ne se seraient-ils pas reportés avidement sur l'original divin? Origène fut victime de ce tour d'esprit général, avant d'en être, par sa science et par son génie, l'une des expressions les plus remarquables. Il ne faut pas chercher ailleurs la cause de ses rêves et de ses témérités. Il peut se rencontrer, par quelques détails, avec les mythes et même avec quelques raisonnements spécieux de Platon ; mais il n'avait pas besoin de Platon pour penser ce qu'il a pensé. Il le respirait par tous les pores avec l'air intellectuel qui l'entourait [2]. »

Sur la nature de l'âme et de ses facultés, sur les rapports du libre arbitre avec le péché originel et la grâce, sur la morale, la politique et ce qu'on pourrait appeler la philosophie de l'histoire, Origène n'a que des idées vagues, indécises, souvent contradictoires, dont il est impossible de

---

1. Pierre Leroux, *De l'Humanité*.
2. Pages 204-205.

faire un système. Nous les laisserons de côté pour continuer le récit de ce que M. Denis appelle si justement les rêves d'Origène, de ce qu'il appelle aussi, avec non moins de raison, son poème cosmogonique. J'ajouterai que ce poème est un véritable drame. Nous en avons vu passer sous nos yeux les premiers actes; il nous reste à en connaître le dénouement.

Après une succession d'épreuves dont le nombre ni la durée ne peuvent être évalués, toutes les fautes qui auront été commises depuis l'origine de la création seront expiées, toutes les âmes seront purifiées, réconciliées avec leur Père céleste, sauvées enfin et rentrées en possession de leur perfection primitive qu'elles ne perdront plus.

Dans cette œuvre de salut universel seront compris non seulement les âmes humaines, mais les esprits de tout ordre, de tout rang et de toute nature, même ceux qui étaient devenus des démons, même le chef qui leur commandait et qu'on appelait le prince de ce monde. Des tourments proportionnés à l'étendue de leur rébellion les auront réhabilités et convertis, élevés au niveau des esprits bienheureux.

La nature entière sera transfigurée ou rajeunie, la matière elle-même sera réhabilitée, mais dans un sens différent de celui qu'une secte moderne a donné à cette expression. Aucune âme ni aucun esprit ne seront privés de corps, puisque autrement ils perdraient leur individualité; mais, selon le langage dont se sert la théologie, tous les corps et tout l'univers seront spiritualisés. Ils auront plus de pureté et d'éclat que n'en a aujourd'hui dans le monde que nous habitons la plus éclatante lumière.

On a demandé comment Origène arrive à concilier le salut final des âmes avec la liberté dont il fait pour elles, dans toutes les conditions, une faculté inséparable de leur existence. A quelque degré de perfection qu'elles soient parvenues, ne trouvent-elles pas toujours, dans leur libre arbitre, le pouvoir de faillir, et alors de quel droit soutiendra-t-on que leurs épreuves sont terminées? La liberté, répond Origène, c'est le point de vue sous lequel se présente à notre intelligence chaque être raisonnable, chaque âme en particulier. Mais il y a un point de vue supérieur à celui-là et plus nécessaire, parce qu'il embrasse la totalité des êtres : c'est celui de la bonté divine, celui du bien absolu. Il faut que le bien absolu se réalise, car c'est pour lui que le monde a été créé, c'est en lui que la création se résume et par lui qu'elle doit finir; lui seul est l'être réel et définitif. Le mal, c'est un des aspects du non-être; il ne peut se concevoir sans limites, il faut qu'il ait un terme. De là vient qu'aucune faute n'est irréparable, qu'aucun châtiment n'est éternel. Ce que nous appelons châtiment n'est qu'une expiation temporaire, un mal transitoire pour un bien qui ne doit pas finir; l'enfer lui-même est un lieu de traitement, un moyen thérapeutique. A cette supériorité naturelle du bien sur le mal, Origène ajoute les forces communiquées à la nature humaine par le miracle de l'incarnation, par le Verbe fait homme.

Nous voilà informés de ce qui constitue, dans ses parties les plus essentielles, la doctrine d'Origène; il nous reste à savoir quelle a été la destinée de cette doctrine, comment elle a été reçue dans l'Église dont elle interprète souvent d'une manière très étrange les dogmes et les traditions; comment elle a été accueillie hors de l'Église par différentes sectes religieuses et philosophiques; enfin quelle influence, bonne ou mauvaise, elle a exercée finalement sur l'esprit humain.

II

La doctrine d'Origène a produit sur l'Église orientale l'effet d'un ferment. Elle a développé dans son sein un immense travail qui n'a pas duré moins de trois siècles et qui, sans rien perdre de son énergie, s'est étendu peu à peu de l'Orient à l'Occident. Toutes les controverses religieuses, toutes les hérésies, toutes les explications orthodoxes ou hétérodoxes du dogme chrétien qui ont pris naissance à cette époque et se sont succédé sans interruption, s'abritent sous le nom du maître illustre du Didascalée ou sont dirigées contre lui. Comment n'en aurait-il pas. été ainsi? La théologie était alors, dans l'Église chrétienne encore en voie de formation, le seul aliment des esprits, le seul attrait de populations raffinées et avides de spéculation, amoureuses de discussions subtiles. Or on se rappelle qu'Origène a remué toutes les questions vitales de la théologie, et que, dans sa manière de les résoudre, il a laissé l'empreinte de son génie ou tout au moins de sa personnalité. Cette influence, déjà très grande de son vivant, s'est considérablement accrue après sa mort, arrivée en l'an 254, et s'est prolongée, avec des fortunes diverses, jusqu'au moment de sa condamnation en 553. Il est vrai qu'aux idées d'Origène se mêlèrent bientôt, même chez ses partisans les plus fervents et les plus éclairés, celles que répandait avec tant d'éclat l'école d'Alexandrie, en leur donnant ce qui manque à l'origénisme, l'unité et la cohésion d'un système. M. Denis signale, dans les œuvres de saint Basile et de saint Grégoire de Nazianze, des pages entières qui semblent empruntées aux *Ennéades* de Plotin. Mais ces éléments d'origine étrangère n'entrent dans les discussions qui divisent alors les docteurs de l'Église qu'en s'accommodant autant que possible à l'esprit général du christianisme et en revêtant une forme théologique. On comprendra facilement que, dans ces conditions, avec cette alliance qu'elle n'avait point prévue et que vraisemblablement elle n'aurait point acceptée au temps de sa formation, la doctrine d'Origène n'en parût que plus suspecte à ses adversaires naturels, c'est-à-dire aux champions de l'autorité et de la tradition, et imposât plus de réserve à ses sages défenseurs. Malheureusement tous ses défenseurs n'étaient pas sages, ni tous ses adversaires capables de modération. En prenant parti les uns pour elle, les autres contre elle, les moines de la Palestine, à un certain moment, en étaient venus à substituer aux arguments les coups de crocs et de leviers de fer.

Pour être moins brutales, les luttes engagées ailleurs, dans des régions plus hautes, sur le même sujet, n'en étaient pas moins ardentes. Voici d'abord Démétrius, le patriarche d'Alexandrie, qui fait condamner Origène comme hérétique par deux synodes, pendant que les églises de Césarée, de Jérusalem et beaucoup d'autres honorent en lui le plus grand des docteurs et le seul champion qu'on puisse opposer à l'hérésie. Voici saint Méthodius qui dénonce comme un scandale son opinion sur la résurrection et comme une source inépuisable d'erreurs sa méthode d'interprétation spirituelle, dans le temps où Eusèbe et saint Pamphyle témoignent pour toutes ses idées et pour tous ses écrits une admiration sans bornes. Saint Jérôme, à une certaine époque de sa vie, fait mieux que de les admirer, il les fait passer dans ses propres œuvres, il les met au pillage, comme il dit lui-même; Origène est alors pour lui « le maître des églises après les apôtres »; puis, se retournant contre lui, se rangeant parmi ceux qu'il nommait naguère « les chiens aboyants », il attaque avec véhémence non seulement les doctrines d'Origène, mais sa mémoire. A saint Jérôme devenu son détracteur se joignent deux prélats d'une grande autorité dans l'Église d'Orient et dont l'un a acquis par ses écrits une renommée acceptée par toute la chrétienté : Théophile, patriarche de Jérusalem et saint Épiphane, évêque de Chypre, l'historien des hérésies. D'un autre côté, le plus grand représentant de l'orthodoxie au IVe siècle, le courageux adversaire de l'arianisme et des empereurs ariens, saint Athanase, se fait gloire de marcher sur les traces d'Origène, au moins en ce qui concerne le dogme le plus essentiel de la foi, et le proclame un des prédécesseurs des Pères de Nicée. Origène a trouvé jusque dans l'Église latine des partisans enthousiastes, à la tête desquels viennent se placer saint Hilaire de Poitiers, saint Ambroise de Milan et Eusèbe de Verceil. Les deux premiers traduisent en latin plusieurs de ses homélies et de ses commentaires sur l'Écriture sainte. Saint Basile et son frère Grégoire de Nysse, ainsi que son ami saint Grégoire de Nazianze, sont plus que des admirateurs ; ce sont des disciples, mais des disciples un peu timides, qui n'osent pas tout dire, dans la crainte de compromettre leur maître plutôt que dans celle de se compromettre eux-mêmes. Cependant les idées qu'ils lui empruntent, tout en les mêlant, comme nous en avons déjà fait la remarque, à des opinions néoplatoniciennes, sont faciles à reconnaître. On en jugera par quelques exemples que nous allons citer.

Il va sans dire que, sur la question de la Trinité, ils sont complètement avec le concile de Nicée ; ils font profession de croire non seulement à la coéternité et à la consubstantialité des trois personnes divines, mais à leur égalité. Sur d'autres points, et non les moins importants, ils pensent comme Origène. Le système d'interprétation que celui-ci a appliqué à l'Écriture sainte, les trois théologiens dont nous parlons le font servir à l'explication de la nature. Le monde, selon Grégoire de Nysse, est une allégorie qui nous représente les énergies ou les différents modes de la puissance de Dieu, comme ses énergies nous représentent son essence. L'âme aussi est une allégorie qui nous offre comme une image ou, dans le sens métaphorique du mot, une figure de la Trinité. Aux trois personnes divines répondent nos trois principales facultés unies entre elles par un principe indivisible. C'est le premier effort qui ait été fait chez les Pères de l'Église pour donner une idée de la Trinité par l'analyse psychologique de l'âme humaine. Mais là n'est pas le principal intérêt de la comparaison de Grégoire de Nysse; il est dans cette pensée, empruntée pour le fond à la philosophie platonicienne, que l'univers et l'homme ne sont qu'une figure allégorique de la nature divine. On verra quel chemin cette supposition a fait dans les systèmes de Swedenborg et de saint Martin et chez la plupart des mystiques qui s'inspirent plus ou moins directement d'Origène.

S'ils ne vont pas jusqu'à dire expressément, comme l'auteur du livre *Des Principes*, que la création est éternelle, saint Basile et son frère affirment pourtant qu'elle n'a pas commencé avec l'œuvre des six jours dont il est question dans la Genèse. Avant l'existence du monde matériel, ils font naître le monde spirituel, c'est-à-dire les esprits et les anges que la puissance divine a produits en une fois, doués de la perfection, mais avec la faculté d'en déchoir, puisqu'il n'y a pas de perfection ni même d'existence possible pour un être raisonnable sans le libre arbitre. Tous avaient un corps, d'une essence, il est vrai, plus subtile et plus pure que la matière accessible à nos sens, mais enfin un corps dont aucun être spirituel, à l'exception de Dieu, ne peut se passer. Au nombre de ces esprits parfaits et bienheureux dans la mesure qui appartient à une nature finie, se trouvaient les âmes humaines, pourvues, elles aussi, d'un corps éthéré, que l'abus de la liberté devait plus tard livrer à la corruption. Voilà bien la préexistence des âmes telle qu'Origène l'a reconnue.

Cependant, pour ne pas compromettre le dogme de la résurrection des corps, Grégoire de Nysse n'ose point s'arrêter à ce point de vue. Par moments, il semble faire naître l'âme avec le corps, par les voies ordinaires de la génération et maintenir entre eux une étroite dépendance. Mais, le plus souvent, c'est un spiritualisme excessif qui l'emporte chez lui, et, malgré son respect apparent et ses explications plus qu'étranges du dogme de la résurrection, il réduit le corps à peu près à rien. Il lui refuse toute existence propre, il le résout, à la manière de Platon, dans les idées qui le représentent à notre intelligence. En définitive, il croit avec Origène que toutes les âmes ont été créées en vue du même but et sont réservées à la même fin : la contemplation de la vérité absolue, le retour à la perfection qu'elles possédaient à leur origine ou à laquelle elles étaient appelées dans la pensée divine. Pour l'un comme pour l'autre, il faut que le mal, qui n'est que le non-être ou qui n'a de l'être que l'apparence, disparaisse devant le bien, qui est la réalité suprême, l'unique réalité. Donc, à la fin des temps, toutes les fautes seront expiées, toutes les âmes seront justifiées. Le diable lui-même sera compris dans l'œuvre du salut universel. Saint Grégoire de Nazianze est du même avis lorsqu'il annonce que, au temps du rétablissement final, Dieu sera tout dans tous, *erit omnia in omnibus Deus*, et quand il soutient, selon la doctrine de Platon, que la peine n'est pas un mal ajouté à un mal, mais un remède qui guérit les âmes malades; que Dieu ne se venge pas en châtiant les méchants, qu'il les appelle à lui et les réveille du sommeil de la mort. A toutes les créatures douées de raison et de liberté, il promet un repos composé de science et de bonheur, qu'il appelle, selon le langage employé aussi par la kabbale et qui sera imité plus tard par Saint-Martin, « un sabbat éternel ». Il est impossible de supposer que l'ange des ténèbres, quoiqu'il ne soit pas expressément nommé, soit exclu de cette réconciliation finale. Quant à saint Basile, d'accord sur toutes les questions capitales de la théologie avec son ami et son frère, il n'est pas admissible, puisqu'il ne les contredit jamais, qu'il n'ait pas accepté leur conclusion sur le salut universel.

Comment se fait-il que, avec de tels interprètes et de tels

garants, avec la protection dont aurait dû le couvrir le seul nom d'Athanase, Origène ait encouru la sentence prononcée contre lui par le deuxième concile général de Constantinople? C'est que, dans la manière dont il comprend et explique les dogmes les plus importants de l'Église, il y a un côté que l'on peut appeler philosophique, un côté rationnel et par là même favorable à l'hérésie. Ainsi, en parlant de la Trinité, ne pouvant admettre que le Fils soit égal au Père ou que la seconde et la troisième personne soient égales à la première, dont elles procèdent l'une et l'autre, il a d'avance autorisé l'hérésie d'Arius. Quel est, en effet, le principe sur lequel repose l'arianisme? Que les créatures en général ne pouvant être l'œuvre de l'incréé, Dieu, lorsqu'il conçut le dessein de produire le monde, donna d'abord l'existence à une créature parfaite, intermédiaire entre lui et les autres créatures. Cette créature parfaite, c'est le Fils, qui, né avant le temps, a créé tous les êtres placés dans le temps. Le Fils est donc une créature, une œuvre, une production, mais différente de toutes celles dont l'univers est composé [1]. Origène aurait pu se défendre de toute participation inconsciente à cette opinion en disant que les trois personnes divines telles qu'il les avait conçues sont éternelles et consubstantielles. Malheureusement il a laissé échapper de sa plume d'autres propositions dont Arius a pu abuser. Il dit, par exemple, dans son commentaire sur l'Évangile de saint Jean, que le Père est autant au-dessus du Fils et du Saint-Esprit qu'ils sont eux-mêmes au-dessus des créatures raisonnables. Il lui arrive aussi parfois de donner seulement au Père la qualification de Dieu véritable, de Dieu en soi et par soi, ce qui permet de supposer que le Fils n'est pas Dieu. M. Denis démontre qu'il n'y a pas une seule des affirmations reprochées à Arius qui ne puisse s'autoriser d'un texte d'Origène. Il ne faut donc pas s'étonner qu'Origène ait été présenté par ses ennemis comme le patriarche de l'arianisme.

1. Voir, dans les notes placées au bas des pages 420-422 du livre de M. Denis, plusieurs citations grecques empruntées à Athanase.

L'arianisme n'est pas la seule hérésie dont on l'ait rendu responsable. On fait aussi remonter jusqu'à lui, et non sans raison, une autre doctrine énergiquement réprouvée par l'Église : c'est celle qui, sous le nom de pélagianisme ou de semipélagianisme, a été déclarée inconciliable avec le dogme du péché originel et la croyance à la grâce. Il est bien vrai que ces deux dogmes, sans être formellement méconnus, ne jouent qu'un très faible rôle dans la théologie d'Origène. Tous deux sont éclipsés et en quelque sorte neutralisés par la liberté. C'est par suite du mauvais usage qu'ils ont fait de leur libre arbitre que les âmes et les esprits en général s'écartent de la perfection dont ils jouissent en sortant des mains du créateur. C'est par cette même faculté, dont tous sont également doués, qu'ils se relèvent de leur chute. La grâce est un secours qui facilite la réparation, mais dont on peut à la rigueur se passer, puisque en définitive tous seront sauvés et qu'il y a eu des justes, même parmi les gentils, avant la venue de Jésus-Christ.

Cette partie de la théologie d'Origène, acceptée par les uns en totalité ou en partie, contestée ou repoussée par les autres, ne causait aucun scandale parmi les Pères de l'Église grecque et semble avoir été ignorée de l'Église latine. La grâce et la liberté, tout en se défendant de leur mieux, vivaient en paix l'une avec l'autre jusqu'à la fin du IVe siècle, quand Pélage est venu les brouiller d'une façon irrémédiable et a par la même occasion brouillé toute l'Église. C'est positivement à Origène que Pélage emprunte ses principes et aussi en grande partie à saint Jean Chrysostome. Il définit la liberté de telle sorte que la grâce devient inutile et que le péché originel est supprimé. Faisant appel au témoignage de l'histoire, bien entendu de l'histoire sainte, il distingue dans la vie de l'humanité trois époques : le règne de la nature, le règne de la loi et le règne de la grâce. Il y a eu des justes dans les deux premiers règnes aussi bien que dans le dernier; donc l'homme peut faire le bien sans la grâce, ses forces naturelles y suffisent, et la loi naturelle, chez les sages de l'antiquité, a très bien remplacé la loi révélée. C'est à peine si Pélage établit une différence entre les justes des trois règnes qu'il a distingués. Cette différence, déjà bien faible dans les œuvres de Clément et d'Origène, il l'amoindrit encore, et ses disciples la font disparaître tout à fait. Cependant la grâce est bien quelque chose, puisqu'elle a tant occupé saint Paul et qu'elle a pris après lui une place importante dans la théologie chrétienne. La grâce, répond Pélage, c'est la faculté de faire le bien ; et cette faculté, c'est Dieu qui la crée en nous ; mais chacune des bonnes actions qu'elle a produites nous appartient, est notre œuvre propre. L'homme pourrait en user de manière à ne jamais pécher et à atteindre la perfection. En fait, la perfection n'existe pas chez l'homme parce que nous sommes des êtres faibles et bornés, mais elle pourrait exister ; elle n'est pas contraire à la nature humaine. Pour nous aider à y parvenir, ou tout au moins à nous en approcher, Dieu ne se borne pas à nous donner avec la vie la faculté de faire le bien, il en fait naître en nous le désir en ouvrant, par ses enseignements, les yeux de notre esprit et de notre cœur, en réveillant notre volonté engourdie dans le sommeil des sens, en nous découvrant la vanité des plaisirs d'ici-bas, et en nous faisant pressentir les joies éternelles. La loi, les prophètes, l'Évangile, la vie de Jésus, les sacrements, tels sont les moyens qu'il emploie pour nous guider et nous éclairer et qui, sans nous contraindre, agissent sur nous concurremment avec les forces naturelles de la volonté et les lumières naturelles de la raison. Par cette dernière considération, Pélage resta chrétien ; autrement on ne pourrait voir en lui qu'un philosophe de l'école de Zénon.

Quant au péché originel, il le réduit aux mêmes proportions et l'explique de la même manière que la grâce, si même il le laisse subsister. Nous avons, selon lui, la faculté naturelle de faire le mal comme nous avons celle de faire le bien. Le péché est notre œuvre, il est dans nos actions, il ne naît pas avec nous : *peccatum non nobiscum oritur, sed agitur a nobis.* Nous arrivons au monde sans vice et sans vertu. La désobéissance d'Adam est un acte personnel qui n'a pu passer à sa postérité que par imitation ou par un effet de l'éducation, c'est-à-dire par la force de l'exemple, ce qui fait supposer que, avec une éducation différente, le péché d'Adam s'éteindra. Ce n'est pas lui qui a introduit dans le monde la mort; Adam serait mort également s'il n'avait pas péché.

Cette doctrine, exposée par M. Denis avec un remarquable talent et une grande abondance de preuves, ne diffère de celle d'Origène que par l'unité qui y règne et la hardiesse avec laquelle elle est défendue. Aussi Pélage a-t-il entraîné dans sa chute le prêtre d'Alexandrie, bien que la condamnation de celui-ci n'ait eu lieu que quelques années plus tard. C'est à saint Augustin qu'est dû principalement, on pourrait même dire uniquement, ce double résultat. Saint Augustin est l'adversaire direct, le contradicteur irréconciliable de Pélage et par suite d'Origène. Contre le système de la liberté, il a fait prévaloir dans l'Église ce qu'on pourrait appeler le déterminisme de la grâce, et contre l'idée du salut universel le dogme de l'éternité des peines et du petit nombre des élus.

Remarquons en passant que dans le domaine de la théologie les choses ne se passent pas autrement que dans celui de la philosophie. Dans l'un et l'autre, toute opinion extrême fait naître l'opinion contraire, et toutes deux se défendent par des arguments également plausibles, par des raisonnements d'égale force, jusqu'à ce qu'intervienne une opinion moyenne qui, ayant la prétention de les concilier, a pour unique résultat de fournir un élément de plus à la dispute. C'est cela même qui fait la vie de la théologie aussi bien que de la philosophie, parce que c'est la vie de la pensée, dont les conditions ne changent pas avec les objets auxquels on les applique. Ici d'ailleurs les objets, c'est-à-dire les questions mises en discussion, sont au fond parfaitement identiques.

Il faut dire cependant que, à considérer le débat au point de vue désintéressé de la pure spéculation ou comme un incident de l'histoire générale de l'esprit humain, la partie n'est pas égale entre saint Augustin et Origène. Pour celui-ci, comme nous en avons déjà fait l'observation, et bien plus encore pour le moine breton qui s'est fait son interprète, il est à peine question du péché originel. On dirait qu'ils le font rentrer dans les phénomènes ordinaires de la nature ; ce qui rend presque inutiles l'œuvre de la rédemption et le mystère de l'incarnation. Pour saint Augustin, au contraire, qui s'est pénétré de l'esprit de saint Paul, le péché originel est la base sur laquelle repose tout l'édifice de la théologie chrétienne. Tel a été le crime de notre premier père qu'il s'est communiqué à tous ses descendants, qu'il a infecté toute la race humaine et n'a pu être racheté que par le sacrifice d'une personne divine. Par suite de la corruption et de la dégradante servitude où Adam nous a précipités avec lui, nous avons perdu la liberté du bien et n'avons conservé que celle du mal ou la liberté de pécher. Par conséquent, nous ne pouvons être justifiés que par le mérite de Jésus-Christ. Nous ne pouvons être sauvés que par un effet de la grâce. La grâce n'agit que sur ceux qui ont la foi ; mais il ne suffit pas d'avoir la foi pour avoir la grâce et pour échapper à la damnation.

Cette doctrine est certainement plus logique que celle du salut universel et plus propre aussi à maintenir dans l'obéissance spirituelle les âmes chancelantes ; car où serait l'avantage de ceux qui croient sur ceux qui ne croient pas si tous étaient sûrs d'être sauvés ? Où serait le malheur de notre premier père d'avoir péché ? Où serait, du côté de Dieu, la nécessité de venir au secours de notre race si, dans tout état de cause, la perfection en vue de laquelle nous avons été créés nous était assurée ? Aussi la doctrine de saint Augustin, sauf quelques adoucissements dans les conséquences qui en découlent et que lui-même en a tirées, a-t-elle triomphé non seulement dans l'Église catholique, mais dans celles de Luther et de Calvin. Cependant le docteur de la grâce, si conséquent qu'il soit avec lui-même, n'a pas été jusqu'au bout de son système. Dans une question délicate qui se rattache étroitement à celle du péché originel, il a reculé devant son propre principe.

Les théologiens se sont demandé comment et à quel moment l'âme fait son apparition dans le corps humain. Cette question, ils l'ont résolue de trois manières différentes. D'après Origène, l'âme n'a rien de commun avec le fait physiologique de la génération. Elle n'emprunte rien ni à l'homme ni à la femme. Elle arrive de quelque région de l'univers, supérieure ou inférieure à celle qu'elle a mérité d'occuper par sa vie antérieure, et se joint, n'importe de quelle façon, au fœtus qu'elle doit animer. Selon Tertullien, à qui répugne toute idée d'un être spirituel, l'âme se transmet avec le corps de père en fils par le moyen de la génération. C'est ce qu'on appelle le traducianisme. Grégoire de Nysse, malgré son platonisme et le penchant qui l'entraîne vers l'auteur des *Principes*, incline par moments vers cette opinion, sans doute pour sauver son orthodoxie. La formation de l'âme et celle du corps n'ont pour lui qu'un seul et même commencement. « Ce qui se détache du père, dit-il, est soi-même en quelque façon un animal, un être animé sorti d'un être animé. » Et le germe vivant où les diverses facultés dont la nature nous a pourvus n'existent encore qu'en puissance, il le compare au grain de blé déposé dans la terre et qui en sortira plus tard sous la forme d'un épi. Enfin la troisième solution proposée et qui a trouvé également des partisans dans l'Église, tant parmi les Latins que parmi les Grecs, c'est que les âmes sont créées à l'instant de la conception par un acte de la toute-puissance divine. Elle a reçu le nom de créatianisme. Cette dernière explication n'est pas plus facile à concilier avec le dogme du péché originel que la création simultanée de toutes les âmes imaginée par Origène. Comment des âmes nouvellement créées, parfaitement innocentes et pures, seraient-elles infectées de la corruption de notre premier père? Comment Dieu, sans manquer à sa justice, les créerait-il pour des conditions si inégales et si différentes? Telles sont les objections que le créatianisme soulevait contre lui dès le iii⁰ siècle et que saint Pamphyle nous fait connaître dans son *Apologie d'Origène*. Reste le traducianisme. C'est le seul des trois systèmes qui ne soit pas en opposition formelle avec ces paroles de saint Paul : « Tous ont péché en Adam. » C'est celui qui aurait dû trouver faveur auprès de saint Augustin, si saint Augustin n'était qu'un théologien; mais il est aussi un philosophe, et un philosophe platonicien. Le traducianisme encourt de sa part le même reproche que lui avait déjà adressé Origène. Il l'accuse de matérialiser l'âme, et, sans se prononcer formellement pour le créatianisme, il se montre disposé à l'accepter. Toujours est-il que, dans la question de la grâce, il est resté victorieux et qu'Origène a succombé.

Les idées d'Origène, après la condamnation du pélagianisme et celles dont elles furent frappées elles-mêmes, se maintinrent encore pendant quelque temps dans les Églises d'Orient, mais amoindries, mutilées et, comme dit M. Denis, par lambeaux. Ainsi Némésius, évêque d'Émèse, croit à la préexistence des âmes, à l'éternité de la création, à la liberté de l'homme pour le bien comme pour le mal, à son mérite personnel dans les bonnes œuvres, au triomphe définitif du bien sur le mal, parce que seuls le bien et le beau sont éternels. Seulement, comme il ne peut pas se résoudre à réconcilier Satan avec Dieu, il lui ôte l'immortalité. C'est encore une manière de le soustraire aux peines éternelles. Toutes ces opinions, à part la mort réservée au prince des ténèbres, sont également celles d'Énée de Gaza, de Zacharie de Mitylène et d'un moine du vii⁰ siècle appelé Maxime. Mais, comme on nous le fait remarquer, Némésius n'est qu'un érudit, Zacharie et Énée de Gaza sont des rhéteurs, et Maxime ne sait rien d'Origène par lui-même; il se borne à copier Grégoire de Nysse, qu'il associe tant bien que mal au faux Denys l'Aréopagite. Ce sont là pourtant les derniers interprètes, les derniers défenseurs d'Origène dans la contrée qui lui a donné naissance. Mais tout n'est pas fini pour lui. Conformément à ses propres enseignements, une seconde vie l'attendait dans un autre monde que celui qu'il avait rempli de son influence et de sa renommée. Il devait renaitre sous une nouvelle forme dans la théologie hétérodoxe et dans la philosophie mystique, même dans la science de l'Occident.

III

C'est à Paris, à l'école du Palais, vers le milieu du IXe siècle, que nous retrouvons pour la première fois les vestiges de l'origénisme. Jean Scot Érigène n'est pas seulement le restaurateur du néoplatonisme, l'auteur du *De divisione naturæ*, il est aussi le traducteur du faux Denys l'Aréopagite; il a écrit le *Traité de la prédestination* pour défendre à sa manière le libre arbitre contre la doctrine outrée de Gottescalk sur la grâce; enfin il a traduit en latin les *Scolies* de Maxime sur le livre de saint Grégoire de Nysse. C'est par là surtout qu'il se recommande ici à notre attention, car Maxime, en lui faisant connaitre saint Grégoire, l'a par là même mis en communication avec Origène. On rencontre chez lui, en effet, soit dans son *Traité de la prédestination*, soit dans son grand ouvrage *De la division de la nature*, des propositions qu'il est difficile de ne pas considérer comme des inspirations d'Origène, je dirais volontiers comme des éclats de sa grande voix, celles-ci entre autres : Que le monde est à la fois éternel et créé, ce qui revient évidemment à faire la création éternelle; que le récit de la création tel que nous le lisons dans la Genèse est une pure allégorie; que le paradis n'est pas autre chose que la nature humaine dans sa perfection; que le mal, n'étant que la défaillance de la volonté, n'existe pas en soi, et en conséquence ne saurait exister éternellement; que Dieu par sa grâce peut ajouter aux qualités de la nature dont il est lui-même l'auteur, mais qu'il ne les détruit pas et ne fait rien perdre à l'homme de sa liberté; que le jugement dernier est une manière de nous annoncer une transformation suprême de l'homme et de la nature par suite de laquelle les conditions actuelles de l'existence feront place à des conditions supérieures plus rapprochées de la perfection si elles ne sont pas la perfection même.

A toutes ces idées, Jean Scot Érigène en mêle sans doute beaucoup d'autres, venues d'une source différente, mais qui ne les rendent pas méconnaissables. Ce qui leur laisse par-dessus tout leur caractère originel, c'est la croyance que l'homme, sauvé et glorifié à la fin des temps, ramènera à Dieu la création entière sans aucune exception.

Est-on en droit de faire remonter aussi à Origène, soit directement, soit par l'intermédiaire de Jean Scot Érigène, le système étrange de David de Dinan et d'Amaury de Bennes? M. Denis est bien guidé par son sens critique quand il refuse absolument de rattacher ces deux chefs d'école à l'auteur des *Principes*. Les raisons qu'il en donne sont sans doute excellentes, mais il les aurait jugées superflues s'il avait connu le curieux et savant mémoire de M. Hauréau sur les emprunts faits par David de Dinan aux écrits de l'archidiacre espagnol Gundisalvi et aux ressemblances que ces écrits présentent avec le *Livre des causes* [1]. Il s'agit ici d'une influence néoplatonicienne, non d'une influence chrétienne. Encore faut-il établir une grande différence entre David de Dinan et Amaury de Bennes. Celui-ci ne se contente pas de sauver le démon, il le supprime en même temps que le paradis et l'enfer. Pour lui, le paradis c'est la science, et l'enfer c'est l'ignorance. Dieu seul existe, il est tout, l'esprit et la matière, l'humanité et la nature. Ces trois personnes divines, ce sont trois époques

---

[1]. Je renouvelle ici un vœu que j'ai déjà exprimé ailleurs, c'est que ce travail, aujourd'hui comme perdu dans le tome XXIX des *Mémoires de l'Académie des inscriptions et belles-lettres*, fasse partie d'une prochaine édition de l'*Histoire de la scolastique*.

dans la vie universelle, dans l'histoire de la société et de l'humanité. Ni Origène, ni aucun des Pères qui suivirent ses traces, ni Jean Scot Érigène, en dépit de son penchant pour le panthéisme alexandrin, n'ont rien imaginé de semblable. Amaury et ses disciples, autant qu'on peut leur attribuer les erreurs et les passions de notre temps, ne sont ni des philosophes ni des théologiens, mais une manière d'utopistes révolutionnaires.

La secte des Cathares, comme celle dont nous venons de parler, ne nous est connue que par les témoignages de ses plus ardents persécuteurs et les procès-verbaux de l'inquisition. Mais ces documents, réunis avec patience et comparés entre eux par M. Charles Schmidt [1], suffisent à nous donner une idée assez précise de sa doctrine, plusieurs fois présentée sous la forme d'une profession de foi publique. Les éléments qui la formaient provenaient de sources très diverses, étaient associés dans des proportions inégales et, comme cela est arrivé à d'autres croyances, n'ont pas toujours été compris de la même manière. La plupart étaient un héritage des différentes sectes gnostiques ; mais plusieurs aussi étaient visiblement empruntés à Origène. Comme tous les gnostiques sans exception, les Cathares établissaient une opposition radicale entre l'Ancien et le Nouveau Testament. Le premier a été apporté aux hommes par les ordres d'un esprit mauvais, qui enseigne la discorde, la haine, la vengeance et impose à ses sujets la plus dure servitude. Le second, au contraire, œuvre du vrai Dieu, du Dieu bon, est une loi de charité, d'amour et d'affranchissement. C'est le Dieu ou l'esprit dont émane l'Ancien Testament qui a fait la terre, les corps grossiers qui sont condamnés à y ramper et les tristes passions de ce monde

---

1. Et non pas Smith, comme écrit M. Denis. L'ouvrage de M. Schmidt, communiqué en partie, avant d'être publié, à l'Académie des sciences morales et politiques, a pour titre : *Histoire et doctrine de la secte des Cathares ou Albigeois.* 2 vol. in-8º, Paris et Genève, 1849. Il existe un autre ouvrage sur le même sujet : *Histoire des Albigeois*, par Peyrat, 3 vol. in-8, Paris, 1870-1872.

matériel. C'est le Dieu du Nouveau Testament qui a créé les esprits et le monde spirituel. L'un de ces esprits, c'est Jésus, fils de Dieu, supérieur à toute créature, mais inférieur à son Père. Il a été envoyé sur la terre pour enseigner aux âmes captives dans les liens de la matière les moyens de recouvrer leur liberté et leur félicité premières, mais il n'a pris que l'apparence d'un corps, il n'est mort et n'a souffert qu'en apparence.

Voici maintenant la part de l'origénisme dans les croyances cathares. Tous les esprits, toutes les âmes dont se compose le monde spirituel ont été créés à la fois. Ils sont doués de corps spirituels, très différents de ceux qui habitent la terre. Plusieurs d'entre eux, s'étant détournés de leur créateur, ont voulu goûter les plaisirs de la vie terrestre; mais cette vie par laquelle ils se sont laissé tenter devint leur châtiment. Après l'avoir subie pendant plus ou moins de temps et après un certain nombre d'incorporations dont les formes animales ne sont pas exclues, ils seront rendus, purifiés et repentants, à leur condition première. Il n'y a que l'esprit du mal, souverain de la matière, qui n'a rien à attendre de l'avenir ni de la miséricorde divine, parce qu'il est mauvais par essence. Cela seul suffit à nous démontrer, contre l'opinion de M. Charles Schmidt, que les Cathares n'étaient point dualistes dans le sens religieux du mot. Ils n'admettaient qu'un seul Dieu, le Dieu bon, créateur des esprits. L'esprit qui règne sur la matière n'est que la matière elle-même et le mal personnifiés. Il est dans la nature des choses, il est la limite nécessaire et éternelle du bien. Après tout, il n'y a peut-être pas plus de contradiction à lui attribuer une existence à part qu'à en faire un archange déchu qui, mis en possession de la béatitude éternelle, la perd volontairement à la poursuite d'un autre bien. D'ailleurs tous les Cathares n'étaient pas d'accord sur ce point. Selon quelques-uns d'entre eux, Dieu a deux fils, dont l'un est préposé au gouvernement du monde spirituel et l'autre au gouvernement du monde matériel. Mais à la fin des siècles ils se réuniront dans le sein de leur père commun.

C'est le pur mazdéisme, tel qu'il est enseigné dans le *Boun-Dehesch*. On voit que ces sectaires ont pris quelque chose à tous les lieux et à tous les temps qu'ils ont traversés. Les idées qui leur sont communes avec Origène leur sont venues certainement des Églises d'Orient.

Entre ces mêmes idées et celles de Joachim de Flore, ou, comme on l'appelle communément, l'abbé Joachim, l'affinité est peut-être plus grande que ne le suppose M. Denis. Joachim a séjourné en Grèce pendant quelque temps avec son disciple Jean de Parme; il a pu connaître par lui-même soit les écrits d'Origène, soit ceux des Pères qui se sont inspirés de son esprit, et il est bien difficile de ne pas reconnaître leur influence dans la façon dont le moine napolitain comprenait les Écritures, et dans l'opinion qu'il s'est faite de l'avenir de l'humanité, confondue dans sa pensée avec l'avenir de l'Église. Ne voyant dans les livres saints que des allégories et des symboles, il annonçait que, à la consommation des siècles, tous les voiles qui nous cachent encore le vrai sens des choses tomberont, et que l'esprit de l'homme se trouvera en pleine possession de la vérité. C'est là sans doute ce qu'il entendait par l'Évangile éternel dont il se disait l'apôtre, mais qu'Origène admettait avant lui, comme saint Jérôme le lui reproche. Les trois règnes qu'il distingue dans l'Église et dont le dernier est encore à naître : le règne des laïques, le règne des clercs et le règne des religieux, répondent chez lui à l'attente d'une transformation de l'humanité qui, faisant disparaître le mariage et la hiérarchie sociale, représentée par celle de l'Église, élèvera les âmes au plus haut degré de perfection dont elles soient capables avant la fin dernière des choses. Sans penser à séparer les trois personnes de la Trinité dans l'essence divine, il les conçoit comme les types des trois époques qu'il distingue dans l'histoire.

On trouverait peut-être encore des traces d'origénisme dans saint François d'Assise et dans cette fraction dissidente des franciscains qui a reçu le nom de *Frères spirituels*. Mais ces traces, si elles existent, ne sont pas faciles à démêler; et l'on peut assurer qu'elles n'existent pas, soit chez les écrivains de la Réforme, tous imprégnés de l'esprit de saint Paul et de saint Augustin, ni chez les néoplatoniciens de la Renaissance, partisans plus ou moins conscients du principe de l'émanation, et au fond plus païens que chrétiens. Nous arrivons ainsi à un des plus célèbres mystiques de la fin du xvi° et du commencement du xvii° siècle, à Jacob Boehm.

Jacob Boehm a-t-il, dans une mesure et d'une manière quelconque, été initié à la doctrine d'Origène? On peut hardiment répondre à cette question d'une manière négative. Fils d'un pauvre artisan et élevé pour la même condition, réduit jusqu'à la fin de ses jours à gagner sa vie dans le métier de cordonnier, Jacob Boehm, pendant sa jeunesse, n'avait pas lu d'autre livre que la Bible, et plus tard, vers l'âge de vingt-cinq à trente ans, quand il entra dans la vie contemplative, sa nourriture intellectuelle se bornait à l'*Apocalypse* et aux livres alchimiques, rédigés en mauvais allemand, de Paracelse et de Wagenseil. Peut-être aussi a-t-il puisé quelques notions scientifiques dans la conversation des trois médecins de Goritz dont il faisait sa société habituelle. Jamais il n'avait rien lu ni d'Origène, ni d'un autre Père de l'Église. Ne sachant pas le latin et encore moins le grec, il était hors d'état de les comprendre. Le fond de son système, si l'on peut appeler ainsi les divagations incohérentes qui lui en tiennent lieu, c'est le panthéisme des livres hermétiques, moitié naturaliste, moitié alexandrin, que Paracelse a revendiqué comme sien et sur lequel Boehm a répandu, avec quelques visions apocalyptiques, avec des invectives furieuses contre tous les sacerdoces, contre toutes les Églises, la teinte mystique d'une imagination souvent exaltée jusqu'au délire. Rien dans ce mélange ne nous fait penser à Origène qu'un certain nombre d'idées qui forment avec celles du prêtre alexandrin le plus parfait contraste. Ainsi, selon Boehm, le mal n'est pas un produit de la liberté humaine, à laquelle d'ailleurs il refuse toute réalité ; le mal existe par lui-même au même titre que le bien ; il est renfermé comme le bien dans l'essence divine; et il en sort comme le bien pour se manifester dans l'homme et dans la nature par une loi nécessaire. Le mal ne disparaitra donc jamais, parce que l'on ne peut pas supposer que l'essence divine disparaitra ou subira un changement. Le mal personnifié et porté à sa plus haute puissance, c'est ce que nous appelons le diable. Donc le diable fait partie de l'essence divine, il fait partie de Dieu et n'a pas besoin d'être justifié ni sauvé. Il entre de toute nécessité dans les manifestations ou dans les œuvres de Dieu, qui empruntent de lui l'individualité et la passion. C'est ce que Jacob Boehm fait entendre par cette proposition étrange qu'on ne s'attendrait guère à rencontrer sous la plume d'un mystique : « Le diable est le cuisinier de la nature; la vie sans lui ne serait qu'une fade bouillie. »

M. Denis a donc très bien fait d'accorder à Boehm à peine une mention dans son histoire de l'origénisme. Il en est autrement de Pierre Poiret, dont le traité de *l'Économie divine* est pénétré non seulement de l'esprit, mais du langage d'Origène. Dans l'analyse très intéressante que M. Denis nous présente de cet ouvrage et qui lui appartient entièrement en raison du point de vue où il s'est placé, on retrouve, sans grands changements, toute l'exposition de la doctrine de l'auteur des *Principes*. Nous ne voyons donc aucune utilité à la reproduire ou même à la résumer sommairement. Nous aimons mieux nous occuper de Swedenborg, qui ne tient pas dans le livre de M. Denis la place à laquelle il avait droit par ses nombreuses et frappantes analogies avec Origène.

Remarquons d'abord que Swedenborg, qui n'a eu ses visions que sur le déclin de sa vie, est un savant, un philosophe, un érudit, aussi familier avec les langues anciennes qu'avec les sciences naturelles. Une connaissance approfondie des livres saints et des controverses théologiques se montre dans tous ses ouvrages, même dans ceux qui ont précédé ses œuvres apocalyptiques. Il n'y a donc aucune témérité à supposer que les écrits d'Origène, ceux de Grégoire de Nysse et de Clément d'Alexandrie ne lui sont pas restés étrangers. La ressemblance qui existe entre leurs idées et les siennes donne à cette supposition un haut degré de probabilité. On en jugera par quelques exemples.

Ce n'est pas seulement l'Écriture sainte, mais la nature elle-même, la nature entière, qui dans la doctrine de Swedenborg, ainsi que dans celle d'Origène et de Grégoire de Nysse, doit être considérée comme une perpétuelle allégorie et interprétée dans un sens spirituel. Tout ce qui existe dans le monde spirituel a sa représentation dans le monde naturel ; c'est ce qu'il appelle les *Correspondances,* et dont il fait l'objet d'une science particulière.

C'est pour cette raison, parce que le spirituel ne peut se concevoir ni exister sans une forme naturelle et visible, qu'il n'admet pas d'esprit sans corps et qu'il fait passer les esprits d'un monde dans un autre, meilleur ou pire que celui qu'ils ont habité d'abord, selon qu'ils ont mérité de monter ou de descendre.

Comme Origène et Clément il admet, outre l'Ancien et le Nouveau Testament, une révélation qui a éclairé les gentils, qui a éclairé les sages de l'Orient et les philosophes de la Grèce, et leur a enseigné les moyens d'atteindre au degré de perfection dont chaque homme s'est rendu digne par ses œuvres. Il nous montre dans le ciel plusieurs de ces sages de l'antiquité qui sont devenus des anges et des archanges.

Comme Origène aussi, il nie le jugement dernier et la résurrection des corps, et ce qu'il y a de singulier, c'est que les objections qu'il élève contre ces deux croyances sont à peu près les mêmes que celles d'Origène. Il les place dans la bouche d'un sage de la Grèce devenu un ange. « Comment concevoir, dit ce personnage, que les étoiles tomberont sur la terre, laquelle est plus petite que les étoiles? Comment les corps des hommes, dévorés depuis des milliers de siècles par tous les animaux, brûlés, pulvérisés, disséminés dans tout l'univers, pourraient-ils reprendre leur forme et s'unir à une âme [1] ? »

Avec la résurrection, il rejette le péché originel qu'Origène ne nie pas formellement, mais dont il annule les effets en déchargeant les âmes de toute autre responsabilité que de celle de leurs propres actions.

« Qui sait, demande Origène, si chaque vertu n'est pas un ciel et si toutes les vertus réunies ne sont pas les cieux des cieux ? » Swedenborg dit aussi, mais avec moins d'éloquence, que le ciel est dans les cœurs où Dieu règne, dans ceux que son amour échauffe et éclaire, qu'il est le type éternel de l'homme, l'homme divin. L'enfer au contraire, c'est l'amour de soi et du monde ; ceux que possède cet amour sont malheureux, difformes et repoussants en proportion de l'ascendant qu'il exerce sur eux. Mais rien ne les empêche d'aspirer au ciel et d'y arriver par degrés [2].

Chez tout autre que Swedenborg ces analogies seraient concluantes ; mais à l'égard de ce visionnaire on ne peut rien affirmer. Peut-être n'a-t-il eu qu'un sentiment vague et comme une divination intérieure de toutes ces propositions origéniennes qu'il a noyées ensuite dans l'océan de ses propres hallucinations en les obscurcissant par une forte teinte de matérialité.

Avec Saint-Martin, le *Philosophe inconnu*, on se trouve en pleine lumière. On peut assurer qu'il n'a jamais lu Origène, car il n'aurait pas manqué de le dire dans les confidences qu'il fait à ses lecteurs. On peut ajouter qu'il n'a suivi avec persévérance et avec une confiance absolue aucun maître ; il a voulu, comme il le déclare avec une candide présomption, être le Descartes de la spiritualité. Cependant il y a deux hommes qui ont exercé sur lui une influence prépondérante et dont les doctrines, autant qu'il les a comprises, ont pu se concilier dans son esprit parce qu'elles ont entre

---

1. *Vera religio christiana*, p. 692, 693 ; traduction française, 3 vol. in-12, Amsterdam, 1771.
2. Voir particulièrement *Du ciel et de ses merveilles et de l'enfer*, original latin, Londres, 1758 ; traduction française par Le Boys des Guays.

elles beaucoup d'analogie : c'est Martinez Pasqualis et Jacob Boehm.

De Martinez Pasqualis nous ne connaissons que le traité inachevé et, je crois, resté inédit, *De la réintégration des êtres*. Par le langage et par la mise en scène, cet ouvrage ressemble beaucoup au livre apocryphe dont Origène cite un long fragment. L'esprit qui y règne est celui de ce qu'on a appelé plus tard la Kabbale chrétienne et dont Reuchlin nous offre un exemple dans son *De verbo mirifico*. Mais nul doute que Martinez Pasqualis, qui était d'origine et qui était resté toute sa vie en grande partie de croyance israélite, ne connût la vraie kabbale. Il en communiqua les principes à Saint-Martin qui, plus tard, à Strasbourg, quand il subissait l'ascendant plein de charme de Mme de Boecklin, les mêla au système de Boehm. Or le système de Boehm, en raison de son caractère manifestement panthéiste, se prêtait merveilleusement à cette association. Osons le dire d'ailleurs, Saint-Martin, tout en les traduisant dans notre langue, sans rien leur faire perdre de leur obscurité primitive, n'a jamais rien compris aux œuvres du théosophe allemand et ne voyait pas où elles le conduisaient. Sa propre nature, si riche de vues originales, pleine d'élan, de grâce et de poétiques tendresses, le préservait des excès d'une doctrine qui aboutissait à la confusion universelle. Il n'en est pas moins vrai que les principaux éléments de l'origénisme, arrivés jusqu'à lui après avoir traversé des milieux si différents, se retrouvent dans ses écrits. Les voici résumés en quelques mots : la perfection primitive des âmes, leur chute par la liberté, leur réintégration à la fois par la liberté et par la force que leur prête le Réparateur, les incorporations successives comme moyen de purification, le salut universel, la transfiguration de la matière, la destruction de l'enfer, l'abolition du mal.

Comblant une lacune qui lui a été signalée dans son mémoire, M. Denis, dans son livre, a consacré des pages très remarquables à Jean Reynaud. Il montre avec beaucoup de sens dans quel milieu, sous l'empire de quelles préoccupations a été conçu l'étrange livre de *Terre et ciel* et quels sont les deux courants, l'un scientifique, l'autre théologique, qui s'y développent sans jamais se fondre en un seul. De là, entre le philosophe français du xix⁰ siècle et le prêtre alexandrin du iii⁰, dont il s'est visiblement inspiré, autant de différences que de ressemblances. Pas d'âme sans corps, la préexistence des âmes dans un monde meilleur que celui que nous habitons maintenant; leur passage à travers des mondes et des corps appropriés à leurs divers états de décadence ou de perfection; la solidarité universelle et le salut final; voilà pour les ressemblances. Mais Jean Reynaud, partisan du progrès indéfini, ne croit pas que les âmes retournent à leur point de départ. Il ne croit pas qu'elles aient été créées toutes à la fois, ni qu'elles aient été primitivement ou puissent devenir jamais égales entre elles. Enfin, pour Jean Reynaud, le salut universel est un idéal, une espérance; dans aucun temps il ne sera une réalité, parce que les âmes n'atteindront pas le même niveau et qu'aucune d'elles n'arrivera à la perfection, réservée à la Divinité seule. M. Denis remarque avec raison que si le mal est un moindre bien, le mal ne disparaîtra pas dans ce système comme il disparait dans celui d'Origène et de Saint-Martin.

Comment la tentative de Jean Reynaud n'a-t-elle pas rappelé à M. Denis un autre essai de même nature qui appartient également à notre siècle et qu'un intervalle de quelques années seulement sépare de *Terre et ciel?* Je veux parler de la *Divine épopée* d'Alexandre Soumet. On ne peut avoir aucun doute sur le but que Soumet se propose et sur la source où il puise ses inspirations, il a soin de nous les faire connaître dans la préface de son poème. « .... J'ai cru voir, dit-il, avec Origène, le sang théandrique baigner à la fois les régions célestes, terrestres et infernales. J'ai fait de la force expiatrice une seconde âme universelle; j'ai supposé la rédemption plus puissante que toutes les iniquités; j'ai supposé que l'archange prévaricateur n'avait pu donner à l'édifice du mal l'éternité pour base. » Mais, catholique fervent, il se hâte d'ajouter que l'opinion d'Origène, condamnée par l'Église, n'est pour lui qu'une simple fiction.

Au moins aurait-il fallu que cette fiction restât fidèle à la doctrine sur laquelle on prétend la faire reposer. Or elle s'en écarte en un point capital. Ce n'est point la rédemption, mais l'expiation ou l'épreuve qui est, d'après Origène, le grand moyen de salut. Ce qui est vraiment conforme à l'origénisme, et que Soumet a conservé, ce sont ces deux idées : que le mal n'est pas éternel et que Satan, « l'archange prévaricateur », sera sauvé.

Satan délivré, l'enfer disparaît et nous voyons à sa place le monde régénéré tel qu'Origène le voit dans son imagination.

> L'Enfer bornait le ciel, le mal le bien suprême ;
> Je crois voir l'infini se compléter lui-même [1].
> ....
> Un monde n'était plus, un monde recommence,
> Blanchi, transfiguré dans le creuset immense.
> ....
> L'enfer en ciel brillant jaillit du cœur de Dieu [2].

Dans le triangle suprême qui brille au-dessus de l'univers transfiguré, on lit, « en lettres de soleil » : *Salut éternel.*

Pourquoi une doctrine comme celle d'Origène, qui ressemble plus à un rêve qu'à un système de philosophie ou de théologie, qui ne se justifie ni par le raisonnement, ni par l'expérience, ni par la tradition, a-t-elle exercé, pendant plus de quinze siècles, sur tant de nobles esprits, une attraction toute-puissante ? C'est qu'elle répond, je n'ose pas dire à des principes, mais à des idées qui sont en même temps des besoins et des sentiments indestructibles de la nature humaine. On y trouve d'abord l'idée du progrès, conçu comme la loi même et la condition de la liberté, insépa-

---

1. Chant XII, p. 325.
2. Chant XII, p. 321.

rable de l'idée de perfection, très différent de cette évolution que certains systèmes de notre temps, aussi chimériques que celui d'Origène, imposent comme une nécessité aveugle à toutes les existences. On y trouve, sous sa forme la plus élevée, dans son expression à la fois la plus philosophique et la plus religieuse, l'idée de la charité et de l'amour. Kant a dit : « Agis de telle sorte que la maxime à laquelle tu obéis puisse devenir le principe d'une législation universelle pour tous les êtres intelligents et libres. » Origène donne la même extension au principe de l'amour ; il en fait la loi commune de Dieu, de l'humanité et de tout ce qu'il y a d'intelligences dans la création ; il y comprend les âmes déchues comme celles qui sont restées fidèles à leur destinée. Enfin la doctrine d'Origène assigne au châtiment son véritable but en montrant que dans la cité humaine, comme dans la cité de Dieu, il doit être, non la vindicte des lois, comme disent les jurisconsultes, ni la justice de Dieu, comme l'entendent les théologiens, mais la guérison de l'âme malade, la régénération des natures déchues. Ce sont là des titres réels au respect et à la reconnaissance des esprits réfléchis.

LA PHILOSOPHIE AU MOYEN AGE

I

Des trois volumes dont se compose l'*Histoire de la philosophie scolastique* [1], le premier, séparé des deux autres par un intervalle de huit ans, remonte à 1872. Mais il n'est jamais trop tard pour faire connaître un livre de la valeur et de l'importance de celui-ci, et il aurait été difficile de l'apprécier avant qu'il fût complet.

Déjà, en 1850, M. Hauréau a publié, sur le même sujet et presque sous le même titre [2], un mémoire très savant, très étendu, qui avait été couronné par l'Académie des sciences morales et politiques. Mais il a soin de nous prévenir que l'*Histoire* n'est pas une simple reproduction du mémoire. En effet, on ne tarde pas à s'apercevoir qu'il existe entre les deux ouvrages de notables différences. On trouve dans le second de précieux matériaux, un grand nombre de textes et de faits, entièrement ignorés jusqu'aujourd'hui, qui manquent dans le premier. Il n'est pas

---

1. *Histoire de la philosophie scolastique*, par B. Hauréau, membre de l'Institut. — Première partie (de Charlemagne à la fin du XIIe siècle), 1 vol. in-8° de VII-549 pages, chez Durand et Pédone-Lauriel, Paris, 1872. — Deuxième partie, 2 vol. in-8° de 462 et 495 pages, chez Pédone-Lauriel, Paris, 1880.

2. *De la philosophie scolastique*, vol. in-8, Paris, 1850.

étonnant que l'auteur, qui a passé sa vie dans la lecture des manuscrits du moyen âge, y ait fait des découvertes que ses devanciers n'ont pas pu prévoir. Aussi croyons-nous que personne ne nous contredira en France ou à l'étranger si nous affirmons que cette histoire de la philosophie scolastique, c'est-à-dire d'une des périodes les plus obscures, les plus confuses de l'histoire générale de la philosophie, est la plus complète, la plus savante et, au point de vue des sources, la plus originale de toutes celles que nous possédons. Les opinions mêmes de M. Hauréau, sans avoir changé au fond, revêtent, à la date de 1872 et de 1880, une expression plus libre et plus franche. Il se déclare hautement nominaliste; tout en gardant, sinon l'impartialité du juge, du moins les scrupules de l'historien, il se montre un adversaire infatigable de l'opinion contraire. Il poursuit le réalisme sous toutes ses formes, dans toutes ses manifestations, si modérées qu'elles puissent être; et ce n'est pas seulement le réalisme du moyen âge qu'il traite avec cette rigueur, mais tout ce qui y ressemble de près ou de loin, tous les systèmes idéalistes, sans exception, et les principes mêmes de la raison, tels que nous les montre une sévère analyse, exempte de tout esprit de système, les vérités premières que la science, aussi bien que la philosophie, est forcée d'accepter comme des vérités nécessaires et universelles.

M. Hauréau n'est cependant pas un sceptique, il s'en faut de beaucoup. Il professe le plus grand respect pour la raison humaine, et il nie qu'il y ait pour nous une autre source de vérité et de connaissance. Mais il a horreur des excès du dogmatisme et il regarde comme un excès de dogmatisme l'affirmation de toute autre existence, de toute autre réalité que celle des individus et des choses particulières. Nous l'avons déjà dit, il est nominaliste. Cette qualification est la seule qui lui convienne, et il faut se garder de la remplacer par aucune autre, comme celle de sensationiste ou de positiviste, à la façon de certains philosophes contemporains. Il ne dit nulle part que la sensation, que l'expérience des sens, à l'exclusion de la conscience, soit pour lui l'unique origine de nos connaissances ; il ne s'occupe pas davantage à réduire tout ce que nous savons ou croyons savoir à de simples phénomènes ; s'il est nominaliste comme on l'était aux plus beaux jours de la scolastique il l'est à la façon des maitres les plus renommés de l'école dont il s'est constitué le défenseur, il l'est à la façon d'Abélard et de Guillaume Ockam. Répudiant la proposition faussement attribuée à Roscelin, que les termes généraux de la langue, que les noms des genres et des espèces ne sont que des mots vides de sens (*flatus vocis*), il admet qu'il y a dans notre esprit des idées générales, des *concepts*, comme on dit aujourd'hui, mais il pense que ces concepts, formés par voie d'abstraction et bien différents soit des idées de Platon, soit des notions *a priori* de la psychologie moderne, ne représentent rien qui existe hors des individus.

Nous nous écarterions de notre but en discutant ici la valeur philosophique de cette opinion ; cependant nous pouvons bien, sans quitter le domaine de l'histoire de la scolastique, soutenir, contre M. Hauréau, qu'elle ne renferme pas, comme il le suppose, la véritable pensée, du moins toute la pensée d'Aristote. Aristote reconnait une cause première et universelle de tous les êtres, un moteur immobile de l'univers dont l'action s'exerce sur tous les individus et par là même subsiste au-dessus d'eux. Dans cette cause motrice, Aristote voit aussi la cause finale de tous les êtres, le souverain bien vers lequel tous aspirent, dont ils ont tous l'idée, une idée par conséquent universelle et qui représente autre chose que des qualités réparties entre les individus. Enfin, l'intelligence active (νοῦς ποιητικός) dont il est question dans le livre IIIe du *Traité de l'Ame*, cette intelligence éternelle, incorruptible, qui n'est pas l'œuvre de l'homme, mais qui lui vient d'ailleurs, ne peut pas non plus être considérée comme une qualité individuelle ; l'éternité qu'on lui attribue et son origine supérieure à la nature humaine supposent l'universalité. Nous croyons donc qu'en les redressant, soit en son propre nom, soit au nom d'Aristote, M. Hauréau aurait pu se montrer moins sévère pour ces pauvres réalistes et même pour Platon. « On ne saurait s'y tromper, dit-il, la loi qui dirige tout, gouverne tout dans le monde idéal de Platon, c'est la pensée de l'homme arbitrairement substituée à la mystérieuse volonté de Dieu [1]. » Mais, s'il n'y avait absolument rien de commun entre la pensée de l'homme et la volonté de Dieu, ou si les lois de la raison n'étaient pas les mêmes quand nous les appliquons à l'univers et quand nous en faisons usage pour nous connaître nous-mêmes, nous n'aurions pas le droit de parler de la volonté de Dieu, car nous ne pourrions nous en faire aucune idée ; nous serions obligés, en la niant, de nous en tenir à un pur phénoménisme, ou, en la plaçant en dehors de toutes les lois de l'intelligence, de nous jeter dans le mysticisme. Dans l'un et l'autre cas le nominalisme serait condamné.

M. Hauréau, avec raison à ce qu'il semble, nie que la scolastique soit une philosophie subordonnée à la théologie. Sans doute, elle n'est pas née, libre de toute entrave, en face de la société et de la nature, comme la philosophie grecque ou comme la philosophie moderne depuis Bacon et Descartes. C'est une philosophie d'école, ainsi que son nom l'indique, elle est née et s'est développée avec les écoles chrétiennes de l'Occident pendant toute la durée du moyen âge, à commencer par l'école du Palais, fondée par Charlemagne et dont Alcuin a été le premier maître. Naturellement ces écoles qui, après Charlemagne, ne sont plus guère fréquentées que par des ecclésiastiques, sont placées sous l'autorité et la surveillance de l'Église, une surveillance qui s'exerce par les moyens les plus rigoureux ; car c'est une règle de droit universellement acceptée à cette époque que les livres et les personnes convaincus d'hérésie doivent être livrés aux flammes. Mais ce n'est là qu'un point de législation, un

---

[1]. Première partie, p. 65.

détail de l'organisation sociale telle qu'on la comprenait et que, par la force des choses, on était irrésistiblement amené à la comprendre alors. Considérée en elle-même, indépendamment des circonstances extérieures sous l'empire desquelles elle a fourni sa carrière, la scolastique est, au contraire, un long et vigoureux effort de la raison pour s'affranchir de la domination de la foi. « La scolastique, dit M. Hauréau, c'est le fervent travail des intelligences qui, trop longtemps asservies au joug d'un dogme révélé, s'efforcent de mériter et de conquérir leur émancipation, au prix même de cette douce sécurité que procurent l'ignorance et la foi [1]. » C'est peut-être aller un peu loin que d'ajouter : « La scolastique, c'est la révolution qui se prépare, qui annonce sa venue ; et la révolution, qui l'ignore ? c'est la France même. » La distance est grande entre la scolastique et la révolution, et la scolastique n'a pas seulement régné en France, elle a régné dans tout l'Occident. On pourrait même soutenir qu'il y a une scolastique arabe et une scolastique juive, comme il y a une scolastique chrétienne. C'est de la scolastique chrétienne qu'il est uniquement question dans le livre de M. Hauréau.

Il est bien vrai qu'elle tend à soustraire la philosophie à l'autorité de la théologie ; mais la philosophie pour elle est tout entière dans les œuvres d'Aristote, et de ces œuvres elle ne connaît pendant longtemps qu'une très faible partie ; encore ne les connaît-elle que par des traductions latines, par des commentaires latins que tous ne comprennent pas de la même manière, sur lesquels, au contraire, on s'entend si peu qu'on en fait sortir souvent les conclusions les plus opposées. C'est à cette interprétation plus ou moins libre, plus ou moins personnelle et nécessairement très diverse d'Aristote, que se réduit la scolastique. La scolastique, c'est la science qui a pour but la connaissance d'Aristote, le seul philosophe qui pour elle ait jamais existé, *le philosophe*, comme elle l'appelle sim-

[1]. Tome Ier, p. 121.

plement; et la connaissance d'Aristote, telle qu'elle l'a faite, ne se rencontre à aucune autre époque. C'est un produit particulier du moyen âge, comme l'architecture gothique.

Si toute la philosophie du moyen âge, toute la scolastique, se réduit à la connaissance d'Aristote, la connaissance d'Aristote, à son tour, se réduit à la solution de la question des universaux. La question des universaux, c'est la question de savoir si les idées générales qu'expriment certains termes généraux de la langue et certaines catégories d'Aristote, par exemple les idées de substance, d'essence, de genre, d'espèce, de qualités essentielles ou de différence, se rapportent à des choses réelles qui existent hors de nous et indépendamment de nous, ou ne sont que des abstractions, des conceptions de notre esprit, que notre esprit seul a produites et qui n'ont pas d'existence hors de lui. Cette question ne renferme pas seulement la philosophie scolastique, elle renferme la partie la plus importante de toute philosophie, car les autres problèmes s'y rattachent par des multiples liens. C'est la question sur laquelle se sont divisés Platon et Aristote dans l'antiquité, Descartes et Hobbes, Leibniz et Locke, Kant et Hume, chez les modernes; c'est la question éternelle de l'idéalisme et de l'empirisme; mais la scolastique lui a imprimé un caractère à part. Elle ne la traite pas en elle-même, à l'aide des lois qu'on peut découvrir dans la nature, à l'aide des principes qui s'imposent à l'esprit humain; elle la subordonne à une discussion des textes d'Aristote et de quelques-uns des commentaires dont ils ont été l'objet. C'est l'un de ces commentaires, c'est l'introduction de Porphyre au *Traité des catégories* ou l'*Isagoge*, comme on l'appelle communément, qui a soulevé la question des universaux, et qui, en indiquant les différentes solutions dont elle est susceptible, a donné naissance aux deux écoles opposées du réalisme et du nominalisme. En rapportant les propres termes de Porphyre et en montrant quels en sont le sens et la portée, M. Hauréau répand une vive clarté sur la cause première des débats de la scolastique, sur la manière dont ils ont pris naissance et qui a été la raison de leur durée.

Rejetant les divisions arbitraires qui ont prévalu jusqu'à présent, il ne distingue dans l'histoire de la scolastique que deux époques : l'une où, ne possédant encore d'Aristote que les traités dont se compose l'*Organum*, on considérait la logique et la dialectique, seules matières de ces traités, comme la philosophie tout entière, comme le moyen de résoudre toutes les questions philosophiques; l'autre où, par suite d'une connaissance plus complète de la doctrine aristotélicienne, par suite de l'acquisition qu'on avait faite des quatorze livres de la *Métaphysique*, on ne voyait plus dans la logique qu'une préparation à la philosophie, tandis que la métaphysique devenait la philosophie elle-même. La première, commençant sous Charlemagne, avec Alcuin et l'école Palatine, se prolonge jusqu'à la fin du XIIe siècle; et la seconde, où nous voyons figurer au premier rang Albert le Grand et saint Thomas d'Aquin, se trouve comprise entre le commencement du XIIIe siècle et celui du XVe. Cette division, appuyée sur des faits réels et sur des dates précises, est parfaitement justifiée.

Avant de faire passer sous nos yeux les hommes et les idées qui remplissent la première et aussi la plus obscure de ces deux périodes, M. Hauréau recherche avec soin ce qu'elle savait de l'antiquité philosophique, notamment de Platon et d'Aristote, quels sont ceux de leurs écrits qui lui étaient connus par des traductions, des abrégés et des commentaires; en un mot, il fait le catalogue de sa bibliothèque, et ce catalogue ne manque certainement pas d'intérêt.

C'est naturellement Aristote qui y tient la plus grande place, et cette place est bien petite encore. On ne possédait, au IXe siècle, d'autres écrits d'Aristote, que le traité de l'*Interprétation*, traduit par Boëce, et un abrégé des *Catégories*, pris pour une traduction qu'on attribuait à saint Augustin. La vraie traduction, celle de Boëce, n'apparaît qu'un siècle plus tard. Si l'on ajoute à ces deux ouvrages l'introduction de Porphyre, également traduite par Boëce, on connaîtra tous les textes qui servaient de base à l'enseignement philosophique de Gerbert au xe siècle et d'Abélard au xiie.

De Platon on ne connaissait que le *Timée*, traduit en latin par Chalcidius, et devenu, au xiie siècle, la matière d'un commentaire que M. Hauréau croit pouvoir attribuer à Guillaume de Conches. Le néoplatonisme aussi avait pénétré dans les écoles chrétiennes du ixe au xiie siècle par les livres d'Apulée et ceux qu'on attribuait faussement à saint Denys l'Aréopagite. Envoyés, dans le texte grec, par l'empereur d'Orient Michel le Bègue à Louis le Débonnaire, ils furent aussitôt traduits en latin par Scot Érigène, le seul peut-être de ses contemporains à qui la langue de Platon et d'Aristote ne fût pas étrangère. Enfin, parmi les manuscrits de ce temps on voit figurer les *Saturnales* de Macrobe et son *Commentaire sur le songe de Scipion*, l'ouvrage de Marcien Capella qui a pour titre *Des Noces de Mercure et de Philologie*, celui de Cassiodore : *De Institutione divinarum litterarum*, et les *Origines* d'Isidore de Séville, dont le second livre contient une analyse de l'*Organum*. Pendant trois siècles, la scolastique a vécu sur ce maigre fonds. Il ne faut donc pas s'étonner qu'elle ait été un peu lente à se développer.

Pendant longtemps elle ne nous offre guère que des grammairiens, des glossateurs, de superficiels imitateurs de saint Augustin, ou des érudits dépourvus de philosophie. Telle est l'opinion qu'il faut se former d'Alcuin, de Fridugèse, d'Agobard, de Candide, de Raban Maur. Alcuin, malgré les légendes répandues sur sa prétendue science, ignorait l'hébreu et savait très peu de grec. C'était un grammairien assez correct. Ce qu'on trouve chez lui de philosophie est emprunté à saint Augustin ou aux imitateurs de ce Père de l'Église. Il en est de même de Fridugèse et de Candide, auteur d'un traité intitulé : *De Imagine Dei*, dont M. Hauréau nous donne de longs extraits, restés inédits jusqu'aujourd'hui. Agobard, archevêque de Lyon de 813 à 840, est un savant homme et un esprit éclairé pour son temps, mais à qui les matières philosophiques sont étrangères. Enfin

Raban Maur, en dépit de l'immense renommée dont il a joui et des nombreux disciples qu'il a formés dans son école de Fulda, n'est qu'un grammairien, un glossateur et un dialecticien. Pour lui la dialectique est le seul moyen de discerner le vrai du faux. Ses gloses sur l'introduction de Porphyre et le traité de l'*Interprétation* étaient citées au nombre des meilleures. Parmi ses autres écrits, qui ne forment pas moins de six volumes in-folio, on remarque celui qui a pour titre *De Universo*. C'est une sorte d'encyclopédie des connaissances humaines au IXe siècle.

Le premier métaphysicien qu'on rencontre dans l'histoire de la scolastique, c'est l'Irlandais Jean Scot Érigène. M. Hauréau ne pouvait pas lui être favorable, car M. Hauréau n'est pas favorable à la métaphysique en général. « On ne découvre rien en métaphysique, dit-il, on imagine, et l'imagination humaine est, en cette matière, depuis longtemps épuisée [1]. » A ce premier tort, celui d'être métaphysicien, Jean Scot en joint un autre, qui n'a pas moins de gravité. Il est, non de l'école de Platon, mais de Plotin, c'est un néoplatonicien enthousiaste. Cependant M. Hauréau lui rend pleine justice. Il nous montre quelle a été la science de Jean Scot, qu'un de ses contemporains ne craint pas d'appeler un miracle du Saint-Esprit; il rappelle, non sans la regretter, l'immense influence qu'il a exercée sur tout le moyen âge, et, ce qui est plus méritoire encore, il expose son système avec la plus grande exactitude et en lui laissant l'intérêt qui s'y attache irrésistiblement.

M. Hauréau a raison de compter Jean Scot parmi les réalistes, il l'était certainement dans ce sens qu'ayant à s'expliquer, comme tous les maîtres du IXe siècle, sur les catégories d'Aristote et sur les universaux en général, il ne pouvait pas admettre qu'ils n'eussent rien de commun avec la nature des choses et n'existassent que dans l'esprit humain; mais son réalisme n'est, pour ainsi dire, qu'un accident dans sa doctrine, et se trouve revêtu d'un carac-

---

1. Tome Ier, p. 161.

tère personnel qui le distingue de celui de tous les philosophes du moyen âge. Jean Scot, à vrai dire, n'est pas un philosophe scolastique, c'est un philosophe à la façon de Jordano Bruno et qu'on n'aurait pas été surpris de rencontrer à la même époque. Sept siècles avant la Renaissance, il essaye de ressusciter le système des Alexandrins en le plaçant sous le patronage de Platon. Qu'est-ce qu'est pour lui Aristote? Un maitre de la science de la nature à qui manque entièrement le sens métaphysique, c'est-à-dire l'intelligence de la philosophie. Il n'a donc pas à s'inquiéter de ses catégories ni de ses opinions sur les rapports de l'être et de la pensée. Cependant, comme il est le maitre de l'école Palatine et qu'on attend de lui une explication sur ce point capital de la philosophie péripatéticienne, il en donne une qui entre parfaitement dans l'esprit et se prête même au langage de la philosophie alexandrine.

Pour lui, la substance ou l'essence n'est pas, comme pour Aristote, une simple catégorie, c'est-à-dire un concept de notre esprit, par conséquent quelque chose que notre esprit est en état de se représenter ou qui entre dans sa compréhension; non, c'est une chose qui dépasse notre intelligence et qui est absolument incompréhensible. Nous savons qu'elle est, nous ignorons ce qu'elle est. De là résulte que nous ne comprenons pas davantage les autres catégories qu'Aristote a distinguées avec tant de soin, que nous ne comprenons pas davantage la qualité, la quantité, le lieu, le temps, la différence, la forme, la matière; car, selon les propres paroles de Jean Scot, tout ce que nous percevons par les sens du corps ou distinguons par notre intelligence n'est pas autre chose que l'accident incompréhensible en lui-même d'une substance également incompréhensible. On voit clairement qu'en se servant du mot substance pour désigner cette chose qui échappe à toutes nos facultés intellectuelles et ne répond à aucune catégorie, Jean Scot a voulu se conformer à l'usage de son temps. Le nom qu'il aurait dû lui appliquer, c'est celui du bien. Est-ce là du réalisme comme on l'entend en général? Non, certes, c'est du mysticisme, et c'est encore le mysticisme qui se montre à nous dans l'existence relative et purement apparente que Scot reconnaît à la nature, objet de la perception de nos sens et des conceptions de notre entendement. La même direction d'esprit se découvre dans cette pensée, que l'unité divine se manifeste sous quatre formes et que la nature créatrice et incréée, au lieu d'être cette unité elle-même, n'est que l'une de ces formes; que, par conséquent, il y a dans la nature divine un principe supérieur au principe actif, éternel, infini, d'où procèdent tous les êtres.

Que le fond métaphysique du système de Jean Scot ne soit pas autre chose que le panthéisme, comme le soutient M. Hauréau, cela ne fait pas de doute; son mysticisme n'y fait pas obstacle, tout au contraire. Mais son panthéisme diffère de celui qui a pour fondement le pur réalisme; nous aurons plus d'une fois l'occasion de nous en assurer. Ce n'est qu'en 1226 que le panthéisme de Scot Érigène a été reconnu et formellement condamné par l'Église. Auparavant il n'avait encouru les censures ecclésiastiques que pour quelques propositions suspectes sur l'Eucharistie et sur la Grâce.

Malgré les défiances, si légitimes d'ailleurs, qui s'élèvent contre son orthodoxie, l'influence de Jean Scot s'exerce encore longtemps après sa mort. Deux personnages vénérés dans l'Église, Heiric et Remi d'Auxerre, ne se font pas scrupule de la subir, et il faut remarquer que le dernier fait profession non seulement de réalisme, mais de mysticisme. Il croit au monde intelligible de Platon. Il considère les idées comme les types éternels des œuvres de la création et qui ont une existence distincte non seulement de l'entendement humain, mais de l'intelligence divine. Telle est aussi, au x⁰ siècle, l'opinion de Gerbert, qui devait être un jour le pape Sylvestre II. Gerbert n'a laissé qu'un seul ouvrage, d'ailleurs assez court, qui intéresse directement la philosophie, c'est celui qui a pour titre : *De rationali et ratione uti* [1].

---

[1]. Le meilleur texte de ce traité est celui qu'a publié M. Olleris dans son édition des *Œuvres de Gerbert*, in-4⁰, 1867, p. 297.

M. Hauréau en cite une très belle page qui, toute péripatéticienne par le langage, respire le plus pur esprit platonicien. Les *Catégories* en forment en quelque sorte la surface, le *Timée* en est le fond, et l'étonnante érudition de Gerbert, ses relations avec l'Espagne, nous permettent de supposer qu'il avait lu ce dialogue dans l'original grec.

C'est un esprit tout différent qui anime Bérenger de Tours. Nous trouvons en lui un nominaliste, mais un nominaliste égaré dans les régions orageuses des controverses théologiques. Ayant tenté d'expliquer, à l'aide de ses principes et des procédés de sa dialectique, le mystère de l'Eucharistie, il en vint à nier la présence réelle. On se figure le scandale que produisit sa témérité et les nombreux adversaires qu'elle arma, non seulement contre lui, mais contre les études philosophiques. Le plus considérable d'entre eux fut Lanfranc de Pavie, alors abbé du Bec, plus tard archevêque de Cantorbéry. Malgré la réputation que la plupart des historiens de la scolastique ont faite à ce personnage, M. Hauréau nous démontre par des preuves irrécusables que c'était un théologien d'un grand savoir et d'une non moins grande autorité, mais nullement un philosophe; la philosophie ne lui inspire que des défiances. Nous le laisserons aux prises avec Bérenger dans une discussion tout à fait étrangère à notre sujet, et nous appelons l'attention sur des hommes qui sollicitent particulièrement l'intérêt du philosophe; nous voulons parler de Roscelin, de Gaunilon et de saint Anselme de Cantorbéry.

La doctrine de Roscelin, dans le livre de M. Hauréau, est, comme on devait s'y attendre, exposée et analysée, nous ne dirons pas avec soin, ni même avec sollicitude, mais avec amour, sans pourtant que cette prédilection fasse tort à la sévère critique des textes. Roscelin n'ayant rien écrit, ou ses ouvrages philosophiques, s'il en a laissé, n'étant pas arrivés jusqu'à nous, nous en sommes réduits, pour connaître ses opinions, à interroger ses adversaires. Ils sont de deux espèces : les philosophes qui l'ont combattu et les théologiens qui l'ont condamné. Parmi les premiers, le plus important est, sans contredit, Abélard, et, parmi les seconds, saint Anselme. En recueillant, avec une religieuse attention, leurs témoignages, M. Hauréau les discute, les compare, les contrôle les uns par les autres, et c'est ainsi qu'il réussit à nous montrer le fondateur présumé du nominalisme exempt des exagérations qu'on lui a prêtées et qui l'ont discrédité dans l'histoire. Roscelin, avec la subtilité d'argumentation que tout le monde lui reconnaît, se serait borné à soutenir que les universaux, genres, espèces, qualités générales, considérés comme des unités réellement existantes de plusieurs individus ou de plusieurs choses individuelles, ne sont que des mots (*voces*); mais il n'a jamais songé à nier qu'à ces termes généraux répondent des idées générales qui n'existent que dans notre esprit et que nous avons formées nous-mêmes, ou que notre esprit soit capable de concevoir ces unités chimériques privées d'existence hors de nous. Il s'est contenté, selon M. Hauréau, du rôle de critique; il lui a suffi de détruire la thèse de ses adversaires, la thèse du réalisme; il ne s'est pas occupé à mettre autre chose à la place ; peut-être même n'a-t-il pas supposé qu'il fût nécessaire de dire que notre esprit ne peut rester étranger aux abstractions dont il est l'auteur. Ainsi Roscelin était conceptualiste comme Abélard, et Abélard était nominaliste comme Roscelin.

La même raison pour laquelle Roscelin se refusait à reconnaître pour des existences réelles des unités collectives composées d'une multitude d'individus, l'empêchait d'admettre qu'un individu, une substance, un être réel pût être composé de plusieurs parties. Pour lui, il n'y avait de substance réelle que celle qui est indivisible. C'était une conséquence rigoureuse de son principe, et Abélard, qui n'aurait pas pu la répudier, a tort de la lui reprocher comme « une opinion folle ». Mais ce qui est vrai, c'est que c'est par cette proposition que Roscelin a attiré sur lui les sévérités de l'Église. L'appliquant au dogme de la Trinité, il soutenait que les trois personnes divines forment trois dieux ou ne sont que trois noms différents d'un Dieu unique; d'où il résulte que le Père et le Saint-Esprit se sont incarnés avec le Fils. Il échappa au danger par une rétractation.

Nous n'avons pas souvenir d'une explication plus saine et plus claire de l'obscur système de Roscelin que celle que nous donne M. Hauréau. Il est moins heureux peut-être avec saint Anselme de Cantorbéry, parce que ses opinions personnelles lui imposent envers lui une sévérité excessive. Pour lui, le grand platonicien, auteur du *Monologium* et du *Proslogium*, n'est qu'un logicien orthodoxe, un réaliste prudent, qui, dans ses plus grandes audaces, demeure toujours soumis à l'autorité; il ne cherche pas à comprendre pour croire, il croit pour comprendre. Il explique ce qu'il croit, il ne doute pas de ce qu'il ne peut expliquer. Quant à cette fameuse preuve de l'existence de Dieu à laquelle il a donné son nom, elle n'est qu'un pur sophisme. Albert le Grand l'appelle un sophisme pythagoricien. C'est justement pour cela que M. Hauréau fait le plus grand cas de Gaunilon, l'adversaire de saint Anselme, le premier contradicteur que la *preuve ontologique* ait rencontré au moyen âge, un Kant des anciens temps, comme Hegel l'a appelé. Tout en prenant parti dans ce grave et curieux débat, et en prenant parti contre ce que nous croyons être la bonne cause, M. Hauréau ne néglige rien pour nous y faire assister en juges impartiaux, il nous livre, avec une probité exemplaire, toutes les pièces du procès.

Un autre débat plus connu, et qui a été plus passionné, est celui qui eut lieu au commencement du xiie siècle, entre Abélard et Guillaume de Champeaux. C'est un des épisodes de l'histoire de la scolastique sur lequel M. Hauréau a répandu le plus de lumière et d'intérêt.

Guillaume de Champeaux, après avoir été le disciple de Roscelin, a embrassé avec chaleur le système opposé à celui de son maître. Il a cela de commun avec Roscelin qu'il n'a rien écrit sur des matières philosophiques, et que nous ne le connaissons que par ses adversaires, particulièrement par Abélard. Il passait pour le premier dialecticien de son école, et c'est la dialectique seule, sans l'intervention d'une autorité divine ou humaine, qu'il employait à la défense du réalisme. Il y mettait une telle exagération que la qualité distinctive de l'espèce, ce que, dans la langue de l'école, on appelle la différence, était pour lui l'espèce elle-même, et que l'espèce à son tour lui représentait seule une existence réelle, les individus ne devant être considérés que comme des formes changeantes et diverses. Ainsi l'espèce humaine, l'homme, voilà, dans son opinion, la réalité, la substance. Cette substance, une et identique de sa nature, revêt accidentellement certaines formes qui prennent les noms de Socrate ou de Platon. Ces formes ne sont pas autre chose que les individus. A cette proposition, déjà passablement hardie, Guillaume de Champeaux en ajoutait une autre qui l'est peut-être encore davantage : il soutenait que l'homme universel existe intégralement, essentiellement (*essentialiter*) dans chaque individu ; et par l'homme universel il entendait, non pas l'idée de l'homme comprise à la façon de Platon (*universum in se*), mais une universalité réelle et actuelle (*universum in re*). Abélard n'a pas de peine à faire justice de cette énormité. Aussi Guillaume de Champeaux s'est-il cru obligé de modifier profondément son langage. Il ne dira plus que l'universel est tout entier, avec toute son essence, dans chaque individu, mais qu'il y est sous une forme individuelle (*individualiter*). Ce n'est pas là une rétractation, comme Abélard s'est vanté de l'avoir obtenue, mais une simple correction. Guillaume de Champeaux n'en persiste pas moins à soutenir que, pour tous les individus d'une même espèce, il n'y a qu'une seule et même substance.

Le chapitre dans lequel M. Hauréau établit cette conclusion [1] est un modèle tout à la fois de critique érudite et de discussion philosophique. Il nous fait comprendre d'avance la doctrine d'Abélard et la position intermédiaire qu'il a voulu prendre entre les deux écoles opposées.

Nous l'avons déjà dit, le conceptualisme d'Abélard n'est,

---

1. Le chapitre XIII.

selon M. Hauréau, qu'un nominalisme raisonnable. C'est l'universel retiré des choses et placé dans l'entendement humain; c'est l'universel qu'on pourrait appeler *post rem*. Nous admettons que l'argumentation d'Abélard a triomphé du réalisme aveugle et outré de Guillaume de Champeaux; mais nous ne pouvons accorder à M. Hauréau qu'elle soit également irrésistible quand elle est dirigée contre l'universel en soi, en tant qu'il existe dans la raison divine. Ici nous sommes en présence des fondements mêmes de la raison et de l'existence, et il faut autre chose, soit pour les éclairer, soit pour les ébranler, que les syllogismes d'Abélard. Au reste, Abélard lui-même, quand il écrit son *Introduction à la théologie*, est obligé de prendre au sérieux ces mêmes idées, ces mêmes principes qu'il a combattus sous le nom d'universaux. S'il n'a pas réussi, ce n'est pas le nominalisme qui lui a donné tort, mais une autre puissance, qui ne prétend relever ni de Platon ni d'Aristote.

Après tout ce qu'on a écrit depuis quelques années sur Abélard, après le curieux volume de ses *Œuvres inédites* publié par M. Cousin, après les deux volumes de M. de Rémusat, M. Hauréau a trouvé le secret d'éclairer encore bien des points restés obscurs dans sa pensée et dans ses relations avec ses contemporains.

Le nom d'Abélard rappelle naturellement celui de Gilbert de la Porrée. C'est à Gilbert de la Porrée, assis parmi ses juges au concile de Soissons, que le fondateur du conceptualisme adressa un jour ces paroles : ... *tua res agitur paries cum proximus ardet*. Il savait que, suspect d'hérésie, il ne tarderait pas à être frappé comme lui des foudres de l'Église. Mais si le nom de Gilbert est très célèbre, la plus grande obscurité a enveloppé jusqu'aujourd'hui sa doctrine et ses œuvres. C'est à M. Hauréau que nous devrons de les connaître; c'est lui qui, pour la première fois, les a mises en lumière.

Gilbert de la Porrée, qui passait pour l'homme le plus savant de son siècle, et qui fut, à cause de sa science et de son éloquence, nommé évêque de Poitiers en 1141, doit sa renommée à deux ouvrages. L'un, qui a pour titre le *Livre des six principes* (*Sex principiorum liber*), n'est qu'une explication des *Catégories* d'Aristote, à laquelle on accordait, dans les écoles, presque autant d'autorité qu'à l'*Introduction* de Porphyre. L'autre, beaucoup plus important et plus original, a la forme d'un commentaire sur le livre de la *Trinité* attribué à Boëce. Il renferme la physique et la métaphysique de Gilbert, c'est-à-dire toute sa philosophie et même sa théologie. Il se résume dans les propositions suivantes :

Les formes sont l'essence des choses, et les formes sont éternelles. Dieu est la première forme; la seconde forme, ce sont les idées, éternelles et nécessaires comme Dieu lui-même. L'essence des choses, par conséquent Dieu et les idées, est, dans son universalité, présente à tous les individus, et elle est dans chacun d'eux en particulier sous une forme particulière : *Singularis in singulis sed in omnibus universalis*. Ce qui leur est particulier, ce sont les accidents; ce qui leur est commun, c'est l'essence. Il ne faut pas dire avec Abélard que nous concevons l'universel et qu'il n'est pas ailleurs que dans notre esprit; l'universel existe, il est dans les choses; il n'y a rien dans l'esprit qui ne soit dans la réalité. C'est presque la proposition de Hegel : « Tout ce qui est rationnel est réel, et tout ce qui est réel est rationnel. »

Comme Jean Scot Érigène, comme Abélard et comme Roscelin, Gilbert de la Porrée s'est brouillé avec l'Église en appliquant à la théologie ses principes philosophiques. Dieu, pour lui, n'est qu'un individu du genre appelé substance; ce qui doit se traduire ainsi : Dieu n'est qu'une forme déterminée de l'être. Dieu se distingue de sa forme essentielle, qui est la divinité. C'est la divinité, l'essence divine, qu'il faut adorer, et non pas Dieu. La même distinction doit être faite dans les trois personnes de la Trinité. Leur essence est une, leurs propriétés sont diverses; le principe de distinction qui est en elles est formellement distinct de l'essence qu'elles reçoivent en participation. Ces propositions, d'abord écartées comme dangereuses, furent plus tard condamnées comme hérétiques. Dans cette condamnation, M. Hauréau se plaît à voir celle du réalisme lui-même.

Ne voulant nous arrêter qu'aux personnages et aux doctrines qui marquent le plus dans l'histoire de la scolastique, nous terminerons ici l'analyse du premier volume de l'ouvrage de M. Hauréau.

II

Quel que soit l'intérêt du premier volume de M. Hauréau, le second nous en présente bien davantage. Embrassant la seconde moitié du XIIe siècle, il nous montre la scolastique arrivée à ce qu'on peut appeler l'âge de sa majorité. C'est alors que, prenant connaissance des ouvrages les plus importants d'Aristote, ceux qui contiennent sa métaphysique, sa physique, sa morale et sa psychologie, et des nombreux commentaires auxquels ils ont donné lieu chez les Alexandrins, chez les Arabes et les Juifs, elle enfante ses plus brillants systèmes, agite sous un jour nouveau les plus grands problèmes de l'esprit humain, et, en dépit des haines de race et des haines de religion, relie l'un à l'autre, comme avait fait dix siècles auparavant l'école d'Alexandrie, l'esprit de l'Orient et celui de l'Occident. Adoptant pour un temps la fameuse maxime : *Philosophia ancilla theologiæ*, tout en gardant sous cette servilité apparente la liberté sans laquelle il n'y a pas de philosophie, elle représente sinon la totalité, du moins le sommet le plus élevé des connaissances humaines; elle est plus qu'une science, elle est une institution reconnue de toute la chrétienté; surveillée, mais en même temps vénérée par l'Église, surtout depuis Albert le Grand et saint Thomas d'Aquin, elle devient, selon le vœu d'Abélard, une introduction nécessaire à la théologie.

Le promoteur indirect ou du moins un des principaux

promoteurs de cette transformation de la philosophie du moyen âge est un prélat espagnol. Raymond, archevêque de Tolède, désirant introduire chez les chrétiens les connaissances qu'il voyait répandues parmi les Arabes, ses voisins, forma près de lui comme un atelier de traduction dans lequel il admettait indistinctement les Juifs et les clercs les plus instruits de son diocèse. Leur tâche était de traduire en latin, d'après des versions arabes, les œuvres d'Aristote encore ignorées des écoles chrétiennes et les commentaires qu'elles avaient inspirés à Théophraste, à Simplicius, à Philopon, à Alexandre d'Aphrodisias. Aux commentaires grecs on ajouta naturellement les commentaires et les traités originaux des Arabes et les écrits philosophiques des Juifs, parmi lesquels, avant le *Guide des égarés* de Maïmonide, la *Source de la vie* de Salomon ben Gebirol, vulgairement connu sous le nom d'Avicébron, brillait au premier rang.

Ce travail s'accomplit entre l'an 1130 et l'an 1150; mais il ne produisit ses fruits qu'à la fin du XIIe siècle. C'est alors que les versions faites à Séville arrivèrent sous les yeux des maîtres de l'Université de Paris. Des Juifs en avaient été les principaux auteurs; ce furent aussi des Juifs qui les firent passer d'Espagne en France. L'enthousiasme avec lequel elles furent accueillies par des esprits naïfs, avides de savoir, et qui voyaient dans les œuvres d'Aristote la source de toute science, ne peut se comparer qu'à celui qu'excitèrent, à l'époque de la Renaissance, les œuvres de l'antiquité classique. On les lut avec plus d'avidité que de discernement, on s'y plongea avec une sorte d'ivresse sans trop chercher d'abord à démêler les idées d'Aristote de celles de ses commentateurs plus ou moins fidèles, et sans s'inquiéter de savoir si les uns et les autres s'accordaient avec les dogmes de la foi chrétienne.

Parmi les livres dont nous venons de parler, il en est un qui, reçu avec une confiance illimitée comme l'expression exacte de la métaphysique péripatéticienne, contribua particulièrement à égarer les esprits : c'est le Livre des causes

(*Liber de causis*), ou, comme on l'appelle aussi quelquefois, le *Livre des intelligences*, le *Livre de l'Être*, *De l'Essence de la pure bonté*, *Des causes des causes*. M. Hauréau, dans le chapitre substantiel qu'il a consacré à la philosophie des Arabes et des Juifs, nous en donne un résumé intéressant. C'est un très petit volume, attribué à un Juif du nom de David, mais qui n'est en réalité qu'un recueil de propositions extraites d'un ouvrage bien connu de Proclus, celui qui porte le titre d'*Élévation* ou d'*Institution théologique*. Il fallait toute l'ignorance du xiie siècle en matière d'histoire de la philosophie pour accepter cette compilation comme le dernier mot de la métaphysique aristotélicienne. On y trouve en effet les éléments les plus essentiels du système panthéiste développé dans les *Ennéades* de Plotin et habilement condensé par Proclus : au sommet des êtres et au-dessus même de l'éternité, l'Être en soi, l'Être indéfinissable, le Bien, la Bonté pure, comme on l'appelle dans l'un des titres du *Livre des causes;* au-dessous de ce premier principe et sortant de lui par une émanation éternelle, l'éternelle et universelle intelligence; au-dessous de l'intelligence, l'âme universelle, l'âme du monde, principe de toutes les âmes particulières, principe et foyer de toute vie. Ce sont les trois personnes ou hypostases de la trinité néoplatonicienne. De la première sortent par voie d'émanation les deux dernières, et des deux dernières sortent, de la même façon, dans un ordre immuable, les diverses formes de la pensée et de l'existence et les existences elles-mêmes tant matérielles que spirituelles. L'intelligence contient l'âme, et l'âme contient le corps, puisque c'est elle qui donne au corps la forme dont il est revêtu et sous laquelle il est sensible.

On remarquera que c'est la seconde fois que le panthéisme alexandrin, après avoir imprégné de son esprit la philosophie juive et la philosophie arabe, pénètre dans les écoles chrétiennes du moyen âge. Mais la première fois, quand il a pour interprète Jean Scot Érigène, il se produit sous le nom de Platon, comme une protestation contre la doctrine d'Aristote. La seconde fois, c'est sous le nom même d'Aristote qu'il se fait accueillir, et c'est en usurpant son nom qu'il tente de prendre sa place. Aussi son influence a-t-elle été plus sensible et plus difficile à détruire, en attendant le siècle de la Renaissance, qui lui réservait une troisième résurrection, plus brillante et plus durable que les deux précédentes.

Si David de Dinan ne s'est pas inspiré directement du *Livre des causes*, il a subi l'influence des idées qu'il renferme, quoique ces idées lui aient été présentées par un autre interprète, sous une forme un peu différente. On sait quel fut, après la mort de David de Dinan, le scandale causé dans l'Église par la doctrine qu'on l'avait laissé professer en paix de son vivant. On s'est demandé quelle était la source de cette doctrine, et l'on a cru la découvrir, tantôt dans la *Source de la vie* d'Avicébron, tantôt dans les commentaires d'Alexandre d'Aphrodisias. Remarquons en passant que tous deux se sont pénétrés de l'esprit des Alexandrins. M. Hauréau a résolu le problème par une découverte dont tout l'honneur lui appartient. Dans un travail publié assez récemment dans le tome XXIX des Mémoires de l'Académie des inscriptions et belles-lettres, et qui aurait mérité d'être reproduit dans son *Histoire de la philosophie scolastique*, il prouve jusqu'à l'évidence que le livre d'où est sorti le système de David de Dinan, le *Livre de l'unité*, et d'autres écrits où sont développés les mêmes principes et où David a également puisé, sont d'un archidiacre de Ségovie appelé Dominique Gundisalvi. On a, du reste, été frappé de l'étroite ressemblance que présentent le *Livre de l'Unité* et un autre ouvrage du même auteur, le *Traité de la génération du monde* (*De processione mundi*), avec le *Livre des causes*. Il n'y a pas jusqu'à ce mot de *procession*, l'antécédent du *process* hégélien, qui ne soit une imitation du πρόοδος de l'école d'Alexandrie. Voici maintenant à quelles propositions se réduit la métaphysique de David de Dinan. On est forcé de les emprunter à ses deux adversaires les plus considérables, Albert le Grand et saint Thomas d'Aquin; car les ouvrages de

David ont été supprimés, il ne nous en reste que les titres [1].

Toutes les choses qui existent se partagent en trois catégories : les corps, les âmes, et les substances séparées ou éternelles. Les corps ont pour fondement un principe indivisible, qui est la matière première (*hylé*). Les âmes ont pour fondement un principe indivisible, qui est l'intelligence (*noys* ou *mens*, le νοῦς des platoniciens). Enfin Dieu est le principe indivisible des substances éternelles. Mais ces trois principes n'en font qu'un ; par conséquent, l'essence des choses, quelles qu'elles soient, est la même que l'essence divine. D'ailleurs, tous les genres auxquels se ramènent les différents êtres dont nous avons connaissance, se confondent en un seul, qui est l'Être. L'Être, fondement éternel et universel des âmes et des corps, de l'esprit et de la matière, c'est ce que nous appelons Dieu ; donc Dieu est la matière de toutes choses : *Sic videtur quod Deus sit materia omnium.* Entre l'intelligence, substance des âmes, et la matière, substance des corps, il n'y a que des distinctions verbales. L'une et l'autre se confondent avec la substance de Dieu, qui n'est ni matérielle ni spirituelle.

Il n'est pas certain que David de Dinan, en enseignant des maximes si contraires au dogme de la création, à l'idée d'un Dieu personnel, à celle de la liberté humaine, à la spiritualité et à l'immortalité de l'âme, en ait aperçu toutes les conséquences. Peut-être aussi n'a-t-il pas voulu les apercevoir et a-t-il écarté à dessein, pour conserver la paix avec lui-même et avec les autres, la pensée de les comparer avec les croyances essentielles du christianisme. Ce qu'on peut affirmer, c'est que, tant qu'il a vécu, il a été en bonne intelligence avec l'Église et a même joui d'un crédit exceptionnel à la cour de Rome ; il a été le favori d'Innocent III. La condamnation infligée à ses écrits et à sa mémoire n'a été prononcée que plusieurs années après sa

---

1. L'un de ces ouvrages n'était probablement que des cahiers (*quaternuli*) que le maître dictait à ses élèves ; l'autre avait pour titre : *De Tomis id est de Divisionibus.* C'est presque le même titre qu'avait adopté Jean Scot Érigène : *De Divisione naturæ.*

mort, quand on vit quel usage Amaury de Bennes avait fait de ses principes, et même à ce moment on aurait pu lui épargner cette solidarité. Après tout, David de Dinan était un philosophe. Il pouvait dire, comme Pierre Pomponazzi l'a fait plus tard, qu'il répudiait au nom de la foi la doctrine que semblaient justifier les arguments fragiles de sa raison. Amaury de Bennes est un théologien, un théologien hérétique. C'est sciemment et, en quelque sorte, volontairement qu'il impose aux dogmes chrétiens une interprétation philosophique qui non seulement les corrompt, mais qui les fait disparaître; et cette interprétation, il la donne pour le vrai christianisme, le christianisme de saint Paul et des premiers Pères de l'Église.

Il rappelle que c'est saint Paul qui a écrit ces mots : *Deus omnia in nobis*, « Dieu est tout en nous ». Mais si Dieu est tout en nous, nous ne sommes rien et aucune créature n'est rien. Dieu seul existe, Dieu est l'infini, et dans l'infini est nécessairement compris le fini.

La première conséquence de ce principe, c'est qu'il n'y a pas de puissance ennemie de Dieu. C'est une superstition manichéenne de supposer un prince des ténèbres en guerre permanente avec le Dieu de la lumière. Le prince des ténèbres supprimé, il faut aussi supprimer l'enfer, il faut aussi supprimer le paradis. L'idée du paradis et de l'enfer repose sur la croyance que nous sommes les auteurs de nos actions; mais cette croyance est une erreur, puisque c'est en Dieu que nous avons la vie, le mouvement et l'être : *in eo vivimus, movemur et sumus*. Pour l'homme il n'y a ni bien ni mal, ni mérite ni démérite, ni châtiment ni récompense à venir, ni jugement dernier, ni résurrection. Le paradis, c'est la science ; l'enfer, c'est l'ignorance. Ceux qui possèdent la science, ceux qui savent que Dieu est tout, et que hors de lui il n'y a rien, ceux-là sont sauvés, quels qu'ils soient, juifs, musulmans ou chrétiens, ceux qui sont morts sans confession comme ceux qui ont fait pénitence [1].

---

1. Pour les textes correspondants à ces propositions, nous renvoyons

Ce qu'il y a de plus curieux dans la doctrine d'Amaury de Bennes, ou dans celle qu'on répandait en son nom, c'est la manière dont il appliquait à l'histoire de la religion cette loi du progrès que nous tenons pour une idée toute moderne. Selon lui, Dieu le Père, Dieu le Fils et le Saint-Esprit ne sont que trois périodes successives de la même religion qui s'élève et s'élargit de plus en plus. Dieu le Père, c'est la forme la plus humble de la Divinité, qui s'est incarnée dans les patriarches et qui a donné naissance à la Loi. Dieu le Fils, c'est une forme supérieure, qui s'est incarnée dans Jésus-Christ et qui a donné naissance à la foi. Mais au règne de Dieu le Fils doit succéder celui du Saint-Esprit, qui s'incarnera dans l'humanité et lui révélera une religion plus pure que le christianisme, fondé sur la foi. Cette religion, autant qu'il est permis de le supposer, n'est pas autre chose que la science. On nous dit, en effet, qu'elle sera sans mystère et sans sacrements, et qu'elle n'exigera de ses adeptes aucun acte de soumission.

Amaury eut de son vivant beaucoup de disciples, dont le nombre s'accrut encore après sa mort. Ils formèrent une secte contre laquelle l'Église crut nécessaire de sévir. A l'exception de son chef et de son prophète, l'orfèvre Guillaume, à qui l'on attribue la théorie des trois révélations, elle ne comprenait dans son sein que des ecclésiastiques, professeurs de théologie et maîtres ès arts. La plupart d'entre eux sont envoyés au bûcher, les autres ensevelis dans un cachot pour le reste de leur vie. Le même concile (un concile réuni à Paris en 1210 sous la présidence de Pierre de Corbeil), qui prononça cette sentence, condamna à la destruction les œuvres d'Amaury, et ordonna que ses restes seraient exhumés et privés de sépulture chrétienne. On fit la réflexion qu'Amaury n'avait guère fait que suivre les traces de David de Dinan, et l'on étendit

---

au volume de M. Hauréau, p. 85-89. La plupart sont extraits d'un livre écrit contre les disciples d'Amaury (*Contra Amaurianos*) par un de leurs contemporains.

aux écrits du maître la mesure qui venait d'être prise contre ceux du disciple. Il aurait fallu, pour être conséquent, supprimer aussi les œuvres orthodoxes où on les réfutait, car ce sont elles qui nous en ont conservé les parties essentielles.

Là ne s'arrêtèrent pas les rigueurs de l'Église. Elle se souvint des livres de Jean Scot Érigène, qu'un retour de faveur signalait à son attention, et qui ne diffèrent par leurs conclusions ni du *Livre des causes*, ni du *Livre de l'unité*, ni des cahiers de David, ni de la profession de foi de la secte d'Amaury ; ils furent condamnés par le pape Honorius III. Quelques années auparavant, en 1210 et en 1215, on avait osé davantage. On s'était demandé si toutes ces erreurs, toutes ces hérésies qu'on se voyait dans la nécessité de réprimer et qui menaçaient d'empoisonner les écoles chrétiennes, avant d'être répandues par les interprètes d'Aristote, surtout ses interprètes païens, musulmans et juifs, n'avaient pas leur racine dans Aristote même. Le danger qu'on voulait écarter, on crut le découvrir dans la physique et dans la métaphysique aristotéliciennes, et l'on se décida à en interdire l'étude avec celle des commentaires qui s'y rapportent, notamment ceux d'Averroès et d'Alexandre d'Aphrodisias. Cette défense est formellement articulée dans les statuts imposés, en 1215, à l'Université de Paris, par le légat Robert de Courceon. Elle est contenue dans un décret du Concile de Latran réuni, en 1215, sous la présidence d'Innocent III.

Assurément, si un décret suffisait pour mettre la religion à l'abri des libres opinions qui lui sont contraires et pour anéantir les monuments qui les renferment, l'Église aurait bien choisi, dans ce temps-là, les objets de sa réprobation. La physique d'Aristote, en enseignant l'éternité du monde, nie indirectement la création et n'admet pas même que le monde, construit avec une matière préexistante, ait eu une autre forme que sa forme actuelle. Elle condamne, selon l'expression de Maïmonide, la croyance à la *nouveauté du monde*. Dans la physique d'Aristote se trouve compris son traité *de l'Ame* qui, faisant de l'âme une forme inséparable et par conséquent périssable de l'organisme, la dépouille de son existence spirituelle et immortelle. La métaphysique péripatéticienne n'est pas un moindre danger pour la théologie du christianisme. Au lieu de cette providence divine que l'Ancien et le Nouveau Testament s'accordent à nous montrer toujours occupée du gouvernement de la nature et du genre humain, nous trouvons ici un Dieu spirituel sans doute et intelligent, mais qui ne connaît que lui-même et qui ignore l'univers, attiré vers lui comme vers son centre de gravité et mis en mouvement par cette attraction même. Mais la philosophie d'Aristote, toute sa philosophie et non pas seulement sa logique, et jusqu'aux commentaires des Alexandrins, des Arabes et des Juifs, étaient à ce moment l'unique aliment des intelligences qui, à aucune époque, ne peuvent vivre uniquement de foi. Elles représentaient, non seulement la philosophie et la science, mais la raison elle-même. Les proscrire, c'était tenter d'arrêter l'esprit humain, c'était essayer de l'atteindre dans la source la plus profonde de sa vie et dans le principe même de son activité. Une telle entreprise est au-dessus de toutes les forces. L'Église ne tarda pas à s'en apercevoir. Voyant que ses interdictions n'étaient respectées de personne, pas même des maîtres les plus pieux, elle se décida à les lever et à rendre aux études philosophiques, nous ne dirons pas leur liberté comme on la comprendrait aujourd'hui, mais leur intégrité. C'est le pape Grégoire IX qui, en l'an 1231, accomplit cet acte de libéralité et de sagesse. M. Hauréau lui en est reconnaissant comme d'un service personnel. « C'est donc un pape lettré, dit-il; zélé pour la cause des lettres, qui, malgré les scrupules, malgré les alarmes des prélats français, a remis entre les mains des écoliers de Paris ces deux livres où commence, où finit toute science, la *Physique* et la *Métaphysique* d'Aristote... Notre reconnaissance doit être pour lui d'autant plus vive, qu'il nous est venu de Rome beaucoup d'autres lettres où la philosophie n'est pas traitée avec tant d'égards, avec tant d'honneur [1]. » A partir de ce moment, la scolas-

---

1. Pages 117-118.

tique s'élève à une hauteur de spéculation où elle n'était jamais parvenue, et cet essor elle le doit aux efforts qu'elle est obligée de faire pour concilier avec les dogmes chrétiens les propositions les plus compromettantes de la cosmologie et de la psychologie du maître. Ces efforts lui réussissent si bien qu'après un peu plus d'un siècle, en 1366, il est exigé de ceux qui se présentent aux examens de la licence qu'ils soient versés dans les deux sciences autrefois proscrites, la physique et la métaphysique d'Aristote.

A ces deux branches de connaissance, affranchies par le décret de Grégoire IX, Michel Scot vient ajouter l'histoire naturelle, celle d'Aristote, cela va sans dire, l'*Histoire des animaux*. Il la traduit lui-même en latin d'après une version arabe, ainsi que le livre *Du ciel et du monde*. Il ne s'est pas borné au rôle de traducteur, il a laissé quelques œuvres personnelles sur l'astronomie, l'alchimie, la chiromancie, la physiognomonique, mais qui, selon toute vraisemblance, ne contiennent guère que des idées dues aux Arabes. Michel Scot fut mal récompensé des services qu'il a rendus à la philosophie et à la science. Il passa pour un magicien et pour un mécréant. Albert le Grand lui attribue des propositions infâmes (*fœda dicta*). Peut-être lui faisait-on expier, par cette réputation, l'honneur qu'il avait eu d'être un des favoris de Frédéric II, le prince le plus instruit et le plus libre esprit de son temps. Ce qui résulte avec certitude d'un fragment philosophique dont il est l'auteur et que M. Hauréau a eu la bonne fortune de découvrir, c'est qu'il était ou du moins se croyait un disciple de Platon, non d'Aristote. Comme Jean Scot Érigène, il ne voyait dans Aristote qu'un physicien, tandis que Platon, pour lui, est un théologien qui imite dans sa philosophie les voies de Dieu même, en descendant des causes aux effets. Mais si Michel Scot est un platonicien, ce n'est pas même à la façon des Alexandrins, c'est à la manière d'Al-Kendi et d'Avicenne. De quelque nature que soit sa doctrine, que d'ailleurs nous connaissons si imparfaitement, elle nous montre que, même au XIIIe siècle, quand on possédait la pleine connaissance de la philosophie péripatéticienne et quand on eut conquis la liberté de l'étudier et de l'enseigner dans toutes ses parties, la domination d'Aristote était loin d'être aussi universelle qu'on le suppose généralement ; elle n'a jamais cessé d'être disputée, et très souvent elle était surpassée par celle de Platon. L'histoire de la scolastique nous en offre bien d'autres preuves dont M. Hauréau, malgré son admiration, on pourrait presque dire sa piété pour Aristote, ne nous dissimule ni le nombre ni la force.

Voici d'abord Alexandre de Halès, un théologien sans doute, l'auteur d'une encyclopédie théologique (*Summa universæ theologiæ*), mais un théologien familiarisé avec la physique et la métaphysique d'Aristote aussi bien qu'avec sa logique, dont il appliquait les règles à l'exposition des matières de foi. On l'appelait le *docteur des docteurs*, le *docteur irréfragable*. Le culte officiel qu'on professait alors pour la philosophie péripatéticienne et le temps qu'il lui avait lui-même consacré ne l'empêchent pas d'être un pur platonicien. Il croit que les idées par lesquelles nous nous représentons les genres et les espèces, que les universaux, existaient en Dieu avant de se réaliser dans la nature. Il leur reconnaît donc une existence réelle, mais non une existence distincte de l'intelligence divine. En un mot, il est platonicien, il n'est pas réaliste dans le sens scolastique de ce mot ; il n'est pas non plus Alexandrin, comme quelques-uns des philosophes dont nous avons parlé. Il essaye de concilier la doctrine de Platon avec le dogme de la création, ce que ne permet, à aucun degré, la métaphysique d'Aristote. Dieu, selon lui, ne pouvait pas ne pas créer le monde ; mais la nécessité à laquelle il obéit est une nécessité de bonté qui résulte de sa perfection même, non une nécessité de contrainte ou de nature comme celle que subissent les êtres créés. Ce point de vue est assurément supérieur à celui qui prête à Dieu une volonté arbitraire et qui confond la liberté divine avec le libre arbitre de l'homme. Le platonisme seul pouvait y conduire. C'est encore le platonisme qu'on reconnaît dans cette opinion sur les facultés de l'âme : l'âme s'élève par elle-même, en vertu de son activité, à la connaissance des choses purement intelligibles, et, loin d'être asservie à l'influence du monde extérieur, c'est elle qui impose aux objets qu'elle perçoit la loi de sa propre nature [1]. Cette dernière proposition, bien qu'elle soit prise dans un sens objectif, a beaucoup de ressemblance avec celle qui sert de base à l'idéalisme subjectif de Kant.

Un autre platonicien, c'est Guillaume d'Auvergne, évêque de Paris en 1228, auteur d'un traité de l'univers (*de Universo*) et d'un traité de l'âme (*de Anima*). Nous n'avons pas à donner ici même l'analyse la plus sommaire de ces deux ouvrages, il nous suffit de faire connaître l'esprit qui les a inspirés.

Guillaume d'Auvergne avait lu le *Phédon* et le *Timée*, Avicébron, les principaux philosophes arabes et quatre des livres attribués à Mercure Trismégiste. Il est à peine besoin d'ajouter que, comme tous ses contemporains voués à l'étude de la philosophie, il n'était étranger à aucun des écrits d'Aristote et de ceux de ses commentateurs alors traduits en latin. Cette érudition diverse n'a amené dans son esprit aucune confusion. Il se défie d'Aristote et laisse voir un goût prononcé pour Platon. Ce sont les opinions du dernier qu'il adopte le plus souvent, tout en parlant la langue du premier. Spiritualiste décidé, par des raisons purement philosophiques, il croit que l'âme, sans pouvoir se passer des sens pour la connaissance du monde extérieur, est tout ce qu'elle est indépendamment des sens, comme Orphée était toujours Orphée même quand il était privé de sa lyre. Il résulte de là que notre âme, de même qu'elle existe par elle-même, a aussi la faculté de penser par elle-même, sans le concours des organes, et qu'il y a en elle deux sortes d'idées, les unes qui se rapportent aux phénomènes sensibles, les autres aux choses intelligibles. Les idées de cette dernière

---

[1]. Je me borne presque à citer les termes dont se sert M. Hauréau, p. 141, pour résumer ce point de la psychologie d'Alexandre de Halès.

classe ne sont que des images des idées de l'intelligence divine, les vrais originaux d'après lesquels toutes choses ont été créées. Il soutient, non sans de bonnes raisons, quoi qu'en disent les nominalistes, que l'intelligence active dont parle Aristote, et qui a été si mal nommée l'*intellect agent*, que cette intelligence éternelle, incorruptible, impassible, que le chef du Lycée définit le soleil intelligible de nos âmes, n'est pas autre chose qu'un souvenir et une imitation du monde archétype de Platon. Il aurait pu ajouter que Platon aussi, dans la *République*, applique à ce monde invisible, du moins à l'idée du bien qui en est le principe, la qualification de soleil des esprits. Pour lui personnellement, comme M. Hauréau l'a très bien démontré, Guillaume d'Auvergne, se séparant nettement d'Averroès, fait de l'intelligence active qui est dans l'homme une simple faculté, la plus noble faculté de l'âme humaine. Mais, dit-il, « quant à ce monde archétype qui est la raison et l'exemplaire de l'Univers, apprends que, suivant la doctrine des chrétiens, c'est le Fils de Dieu, vrai Dieu lui-même [1] ».

M. Hauréau nous montre dans Guillaume d'Auvergne « un réaliste des plus convaincus »; il lui reproche, non sans raison, d'avoir donné le rang de substances à une multitude d'abstractions qui n'existent que dans l'esprit. Mais il ne lui refusera pas le mérite d'avoir été, plus que tout autre réaliste et même plus que tout autre platonicien, préoccupé des conditions de la personnalité humaine en soutenant l'unité de l'âme humaine et en établissant une différence essentielle entre l'intelligence de l'homme et l'intelligence divine.

C'est un autre platonicien que nous rencontrons dans Robert Grosse-Tête (Greathead), nommé évêque de Lincoln en 1235 et mort en 1253, excommunié par le pape Innocent IV. Disons-le tout de suite : ce n'est point pour ses opinions que ce prélat a encouru la peine de l'excommunication,

---

[1]. On trouvera, avec la traduction, le texte de ce passage dans le volume de M. Hauréau, p. 162.

mais à cause d'un libelle, nous dirions aujourd'hui un pamphlet, publié contre le souverain pontife. Nous pouvons nous faire une idée de la violence des termes dans lesquels il était rédigé par ces paroles non moins violentes qu'il inspira à Innocent IV : « Quel est ce vieillard en délire, sourd et absurde, qui juge ce que je fais avec tant d'audace et même de témérité? Par saint Pierre et saint Paul, si ma douceur naturelle ne me retenait, je le précipiterais dans une telle confusion qu'il serait l'effroi, l'exemple et la fable de tout l'univers. » Cela rappelle un peu le ton de la correspondance de Luther avec Henri VIII et nous prouve que de très saints personnages du xiiie siècle n'avaient pas plus de modération que les réformateurs du xvie. C'est un trait de caractère à signaler chez les catholiques anglais de cette époque, qu'aux yeux de ses concitoyens l'évêque de Lincoln, après avoir été retranché de l'Église, ne perdit rien de son prestige et de son renom de sainteté. Le bruit se répandit qu'au moment où il expira, on entendit une voix mélodieuse comme celle d'une âme ravie de monter aux cieux.

Sa réputation de philosophe et de savant n'était pas inférieure à celle de ses vertus chrétiennes, parmi lesquelles probablement la charité n'occupait qu'un rang subalterne. Son compatriote Roger Bacon ne craint pas de le placer, pour la perfection de sa sagesse et de sa science, au-dessus de Salomon et d'Aristote. Ce qui est incontestable, c'est qu'il fut un des hommes les plus érudits et un des esprits les plus remarquables de son temps. Les ouvrages qu'il a laissés appartiennent à tous les genres. Ce sont des poèmes latins et français, des traductions, des traités d'astronomie, de théologie, de philosophie et de morale, des sermons, des lettres, des commentaires. Malheureusement celui de ses écrits philosophiques qui semble avoir eu le plus d'importance, une *Somme de philosophie*, est perdu pour nous; mais il nous en reste d'autres qui nous donnent une idée suffisante de sa doctrine [1].

---

[1]. On en trouvera la liste dans le volume de M. Hauréau, p. 175.

Il se refuse à localiser l'âme humaine dans une partie déterminée du corps, comme avaient essayé de le faire deux philosophes ou plutôt deux physiciens d'origine anglaise : Alexandre Neckam et Alfred de Sereshel. Pour lui, l'âme n'est ni dans le cerveau ni dans le cœur, elle est tout entière présente à tout le corps et ne siège dans aucun organe. C'est ainsi que Dieu est tout entier présent à tout l'univers. Dieu contient en lui, éternelles, incréées, les raisons des choses, leurs causes formelles et créatrices, leurs exemplaires, que Platon appelait les idées, et qu'on a nommés plus tard les universaux. Les universaux sont à la fois principes d'être et principes de connaître. Ils sont dans l'intelligence divine d'où ils rayonnent dans l'intelligence humaine, en même temps qu'ils donnent l'existence et la forme, une forme incorruptible, aux espèces terrestres, dont les individus sont corruptibles. Nous ne pouvons pas, durant cette vie, les contempler dans leur pureté, parce qu'ils sont voilés par l'ombre du corps. Mais un jour, quand elle sera affranchie de la servitude des sens, cette partie supérieure de notre âme qu'on appelle l'intelligence « jouira du privilège que déjà, dit-on, possèdent quelques élus, affranchis en ce monde, par l'amour, de tout contact avec les fantômes des choses corporelles [1] ». Ce langage est du plus pur platonisme, et cependant c'est dans les *Seconds Analytiques* d'Aristote que Robert de Lincoln prétend l'avoir trouvé. M. Hauréau a raison, les *Seconds Analytiques* contiennent une doctrine opposée à celle-là. Mais c'est souvent avec le passeport d'Aristote que Platon a traversé le moyen âge.

Jean de la Rochelle, disciple et successeur d'Alexandre de Halès et, cela va sans dire, franciscain comme lui, n'est pas un platonicien prononcé comme Robert Grosse-Tête, mais c'est un platonicien et un réaliste modéré. Comme le dit M. Hauréau : « Un franciscain auditeur d'Alexandre de Halès n'aurait pas été nominaliste impunément [2]. »

---

1. Passage cité et traduit par M. Hauréau p. 181.
2. Page 226.

Nous ajouterons qu'il n'y avait nulle inclination. C'était, comme on dirait aujourd'hui, un psychologue. Son principal ouvrage, son traité *de l'Ame* (*de Anima*), peut être considéré, en nous servant d'un mot de l'époque, comme une *somme* de psychologie. Aucune des questions qui se rattachent à cette branche de la philosophie n'y est oubliée. C'est surtout lorsqu'il parle des facultés de l'âme, que son réalisme se laisse apercevoir. Tout en se représentant l'âme comme une substance indivisible et distincte du corps, il ne croyait pas, comme Guillaume d'Auvergne et comme bien des philosophes de nos jours, que les diverses facultés qui lui sont attribuées n'ont qu'une existence nominale ; il les considérait, au contraire, comme des vertus, des énergies, des forces réelles, sans lesquelles ne s'explique pas la diversité de nos opérations. En cela il est le devancier de l'école écossaise et de l'école éclectique. Comme ces deux écoles aussi, il trace une ligne de démarcation profonde entre sentir et connaître, entre la sensibilité et l'intelligence. A la sensibilité il rattache non seulement la sensation, mais l'imagination, par laquelle nous percevons les images des corps, et de ces images, par un abus de l'abstraction ou par un excès de réalisme qui remonte à saint Augustin, il fait des existences distinctes de l'esprit, des intermédiaires nécessaires entre l'esprit et les objets extérieurs. Dans la faculté de connaître, il distingue la raison, l'intellect et l'intelligence. La raison a pour fonctions principales l'abstraction et le raisonnement ; l'intellect nous met en relation avec les esprits créés ; l'intelligence a le privilège de s'élever jusqu'au Créateur, de contempler Dieu dans son unité. C'est dans cette proposition surtout, et dans la faculté attribuée à l'âme de connaître, sans l'intervention du corps, des substances spirituelles, que se manifeste le platonisme de Jean de la Rochelle ; car sur les universaux proprement dits, sur la nature des genres et des espèces, il a négligé ou s'est trouvé embarrassé de s'expliquer.

Il nous reste maintenant à examiner une dernière question, bien plus importante que toutes celles que nous avons rencontrées : dans quelle mesure les deux maîtres les plus vénérés du XIIIe siècle et du moyen âge en général, les deux représentants les plus illustres de la scolastique, Albert le Grand et saint Thomas d'Aquin, ont-ils été fidèles à Aristote ou se sont-ils rapprochés de Platon? La réponse que nous obtiendrons à cette question principale nous apprendra aussi dans quelle mesure et dans quel sens ces deux grands hommes appartiennent à l'école des nominalistes ou à celle des réalistes.

M. Hauréau fait une remarque très sensée qui, si nous ne nous trompons, ne s'est présentée à l'esprit d'aucun autre historien de la philosophie du moyen âge : « On peut dire (telles sont ses expressions) des philosophes du XIIIe siècle qu'ils ont été pour la plupart éclectiques, et l'ont été sans le savoir... ignorant l'histoire et la fortune des anciens systèmes, ils se persuadent volontiers qu'Aristote et Platon se sont pris de querelle sur des détails plus ou moins frivoles, mais que, sur les grands problèmes, ils étaient d'accord. L'anarchie des écoles grecques, l'antagonisme constant des doctrines étant des faits qui leur sont mal connus, ils supposent qu'au-dessus de toutes les sectes, au-dessus de tous les paradoxes individuels, il existait chez les Grecs une philosophie constitutionnelle, si l'on peut ainsi parler, une doctrine invariable dans ses données fondamentales, établie sur des prémisses consacrées par une longue tradition, et tout leur labeur tend à rechercher cette doctrine, cette philosophie [1]. » Rien de plus vrai, rien de plus juste ; mais, au lieu d'applaudir à cette disposition des esprits, M. Hauréau s'en afflige et en fait un sujet de reproches plus que sévères à ceux qui s'y abandonnent. Pénétré d'une admiration sans réserve pour la philosophie d'Aristote, il regarde comme une sorte de sacrilège, au moins comme une erreur funeste et comme une contradiction, qu'on y mêle celle de Platon, objet de sa critique infatigable. Nous dirons que cet éclectisme inconscient est précisément ce qui nous touche le

---

1. Page 226.

plus dans les deux intelligences supérieures qui ont imprimé leur marque à tout leur siècle. Loin d'être une |inconséquence, il leur fournit le moyen de réunir dans une synthèse imposante, admirable d'étendue et de profondeur, tout ce qu'il y a de plus solide dans la philosophie grecque et tout ce qu'il y a de plus philosophique dans les enseignements du christianisme. Avec Aristote seul, les dogmes chrétiens, la philosophie spiritualiste qui s'est fait une place en dehors du christianisme, ne pouvaient subsister. Avec Platon seul, l'esprit de libre investigation et la discipline scientifique de l'intelligence, les règles de la logique et les procédés de la démonstration, restaient étrangers à l'Occident pendant une période de près de six cents ans.

Au premier coup d'œil que l'on jette sur les vingt et un volumes in-folio d'Albert le Grand, il est impossible de n'être pas frappé de la carrière qu'il ouvre à la philosophie, et de la sérénité d'âme, de la confiance parfaite, de la méthode irréprochable avec laquelle il la remplit. Selon lui, la philosophie a pour objet tout ce que l'esprit humain peut savoir (*quidquid est scibile*), et ce que l'homme peut savoir se range tout naturellement sous deux chefs : ce qui est et ce qui doit être, la philosophie réelle et la philosophie morale ou pratique. Il n'y a aucune science connue ou encore à naître qui ne rentre dans ce cadre. Mais, la théologie mise à part, les sciences, au temps d'Albert le Grand, se réduisaient à la physique, à la métaphysique et aux mathématiques. Dans la théologie était comprise la morale, et dans la physique, la psychologie. La logique n'était pas une science distincte, mais une préparation à toutes les sciences.

M. Hauréau convient que la doctrine d'Albert le Grand est moins péripatéticienne que sa méthode, que, pour la logique et pour la physique, c'est la doctrine d'Aristote tempérée par celle de Platon, et que, pour la métaphysique, c'est la doctrine de Platon tempérée par celle d'Aristote [1].

---

1. Page 225.

C'est dire qu'Albert se partage presque également entre les deux princes de la philosophie grecque. C'est déjà beaucoup de rencontrer ce partage chez un des plus grands maîtres de la scolastique, toutefois nous croyons qu'on peut aller plus loin. En dehors du langage et des formes de démonstration qui sont décidément aristotéliciens, il nous semble qu'on trouverait difficilement à faire la part d'Aristote dans la métaphysique d'Albert le Grand. Il nous est interdit de résumer, même de la manière la plus sommaire, ce qu'il pense des idées universelles considérées en elles-mêmes, telles qu'elles existent dans la pensée divine avant la création, au-dessus de la création (*ante rem*). Nous ne pourrions le faire qu'en répétant ce que nous avons déjà dit à propos d'Alexandre de Halès, de Guillaume d'Auvergne et de Robert de Lincoln. En somme il est, sur ce point, purement platonicien, parce qu'il croit avec saint Augustin et avec l'éternel bon sens que le monde a existé dans la pensée divine avant d'être créé : *Deus cogitavit mundum antequam creavit.*

Quand il parle des idées universelles telles qu'elles se manifestent dans la nature sous forme de genres et d'espèces, il est vrai qu'Albert s'exprime comme Aristote. Il affirme que, dans la nature, les individus seuls possèdent la substance, la réalité (*ens ratum*). Mais, lorsqu'on y regarde de près, on voit que, par cette proposition, on s'éloigne du panthéisme, de l'averroïsme, non du platonisme. Qu'est-ce, en effet, que l'individualité pour Albert le Grand? C'est l'être considéré, non plus comme possible, mais comme réalisé par la création elle-même : *Singularitas autem creationi sive generationi coæquatur quia terminus generationis aut creationis est singulare.* Or la cause créatrice est permanente, et toujours elle agit conformément aux idées éternelles, aux types invariables; donc ces idées et cette cause ont une réalité même au sein de la nature, même dans le monde où nous vivons. On aurait certainement scandalisé Albert le Grand si on lui avait dit que l'intelligence divine et les idées de cette intelligence, après avoir produit le monde, se retirent de lui et lui deviennent étrangères. Cela est si vrai, que dans cette nature tout entière, à ce qu'il prétend, peuplée d'individus, il reconnait un plan manifeste, une intention unique (*unam naturæ intentionem*) qui embrasse tous les êtres particuliers. C'est dire, en d'autres termes, que les êtres particuliers ne subsistent que par une idée générale, ou le monde sensible par le monde intelligible.

La psychologie d'Albert le Grand, on le croira sans peine, n'est pas moins platonicienne que sa métaphysique. L'âme n'est pas simplement la forme du corps, c'est une substance séparable, c'est-à-dire distincte du corps et appelée à lui survivre. Parmi ses facultés, s'il en est plusieurs, comme les sens et l'imagination, qui ne peuvent s'exercer qu'avec le concours du corps, il y en a une qui s'en passe entièrement : c'est l'intelligence. L'intelligence, c'est la faculté de connaitre l'universel, de contempler des formes pures (*intellecta speculata*) qui n'ont aucun rapport avec les images transmises par les sens et recueillies par l'imagination. Au nombre de ces idées est l'idée même de Dieu, que l'intelligence divine communique à l'intelligence humaine sans se confondre avec elle.

Tout ce que nous avons dit d'Albert le Grand s'applique en grande partie à saint Thomas d'Aquin, surtout ce que nous avons dit de sa métaphysique. Pour le dernier, comme pour le premier, la source de toute vérité, de toute existence et de toute connaissance est en Dieu. L'existence et la connaissance ont pour principe les idées éternelles qui sont dans l'intelligence divine. « Les êtres de la nature sont vrais, dit-il, en tant qu'ils sont à la ressemblance des idées de l'entendement divin [1]. » La clarté de notre intelligence est un rayonnement de l'intelligence divine, et, quand nous connaissons une chose avec certitude, c'est que c'est Dieu lui-même qui nous parle par la raison [2].

Mais saint Thomas a été occupé d'une question que son

---

[1]. Voyez M. Jourdain, *la Philosophie de saint Thomas*, t. Ier, p. 334.
[2]. *Ubi supra*, p. 326.

maître a eu la sagesse de ne pas aborder, parce qu'elle est insoluble. C'est la question du principe d'individuation, qui peut se traduire à peu près ainsi : l'essence des choses étant représentée par des idées générales, qu'est-ce qui fait que ces idées générales se réalisent dans des individus ? Qu'est-ce qui constitue l'individualité ?

Notre intention n'est pas de suivre saint Thomas dans cette discussion ardue, épineuse, où les interprétations les plus diverses sont possibles, peut-être parce que l'unité y fait défaut autant que la clarté. Nous nous demanderons seulement si, dans l'opinion qu'il s'est faite de l'univers et de l'âme humaine, le platonisme de saint Thomas est plus contestable que celui d'Albert le Grand. Nous disons que cela est impossible, à moins qu'on n'attribue à saint Thomas la plus choquante inconséquence. Du moment que le monde a été créé et se renouvelle à chaque instant sur le modèle des idées éternelles, il faut que ces idées se retrouvent, sous une forme quelconque, dans le monde. C'est ce que reconnaît saint Thomas lui-même en renversant la proposition : « Or, le monde, dit-il [1], n'étant pas l'effet du hasard, mais l'œuvre d'une cause intelligente qui est Dieu, il s'ensuit nécessairement que la forme qui a servi de modèle au monde créé se retrouve dans l'entendement divin. »

M. Hauréau nous fait remarquer que les idées de Dieu, selon saint Thomas, ne sont pas autre chose que l'essence de Dieu. Nous répondrons que, s'il en est ainsi, l'essence de Dieu est inséparable de ses idées, et la conséquence qui en sortira sera la même. Après tout, ne faut-il pas que la forme soit quelque chose qui existe en dehors de l'esprit pour qu'unie à la matière, à une matière déterminée, elle donne naissance, selon la doctrine de saint Thomas, à une existence individuelle ?

Quant à l'âme, il est bien vrai que, se tenant aussi près que possible d'Aristote, saint Thomas la met dans une étroite intimité avec le corps. Il fait du corps la condition de son

---

[1]. M. Hauréau, p. 400.

individualité, comme il fait de la matière déterminée la condition de l'individualité chez tous les êtres de la nature. Père de l'animisme, il voit dans l'âme le principe de la vie physiologique aussi bien que de la vie morale et intellectuelle. Il ne s'arrête pas là; même séparée du corps, l'âme, selon lui, n'est individualisée que par son aptitude à être unie à un corps. Cependant elle n'est plus pour lui, comme pour Aristote, la simple forme du corps, elle est une forme séparable, c'est-à-dire une substance, un être véritable. Même ses facultés ne sont pas de simples formes ou de pures abstractions de l'esprit, ce sont des propriétés efficaces et ce que l'école écossaise appelle des pouvoirs. Parmi ces facultés, il y en a une, l'intelligence active, qui, tout en exerçant son activité sur des données fournies par les sens, les dépouille de ce qu'elles ont de sensible et de particulier, pour les élever au rang des notions intelligibles. C'est ainsi qu'elle connait les principes naturels, identiques chez tous les hommes, et qui sont imprimés dans nos âmes par la puissance divine [1]. C'est ainsi encore qu'elle a l'idée d'une loi naturelle, d'un droit universel, qui étend sa protection sur l'humanité entière, et qui, n'étant pas une œuvre humaine, ne peut être qu'une révélation naturelle dont la source est en Dieu [2].

1. Jourdain, ouvrage cité, t. I*er*, p. 320.
2. J'ai essayé de mettre en lumière cette opinion de saint Thomas dans le tome I*er* des *Réformateurs et publicistes de l'Europe,* in-8°, Paris, 1864.

III

Le sage éclectisme d'Albert le Grand et de saint Thomas d'Aquin ne pouvait donner satisfaction à l'esprit de système, qui n'est pas moins développé au moyen âge que dans l'antiquité et dans les temps modernes. Or on peut appliquer à l'esprit de système ce que Montesquieu dit du pouvoir : il n'est pas dans sa nature de s'arrêter, « il va jusqu'à ce qu'il rencontre des limites [1] ». La foi mêlée de raison qui distingue le Docteur Angélique et son illustre maître n'était pas propre à contenter des âmes exaltées qu'une pente irrésistible entraînait vers le mysticisme. Leur platonisme tempéré devait être accusé d'inconséquence par un nouveau réalisme, mieux ordonné, plus savant, plus mesuré dans la forme, aussi absolu au fond que celui de Guillaume de Champeaux et de Gilbert de la Porrée. La place qu'ils font l'un et l'autre, dans la vaste collection de leurs œuvres, à la science de la nature, n'a servi qu'à irriter l'ardente curiosité de ceux qui, rebelles au joug de la tradition et à la domination d'Aristote, pensaient à renouveler la philosophie par les sciences naturelles et physiques. Enfin, de la concession plus apparente que réelle que l'école nominaliste pouvait se flatter d'avoir obtenue d'eux est sorti un nominalisme agrandi et transformé, que les âges précédents avaient à peine soupçonné,

---

1. *Esprit des lois*, liv. XI, ch. IV.

et qui a exercé jusqu'à la fin de la scolastique une influence prépondérante. A l'esprit de système qu'on ajoute, dans une certaine mesure, la rivalité des ordres, particulièrement des Dominicains et des Franciscains, seuls admis à partager avec l'Université le droit d'instruire la jeunesse, on s'expliquera la plupart, au moins les plus importantes, des doctrines qui font la matière du troisième et dernier volume de l'ouvrage de M. Hauréau : le mysticisme de Jean Fidenza, plus connu sous le nom de saint Bonaventure; le réalisme contenu de Henri de Gand, bientôt suivi du réalisme intempérant, mais parfaitement original, de Duns Scot; le naturalisme, non seulement indépendant, mais révolté et belliqueux, de Roger Bacon; la philosophie (car ce n'est pas moins que cela), la philosophie nominaliste de Guillaume d'Ockam, à laquelle répond la philosophie mystique de Jean Gerson. Toutes ces manières de voir, de nature si diverse, mais également intéressantes pour l'histoire de l'esprit humain au moyen âge, ont cela de commun qu'elles se tiennent moins près de Platon et d'Aristote que les opinions qui les ont précédées; la philosophie scolastique s'y donne libre carrière et nous montre, contre un préjugé trop répandu, qu'elle est autre chose qu'une forme d'argumentation et un écho affaibli du passé.

Jean Fidenza est un Franciscain, le successeur de Jean de la Rochelle dans la chaire qu'occupa le premier Alexandre de Halès. C'est par ce motif sans doute que, lorsqu'il descend jusqu'à la philosophie, il se montre l'adversaire de saint Thomas d'Aquin. Saint Thomas d'Aquin fait dériver de la matière les qualités par lesquelles tous les êtres de ce monde se distinguent les uns des autres et sont des individus, ce que la langue de la scolastique exprime par ces mots : « Saint Thomas place dans la matière le principe d'individuation ». Saint Bonaventure, au contraire, le met dans la forme, et par ce moyen il fait de la forme ou du monde intelligible une réalité, une chose qui existe, non seulement dans l'esprit, mais dans la nature, puisque c'est dans la nature que se trouvent réunis tous les individus.

Cependant le docteur que l'Église devait canoniser, et qui est mort cardinal, ne pouvait se contenter du pur platonisme, non moins contraire au dogme de la création que l'aristotélisme pur. Voilà sans doute pourquoi saint Bonaventure fait de la réalité deux parts, d'ailleurs inséparables : l'essence et l'existence. L'existence vient de la matière, car c'est la matière qui fait que les choses existent. L'essence vient de la forme, car c'est par la forme que les choses existantes se distinguent les unes des autres et nous représentent des individus. Or, s'il en est ainsi, s'il n'y a nulle diversité, nulle différence dans le principe qui constitue l'existence des êtres, c'est-à-dire dans la matière, c'est évidemment la même matière, une matière identique et invariable, qui se trouve dans tous les êtres. Saint Bonaventure ne recule pas devant cette conséquence de sa métaphysique. Il l'accepte, au contraire, avec une grande franchise. Mais l'accepte-t-il sans réserve, sans correctif, de manière à renouveler sans le savoir le principe d'où découle le système de David de Dinan? Nous ne le croyons pas; il nous paraît plus naturel de supposer que saint Bonaventure trouvait dans sa philosophie mystique un sûr moyen de rendre inoffensive sa philosophie rationnelle. Il n'était pas à craindre pour lui que l'unité de matière, telle qu'il la concevait, devînt jamais l'unité de substance des panthéistes arabes ou chrétiens; car Dieu, selon sa doctrine, est placé au-dessus des spéculations de la raison. La raison peut bien s'élever jusqu'à lui et nous démontrer son existence; mais la foi seule nous le fait connaître. Or la foi nous enseigne un Dieu distinct du monde, un Dieu créateur; et peut-être le vrai sens de cette matière identique dont nous venons de parler, faut-il le chercher dans l'acte même de la création, dans l'action divine uniformément présente dans tous les êtres et toujours semblable à elle-même, puisqu'on la considère séparément en faisant abstraction de la forme. Rien ne s'accorderait mieux avec le mysticisme de saint Bonaventure et l'idée qu'il nous donne de la grâce; car la grâce, c'est l'action directe que Dieu exerce sur les âmes et d'où résulte pour elles une lumière supérieure à celle qu'elles empruntent à l'intelligence.

Saint Bonaventure, qui a reçu de ses contemporains le surnom de Docteur Séraphique, mettait certainement la philosophie mystique au-dessus de la philosophie rationnelle ou de la métaphysique des écoles; mais nous ne voyons pas que, semblable à plusieurs mystiques modernes, il ait cherché des contradictions entre elles et se soit efforcé, pour faire valoir celle qu'il préférait, de réduire l'autre à un pur scepticisme. Dans l'un de ses ouvrages, où il trace à l'âme l'itinéraire qu'elle doit suivre pour arriver à Dieu (*Itinerarium mentis ad Deum*), il fait jouer un rôle utile à toutes nos connaissances; car toutes, selon lui, nous mettent en communication avec l'universel, avec le divin, par un certain côté. L'étude de la nature nous donne la notion de l'universel dans les choses. L'étude de l'intelligence, probablement la logique et la psychologie, nous donne l'intuition de l'universel tel qu'il existe en nous-mêmes, dans notre propre pensée. Par l'étude du principe suprême ou de la cause infinie, la raison cherche à contempler, dans les sphères célestes, l'universel avant les choses, ce que Platon aurait appelé le monde des idées, l'Être en soi. On voit que rien n'y manque, ni la science de l'univers, ni la science de l'homme, ni la science de Dieu. Mais cela ne suffit pas; il faut y ajouter une lumière supérieure qui nous vient directement de Dieu par un effet de sa grâce. La foi aussi vient de Dieu, mais elle est une vertu, non une connaissance; elle réside dans la partie affective de l'âme, c'est-à-dire dans le sentiment ou, comme on l'appelle habituellement, dans le cœur, et non dans l'esprit. La certitude qu'elle nous donne, saint Bonaventure la distingue avec un grand sens de celle que nous donne la science. Il appelle la première une certitude d'adhésion, et la seconde une certitude de spéculation. Aucune des deux ne peut remplacer l'autre.

Henri de Gand, qui naquit quelques années avant saint Bonaventure, mais vécut près de vingt ans après lui, peut être considéré comme un de ses adversaires, comme un adversaire du mysticisme en général, en même temps qu'il est celui de saint Thomas, son condisciple, sur la grande question des universaux. Il repousse le mysticisme par ce motif que les facultés naturelles de l'homme lui suffisent, bien entendu en matière de philosophie ; car personne n'aurait songé à révoquer en doute les dogmes consacrés par l'Église. L'opération propre et naturelle de l'âme humaine étant de savoir et de connaître, comment une révélation particulière de Dieu serait-elle nécessaire pour produire le même résultat ? Dieu nous ayant donné en partage l'intelligence, c'est lui-même qui nous fait une loi d'en faire usage sans attendre de lui un secours surnaturel. Cette argumentation ne sera pas perdue : on en fera usage quelques siècles plus tard, non seulement contre le mysticisme, mais contre toute révélation.

Platonicien comme saint Thomas pour ce qui regarde les idées éternelles de l'intelligence divine, Henri de Gand se montre, à ce qui nous semble, plus original et plus conséquent que le Docteur Angélique. Il croit que les idées de l'intelligence divine, de la raison éternelle et universelle ne représentent que l'universel, que les types impérissables des choses, non les choses elles-mêmes ou les êtres individuels et éphémères : *individua proprias ideas in Deo non habent*. Les individus cependant s'y trouvent contenus, mais virtuellement, comme la notion de nombre est contenue dans celle de l'unité et la notion de la partie dans celle du tout. Que la virtualité divine passe à l'acte et se manifeste par les œuvres de la création, les rapports de l'universel et de l'individuel n'auront pas changé, le premier sera toujours antérieur au dernier et, au lieu de le contenir virtuellement, le contiendra réellement. Il y a d'ailleurs une différence entre l'essence et l'existence. L'essence (*esse essentiæ*), c'est ce que renferment les idées, c'est le genre d'être qui leur appartient. L'existence (*esse existentiæ*), c'est le fait que nous percevons par l'expérience et qui se produit dans les êtres particuliers soumis aux conditions du temps et de l'espace.

Cette doctrine, que M. Hauréau nous permette de le remarquer, a bien plus de portée et nous offre un intérêt plus direct que le réalisme du moyen âge; c'est la propre doctrine de Malebranche, exposée presque dans les termes dont se sert l'auteur de la *Recherche de la vérité*. Selon Malebranche, l'idée, telle qu'elle existe en Dieu et que Dieu la communique à l'entendement de l'homme, représente uniquement l'essence des choses, l'essence des objets particuliers et leurs rapports possibles, non ces objets eux-mêmes et les rapports réels qui existent entre eux. De là résulte que, dans la connaissance que nous avons des choses particulières, il y a deux parts à faire, celle de l'idée qui nous représente leur essence et celle du sentiment qui nous assure de leur existence. C'est ainsi que, dans l'idée de l'étendue ou dans l'étendue intelligible, nous apercevons l'essence de la matière, et que, par nos sensations ou nos sentiments, nous sommes informés de l'existence des corps [1]. C'est en vertu du même principe que Dieu, selon Malebranche, n'intervient dans le gouvernement de l'univers et du genre humain que par les voies les plus générales. Attribuer à Dieu des volontés particulières, c'est, dit-il, porter atteinte à son immutabilité et méconnaître sa sagesse [2].

Sous le nom de *réalisme*, on confond habituellement, au XIIe et au XIIIe siècle, deux systèmes très distincts : le platonisme, ou du moins ce qui en fait le fonds général, et le néoplatonisme, plus ou moins épaissi et dégénéré, tel qu'on le trouve chez certains commentateurs d'Aristote. Henri de Gand est un platonicien, non un alexandrin, et s'il accorde à la matière première considérée en elle-même, indépendamment de toute forme, un certain degré d'existence, au moins une existence possible [3], cette opinion

---

1. Voyez Fr. Bouillier, *Histoire du Cartésianisme*, t. II, p. 72 et 73 ; Ollé Laprune, *la Philosophie de Malebranche*, t. II, p. 238 et suivantes.

2. Fr. Bouillier, ouvrage cité, t. II, p. 135-136.

3. *Ipsa est susceptibilis esse per se.* M. Hauréau, t. III, p. 61.

encore lui est commune avec Platon, et nous fait penser à l'étendue intelligible de Malebranche, essence première de toute matière, avant que, dans la nature, elle ait revêtu la forme d'aucun corps.

Quelle meilleure preuve pourrions-nous donner du platonisme de Henri de Gand que cette proposition citée par M. Hauréau : « Platon a très bien dit que l'homme contemple la vérité pure dans le rayonnement des idées divines, et qu'il arrive par les sens, non pas à la science certaine, mais à l'opinion [1]. » Cependant il fait tout ce qui est en son pouvoir pour conserver dans ses éléments les plus généraux la tradition péripatéticienne, qui est celle de ses maîtres ou que ses maîtres avaient cru lui enseigner; mais il n'a réussi qu'à justifier cette définition qu'on a donnée de ses œuvres : « une glose platonicienne des aphorismes d'Aristote ». C'est cela même qui fait son originalité, qui lui a valu l'admiration de Pic de la Mirandole, et qui, non seulement à l'époque de la Renaissance, tout imprégné de l'esprit platonicien, mais même au début du XVIIe siècle, lui conserva en Italie un bon nombre de partisans.

Si Henri de Gand est un esprit indépendant, on peut dire de Roger Bacon que c'est un esprit révolté; mais la révolte, chez lui, n'étouffe pas le génie, elle en vient, au contraire, et l'on ne conçoit pas qu'il en ait pu être autrement quand on pense au but que se proposait Roger Bacon. Ce qui l'attire uniquement, ce qui lui paraît être le véritable objet de la philosophie, confondue dans son esprit avec la science, ce ne sont pas les livres, c'est la nature; ce ne sont pas les discussions, mais les faits; ce ne sont pas les raisonnements, mais l'expérience ou la démonstration mathématique; ce n'est pas la tradition, mais la réalité présente et éternelle. Que lui importe, dès lors, l'enseignement de ses maîtres, les Franciscains, ou celui des Dominicains, leurs rivaux? Il ne fait pas plus de cas

---

1. Hauréau, t. III, p. 72.

d'Alexandre de Halès, le maître le plus illustre de l'ordre auquel il appartient, le fondateur de l'école franciscaine, que d'Albert le Grand et de saint Thomas d'Aquin, les deux plus grandes autorités de l'école dominicaine, dont l'une a été reconnue par toute l'Église. Il appelle saint Thomas d'Aquin un homme aussi riche d'erreurs que de renommée (*vir erroneus et famosus*), et puisqu'il se donne pour un fidèle interprète d'Aristote, Roger Bacon ne voit pas pourquoi il aurait plus de respect pour le maître, fût-il considéré comme le maître de tous, que pour le plus grand et le plus vénéré de ses disciples. Il déclare donc que, si cela dépendait de lui, il ferait brûler tous les livres d'Aristote, qui font perdre leur temps à ceux qui les lisent, et qui n'ont jamais été qu'une source d'idées fausses et une cause d'ignorance.

La science de la nature ne se transmet pas toute faite d'une génération à l'autre, comme celle de la tradition : elle est l'œuvre du temps et des labeurs accumulés du genre humain; elle suppose donc le progrès. Aussi Roger Bacon s'est-il gardé de méconnaître cette idée, à laquelle nous avons la vanité d'attribuer une origine toute moderne. Dans le royaume de la science, dit-il, comme dans le royaume de Dieu annoncé par l'Évangile, les premiers sont les derniers et les derniers sont les premiers. Ce que savaient les anciens est peu de chose en comparaison de ce que savent et surtout de ce que sauront les modernes. Par le nombre de leurs connaissances aussi bien que par celui des années écoulées, ce sont les modernes qui sont les vieux et les anciens qui sont les jeunes. Qu'Aristote n'ait rien ignoré de ce qu'on savait de son temps, et que même il y ait beaucoup ajouté, on peut à la rigueur l'accorder à ses admirateurs; mais cela même le place au-dessous des philosophes qui sont venus après lui. Et quels sont ces philosophes? Ce ne sont pas, comme nous venons de le voir, les contemporains de Roger Bacon, les docteurs du XIIIe siècle, échos serviles d'un autre âge, aveugles plagiaires du passé, parleurs stériles qui divisent à l'infini des êtres imaginaires sans porter leurs observations sur un seul être réel. Les philosophes dont on veut parler, c'est Avicenne, c'est Averroès, surtout Averroès, moins sans doute à cause des découvertes dont on peut lui faire honneur qu'à cause de son audace. Averroès a été condamné par les plus grandes autorités de son temps; mais Aristote lui-même n'a-t-il pas été condamné? « Il y a quarante ans environ (ce sont les propres paroles de Roger Bacon), l'évêque, les théologiens de Paris et les sages du temps condamnèrent, excommunièrent la *Physique* et la *Métaphysique* d'Aristote, dont tout le monde approuve présentement l'utile et saine doctrine [1]. » Que l'autorité approuve ou condamne, cela n'a rien de commun avec la vérité. Il n'y a jamais eu un temps où les idées nouvelles n'aient été contredites.

M. Hauréau ne peut s'empêcher de penser à la surprise qu'aurait éprouvée Condorcet en rencontrant cette profession de foi en faveur du progrès chez un moine du XIIIe siècle. Mais il y a quelqu'un qui, deux cents ans avant Condorcet, aurait pu partager le même sentiment : c'est Paracelse. Paracelse, pour justifier le mépris dont il se montre animé à l'égard de ses devanciers dans la science médicale, se sert presque des mêmes termes et des mêmes comparaisons que Roger Bacon. Il interprète comme lui la parole de l'Évangile que les premiers seront les derniers et que les derniers seront les premiers. Comme lui, il nous montre l'expérience et la maturité du côté des modernes, et l'inexpérience, l'ignorance de la jeunesse du côté des anciens; comme lui encore, il annonce que le temps est venu de remplacer l'étude stérile des livres par la science féconde de la nature. Et ces livres qu'il juge si malfaisants et si pleins d'erreurs, il ne se borne pas à déclarer qu'il les détruirait si cela était en son pouvoir; un jour, dans la ville de Bâle, avant d'adresser la parole aux étudiants accourus pour l'entendre, il fit un

---

[1]. T. III, p. 86.

immense bûcher de tous les ouvrages de Galien et de ses successeurs, et y mit le feu. Mais il est temps que nous revenions à Roger Bacon.

Voici le cours d'études qu'il propose de substituer à celui qui, de son temps et avant lui, était suivi dans les écoles. On commencera par les mathématiques, qui sont de toutes les sciences que nous connaissons la plus claire et la plus certaine. Les mathématiques, selon Roger Bacon, sont l'alphabet de la philosophie. On les fera suivre de la perspective, puis de la physique expérimentale et de la chimie. On réservera pour la fin la morale, non la morale verbeuse des docteurs de la scolastique, mais la morale pratique qui a pour base l'expérience et pour but de rendre les hommes meilleurs et plus heureux. Il s'en faut de peu, et c'est peut-être le terme qui lui a manqué, qu'il ne l'appelle la morale utilitaire. Il ne faut pas oublier que Roger Bacon était Anglais; il était né à Ilchester dans le comté de Somerset. Il n'est pas impossible qu'il ait eu comme un pressentiment de la doctrine de Bentham et de Stuart Mill.

A toutes les connaissances que nous venons d'énumérer, Roger Bacon veut qu'on joigne celle des langues, celle du grec, comme un moyen de s'assurer de la véritable pensée de Platon et d'Aristote, et de substituer le texte de leurs ouvrages aux commentaires qui l'ont défiguré; celle de l'hébreu, qui permettra au théologien éclairé de lire l'Écriture sainte dans l'original ; celle de l'arabe, par laquelle on se mettra en communication avec les deux philosophes préférés de Bacon, Avicenne et Averroès. Lui-même, à ce qu'on assure, possédait admirablement ces trois langues. Il proscrit, comme des matières de discussion absolument stériles et comme des sciences imaginaires, la logique et la métaphysique.

Il ne paraît pas cependant que toute métaphysique lui ait manqué. On est autorisé à lui attribuer, au moins en partie, celle d'Averroès, puisqu'il met l'intelligence active à la place de Dieu et fait dériver, on peut dire émaner d'elle, la science aussi bien que la religion, toute science et toute religion, et la vertu aussi bien que la science. L'homme, selon lui, n'étant pas l'auteur de la vérité, mais la recevant d'une source supérieure à lui-même, il tient la philosophie, la vraie, pour une révélation au même titre que la théologie. Il y a encore une autre idée qu'il emprunte à Averroès : il pense que les révolutions religieuses sont soumises aux révolutions astronomiques. C'est à cette supposition, reproduite au XVIe siècle par Pierre Pomponazzi et considérée alors comme une grande nouveauté, que Roger Bacon est redevable d'une partie des accusations qui pesèrent sur lui. Loin de les combattre, il n'a rien épargné pour les confirmer et les accroître.

Le même esprit de révolte dont il fait preuve en matière de philosophie, il l'applique à la religion. C'est, en effet, ôter à la religion ce que Pascal appellerait le fondement mystique de son autorité, que de faire de la philosophie une œuvre de la révélation comme elle. A cette proposition générale viennent se joindre, chez Roger Bacon, des attaques multipliées contre les constitutions des ordres religieux, surtout celle du sien, et contre la constitution même de l'Église. On sait de quel prix il paya ces hardiesses. Exilé de la chaire qu'il occupe à Oxford avec beaucoup d'éclat cependant, il est enfermé pendant huit ans, à Paris, dans une maison de son ordre où il lui est défendu de continuer ses observations scientifiques et de les communiquer. Délivré par ordre de Clément IV, récemment élu pape, il ne tarde pas à accumuler contre lui de nouveaux griefs. Enfin, traduit en 1278 devant l'assemblée générale de l'ordre de Saint-François, il est condamné à une véritable prison où il ne passa pas moins de quatorze ans. Il avait quatre-vingt-un ans quand il en sortit en 1292. On voudrait honorer en lui un martyr de la science; mais il est juste de reconnaître qu'il fut surtout victime de son imprudence et de ses emportements. Ce qu'on ne peut nier, c'est son génie, car on ne voit pas trop ce qu'il aurait appris de Pierre de Maricour (*Petrus de Mahariscuria*), un obscur expérimentateur dont le nom même nous est imparfaitement connu et qui passe pour avoir été son maître. La même obscurité enveloppe la personne de Jean, le seul disciple qu'on lui ait jamais attribué. Il est donc permis de dire, en employant un mot d'un usage très fréquent dans la langue philosophique du temps, que Roger Bacon n'est qu'un accident dans l'histoire intellectuelle du xiii° siècle. C'est l'auteur de l'*Instauratio magna*, venu trois cents ans trop tôt. Il troubla un moment la scolastique, mais ne l'empêcha pas de continuer son œuvre de discipline et de préparation dont les esprits n'étaient pas encore en mesure de se passer.

Roger Bacon n'en a pas moins contribué, avec Henri de Gand et avec un docteur de son ordre appelé Guillaume de Marra ou de la Mare, à ébranler profondément l'autorité de saint Thomas d'Aquin. En vain l'évêque de Paris, Etienne Tempier, rendit-il un décret par lequel sont censurées deux cent deux propositions presque toutes attribuées à des Franciscains ; en vain une assemblée générale du clergé réunie en 1279 fait-elle aux prieurs des couvents et aux visiteurs généraux une obligation de condamner à des peines sévères quiconque oserait parler irrespectueusement du Docteur Angélique; en vain Sorboniens et Augustiniens se joignent-ils aux disciples de saint Dominique pour maintenir le règne de la doctrine thomiste : l'ordre de Saint-François et avec lui le réalisme triomphent dans la personne de Jean Duns Scot.

M. Hauréau ne pouvait pas rencontrer sur son chemin un esprit qui lui fût plus antipathique que celui de Duns Scot, si justement appelé le Docteur Subtil; mais c'est un des esprits les plus originaux, les plus puissants, nous n'oserions pas dire un des plus grands esprits du moyen âge; et les deux chapitres qu'il lui a consacrés doivent être comptés parmi les plus intéressants et les plus remarquables de son livre. Les ouvrages de Duns Scot, assez nombreux pour former treize volumes in-folio, et presque tous écrits au jour le jour sous l'aiguillon de la lutte, dans la ferveur de la jeunesse, puisque l'auteur est mort à l'âge de trente-quatre ans, présentent, au premier aspect, l'image de la confusion. Les matières les plus diverses s'y trouvent mêlées, les discussions et les distinctions y sont plus fréquentes que les expositions dogmatiques, les considérations accessoires que les propositions essentielles. Il n'était pas facile d'en tirer un corps de doctrine dont toutes les parties se tinssent et s'éclairassent mutuellement. M. Hauréau a surmonté cette difficulté avec d'autant plus de succès que, se figurant être en face d'un adversaire, il regardait comme son premier devoir de lui rendre justice. S'il se montre quelquefois sévère à l'excès pour les idées de Duns Scot, jamais il ne méconnait la valeur de l'homme, la vigueur de son intelligence, le rang qu'il a pris à une époque très importante de l'histoire de l'esprit humain.

A la doctrine de saint Thomas, Duns Scot a voulu substituer la sienne, et cela ne lui a pas mal réussi puisque le scotisme a formé, dans l'Église et dans l'École, un parti opposé au thomisme. C'est dire qu'il rejette le platonisme mitigé, fortement mêlé d'aristotélisme, de son adversaire, ou la conciliation qu'il prétend établir à tort ou à raison entre le réalisme en théologie et le nominalisme en physique. Pour lui, il n'y a que le platonisme seul ou le réalisme le plus décidé dans les limites de l'orthodoxie et servant d'explication à la nature divine et à celle de l'univers. Pour arriver à ce résultat, toute expérience devait être supprimée, et la logique, ou, pour l'appeler de son vrai nom, la dialectique, érigée en souveraine maîtresse de vérité, en science suprême. Naturellement la logique ainsi comprise, la logique considérée non pas comme une science mais comme la science, la logique enseignante (*logica docens*), comme l'appelle Duns Scot, c'est autre chose que l'art de raisonner ou la logique d'usage (*logica utens*). Voici maintenant quelques-unes des propositions les plus importantes que l'on soutient en son nom.

Il y a une différence entre l'être et l'existence : l'être, ou comme disait Henri de Gand et comme dira plus tard Malebranche, l'essence, c'est la réalité, et l'existence, ce n'est que l'apparence, le phénomène. Le phénomène, l'individu, voilà ce que Duns Scot, dans la langue qu'il s'est créée, appelle un objet de première vue ou une *intention première*, et c'est à l'intention première qu'il accorde l'existence. Les idées générales, attributs, sujets ou rapports, que l'intelligence, en se repliant sur elle-même, découvre dans les individus, dans les objets concrets ou de première intention, c'est ce qui reçoit le nom de *seconde intention*, nous représente un objet de seconde vue et participe au don de l'être. Ainsi dans Socrate, objet de première intention, nous distinguons l'humanité, l'animalité, êtres de seconde intention. Il n'y a que ces êtres de seconde intention dont on puisse dire qu'ils *sont*; de Socrate on dira seulement qu'il *existe*.

Pourquoi en est-il ainsi? Parce que l'universel est conçu par l'intelligence, et que tout ce que conçoit l'intelligence est nécessaire ou ne peut pas ne pas être. Toute idée générale, toute notion abstraite, devient de cette façon, nous ne dirons pas une existence, mais une réalité éternelle, immuable, en comparaison de laquelle les objets de la nature, c'est-à-dire les individus, ne sont que des fantômes. Le nombre de ces abstractions étant illimité, le système de Duns Scot nous place dans un Olympe métaphysique où chaque jour, chaque instant, chacun des actes de notre intelligence peut ajouter des divinités nouvelles aux divinités innombrables qui s'y pressent déjà. C'est cette exagération du réalisme, bien plus que le réalisme lui-même, qui justifie la fameuse maxime de Guillaume d'Ockam : « Les êtres ne doivent pas être multipliés sans nécessité. »

Pour donner une idée de l'abus que Duns Scot a fait sa cette multiplication des êtres imaginaires, nous citerons les distinctions qu'il établit entre la matière premièrement première, la matière secondement première et la matière troisièmement première; entre l'entité et l'acte entitatif, entre l'entité de l'accident et l'entité de la substance.

Cependant il n'oublie pas le principe de l'unité. Il pense, au contraire, que l'unité, c'est l'être en acte, l'être réel et éternel, que toute multitude suppose et désire : *Omnia unitatem appetunt.* On peut même craindre, dans certaines parties de ses œuvres, qu'il ne pousse l'unité au delà des bornes permises non seulement à un théologien, mais à un philosophe. Ainsi il reconnait dans la matière le sujet commun de toutes les existences, de tous les êtres individuels, et il faut bien que cette matière soit la même, puisque selon lui, comme selon Henri de Gand, la cause de l'individualité, le principe d'individuation est la forme. Mais pour tout ce qui regarde la nature de Dieu et l'âme humaine, Duns Scot sait s'arrêter dans la voie qu'il s'est tracée ou donner un autre cours à ses idées. Cela prouverait qu'il savait ce qu'il voulait, ou plutôt ce qu'il ne voulait pas, en évitant de suivre les traces de David de Dinan et de Jean Scot Érigène.

Dieu, dans sa pensée, est une monade solitaire, car il est l'unité parfaite, l'être infini qui ne rentre pas dans le même genre que les autres êtres ; de plus, il est la cause efficace de tous les êtres, par conséquent il n'a avec eux aucune ressemblance. Les idées de toutes choses sont contenues en lui, mais ne forment pas un intermédiaire hors de lui entre sa substance et celle de l'univers. L'univers a été créé à la ressemblance ou à l'imitation de ces idées par la seule et libre volonté de Dieu, car Dieu est libre, sa volonté est distincte de son intelligence.

La partie la plus originale de la métaphysique de Duns Scot, c'est la manière dont il conçoit et dont il démontre la liberté divine. Si Dieu n'est pas libre, il n'y a, dit-il, de liberté nulle part ; mais Dieu est libre, puisque les existences dont ce monde est composé (nous disons à dessein les existences) sont contingentes et auraient pu ne pas se produire. D'où leur vient cette contingence ? Évidemment de la cause qui les a produites, et dans cette cause, ce n'est point l'intelligence qui peut nous l'expliquer, puisque l'intelligence subit la nécessité de sa propre nature ou puisqu'en elle tout est nécessité ; c'est donc la volonté. La volonté divine, principe unique de la contingence, est donc une volonté libre. Dieu veut parce qu'il veut, comme il veut (*quia voluntas est voluntas*). N'en demandez pas davantage ; c'est dans sa volonté seule qu'il faut chercher la raison de sa volonté. Mais quoi? la volonté de Dieu n'est-elle pas soumise à la nature de Dieu, par conséquent à l'intelligence de Dieu qui en fait partie? Duns Scot a prévu l'objection et il s'efforce d'y répondre. On comprend qu'il n'y réussisse pas. L'objection vient de la distinction établie au sein de la nature divine entre la volonté et l'intelligence, et c'est par de nouvelles distinctions qu'il se flatte de la résoudre. Il oublie que l'unité, comme il le déclare lui-même, est le principe qui domine tout son système. C'est à l'unité qu'il fallait revenir après s'en être écarté ; elle seule aurait fourni le moyen de conciliation, vainement cherché ailleurs. Mais il fallait conserver le dogme de la création, qui suppose nécessairement la liberté divine. C'est par respect pour ce dogme que, quatre siècles plus tard, Descartes, sans connaître Duns Scot, est arrivé au même résultat [1].

Avec la liberté divine Duns Scot admet, il est à peine besoin de le dire, la liberté et la personnalité de l'âme humaine. De l'âme humaine il fait donc une unité substantielle, sans pourtant se décider à lui accorder l'immortalité par d'autres motifs de foi. Mais, reprenant bien vite ses habitudes d'abstraction, il nous montre la pensée comme une véritable opération d'alchimie où les espèces impresses, les espèces intelligibles, l'intelligence active, l'intelligence passive et l'intellection jouent un rôle aussi imaginaire qu'inutile. C'est par là et par d'autres détails de même nature que Duns Scot, comme nous l'avons dit, tout en conservant la gloire d'avoir éclairé de la plus vive lumière une des faces de la vérité, un des aspects, et non le moins grand, du problème éternel, a d'avance donné prise contre lui au restaurateur, au fondateur véritable du nominalisme, le même système qui, au XIIe siècle, s'appelait le conceptualisme.

---

[1]. C'est ce qu'a très bien démontré M. Liard dans son volume intitulé *Descartes*, in-8°, Paris, 1882, chez Germer Baillière.

Plusieurs années avant Guillaume d'Ockam et dans l'ordre même de Saint-François auquel il appartient, la philosophie de Duns Scot avait déjà provoqué contre elle une sérieuse résistance, et plusieurs doctrines avaient pris parti pour le système qui lui est le plus opposé, c'est-à-dire pour le nominalisme, aimant mieux sans doute aller jusqu'à cette limite extrême que de reconnaître l'autorité du Dominicain saint Thomas. Pierre Auriol, mort en 1321, attaque avec vivacité les entités innombrables du Docteur Subtil. Pour lui, les genres et les espèces ne sont que des concepts de l'esprit, des abstractions sans réalité, et il répudie la distinction établie par Duns Scot, auparavant par Henri de Gand, entre l'essence et l'existence. Il ne reconnaît pour des êtres véritables que les individus. La matière est un de ces êtres, une de ces existences, mais la matière déterminée, revêtue d'une forme, non la matière première. Il rejette les idées images, les espèces impresses et tout intermédiaire entre le sujet et l'objet de la connaissance. Pierre Auriol n'est pas le seul adversaire que rencontre à ce moment le scotisme : deux thomistes de renom, Hervé le Breton et Durand de Saint-Pourçain, se joignent à lui et défendent à peu près la même manière de voir. Mais c'est à Guillaume d'Ockam, Franciscain et Anglais d'origine, comme cet autre révolutionnaire qui s'appelle Roger Bacon, qu'était réservée la gloire d'être, en quelque sorte, au xive siècle et dans les siècles suivants, la personnification du nominalisme.

Guillaume d'Ockam n'a pas joué un moindre rôle en politique qu'en philosophie. Avec Michel de Césène, qui fut général de son ordre, Bonnegrâce de Bergame, Henri de Chalhem et François d'Ascoli, il resta fidèle à ce parti rigide qui, dans l'ordre de Saint-François, avait toujours soutenu la pauvreté évangélique et la pratique exclusive de la vie spirituelle contre la papauté telle que le temps l'avait faite. C'est pour obéir à ces principes qu'il prit parti pour Philippe le Bel contre Boniface VIII et pour Louis de Bavière contre Jean XXII. Enfermé à Avignon en 1328, pendant qu'on instruit son procès d'où pouvait sortir pour lui une condamnation au bûcher, il réussit à s'évader et se réfugia à Munich auprès du prince à qui il avait offert sa plume avec ces fières paroles : *Tu me defendas gladio, ego te defendam calamo.* C'est à Munich qu'il mourut paisiblement, après y avoir vécu à l'abri de la sentence prononcée contre lui par le chapitre général de son ordre, et qui le condamnait, « comme hérétique, schismatique et homicide, » à la prison perpétuelle.

M. Hauréau, en exposant le système de Guillaume d'Ockam, ne pouvait rien ajouter à l'exactitude et à la précision dont il fait preuve dans tout son livre; mais il laisse voir un sentiment de satisfaction qui donne la tentation de lui dire : *Tua res agitur.* Il ne prête rien de son fonds à l'auteur du XIV° siècle, mais il prend à son propre compte tous ses principes et tous ses arguments, et, en les développant, il les fait valoir comme s'ils étaient siens. Quoique nous soyons, sur le fond des choses, d'un autre avis que M. Hauréau, nous trouvons qu'il n'a pas mal placé son admiration. Guillaume d'Ockam est, en effet, une des plus rares et des plus fortes intelligences qui appartiennent à l'histoire, nous ne dirons pas de la philosophie du moyen âge, mais de la philosophie en général. Il a devancé plusieurs philosophes modernes, animés de son esprit sans s'en douter, et n'aurait pas été, s'ils l'avaient connu, désavoué par eux. Il tient de Locke, nous ne disons pas de Hobbes, de Reid et de Kant. Comme le premier, issu comme lui de race anglaise, il met l'expérience à la place de la logique pure et fait commencer toute expérience par les sens, sans la renfermer dans le cercle des phénomènes sensibles. L'expérience, ou, comme il l'appelle, l'intuition, nous donne la connaissance, non seulement des corps et des faits qui s'y rapportent, mais des actes de la volonté et de l'intelligence, ou ce que nous appelons aujourd'hui les phénomènes de conscience. Comme Thomas Reid et Antoine Arnaud avant Reid, il fait de l'idée un simple mode de la pensée, un état de l'âme, et non une entité, une sorte d'être distinct de l'âme et de la même nature qu'elle. Son argumentation contre les *espèces impresses* et intelligibles ne laisse rien subsister des intermédiaires qu'on a imaginés, pour expliquer la connaissance, entre l'esprit et les objets. C'est un modèle de dialectique et une leçon de bon sens. Il faut savoir gré à M. Hauréau de l'avoir reproduite avec tant de clarté.

Enfin, à certains égards, Guillaume d'Ockam tient aussi de Kant. Comme l'auteur de la *Critique de la raison pure*, il refuse à l'intelligence de l'homme le pouvoir de nous faire connaître la nature divine et de nous donner une notion quelconque de ses attributs. Entre Dieu et l'homme il y a, selon lui, une barrière infranchissable, c'est l'intelligence, ce sont les concepts de l'homme, qui ne peuvent être qu'une intelligence et des concepts humains, c'est-à-dire relatifs, sans application possible, ou du moins sans application légitime à l'Être absolu. Quand nous parlons de Dieu, de quoi parlons-nous? Du concept que nous avons de Dieu, de nulle autre chose. « Le concept de Dieu, dit en propres termes Guillaume d'Ockam, n'est pas Dieu lui-même ; donc la connaissance de ce concept ne fait connaître Dieu ni médiatement ni immédiatement [1]. » Cela n'empêche pas qu'aux yeux de Guillaume d'Ockam, Kant, s'il avait pu le connaître, n'eût passé pour un réaliste ; car les catégories de l'entendement pur, les formes de la sensibilité pure et surtout l'impératif catégorique sont, d'après le langage de la scolastique, des universaux *ante rem !* Ils existent dans la pensée antérieurement à toute expérience. L'expérience, loin de les produire, les suppose et leur est soumise comme à des formes nécessaires.

Pour Guillaume d'Ockam, l'universel n'existe nulle part, ni dans la pensée divine, ni dans l'univers, ni dans l'intelligence de l'homme. Il ne lui suffit pas de déclarer la raison humaine incapable de rien savoir de la nature de Dieu ; au risque d'être inconséquent, il ne craint pas, dès qu'il s'agit des idées divines, des idées éternelles comprises à la façon

---

1. Hauréau, *Hist. de la philosophie scolastique*, t. III, p. 401.

de Platon et de saint Thomas, de nier absolument leur existence. Il les trouve inconciliables avec l'unité de l'essence divine, à l'égard de laquelle il confesse, d'ailleurs, la plus complète ignorance.

L'universel, selon Guillaume d'Ockam, n'existe pas davantage dans l'univers ou dans la nature, car dans la nature il n'y a, selon lui, que des individus. « Aucune chose, dit-il, n'est universellement hors de l'intellect humain, ni par elle-même ni par l'addition de quelque réalité ou de quelque imagination rationnelle; de quelque manière qu'on l'envisage ou qu'on la conçoive, aucune chose n'est universellement [1]. »

L'universel n'est pas même dans l'intelligence de l'homme. Ce qu'on appelle ainsi, les notions ou concepts que nous qualifions d'universels, c'est nous qui les créons par le procédé de l'abstraction, en considérant séparément ce qu'il y a de commun ou de semblable entre les individus perçus par nos sens. Encore faut-il remarquer que ce prétendu universel n'est qu'un singulier qui représente plusieurs singuliers. Voici, au reste, la définition qu'en donne Guillaume d'Ockam : « L'universel est un son de voix, un mot écrit ou tout autre signe, soit conventionnel, soit d'un usage arbitraire, signifiant à la fois plusieurs singuliers. Ce signe est lui-même une chose singulière, il n'est universel que représentativement, de telle sorte qu'être, en tant qu'universel, consiste uniquement à représenter, à signifier plusieurs choses à la fois [2]. »

M. Hauréau a raison de dire qu'aucune définition ne saurait être plus nette; mais nous croyons avoir le droit d'ajouter qu'aucune définition ne saurait être plus fausse. Non moins faux sont les raisonnements sur lesquels elle s'appuie. Guillaume d'Ockam, si clairvoyant quand il attaque les espèces impresses et intelligibles de ses devanciers

---

1. Cette proposition, à laquelle on en pourrait ajouter beaucoup d'autres, est citée et traduite par M. Hauréau, t. III, p. 415.
2. Hauréau, ouvrage cité, t. III, p. 423.

et les entités imaginaires de Duns Scot, n'a plus que des sophismes à mettre au service de sa propre doctrine. Il ne conçoit l'universel que comme un être réel, c'est-à-dire comme une substance ou comme un pur néant. Mais le plan général que nous apercevons dans la nature, qu'y apercevaient Albert le Grand et saint Thomas d'Aquin ; les lois générales qui la gouvernent, les forces générales dont elle subit l'empire, les types généraux qui, dans le germe vivant, déterminent d'avance l'organisation et les conditions d'existence de l'animal à naître ; ces préformations, si l'on peut parler ainsi, que Claude Bernard a si justement appelées des idées directrices ; dans l'homme et dans l'humanité la justice, le droit, le devoir, la liberté, la raison, ce ne sont pas des substances, et cependant ce sont des choses réelles qu'on ne peut nier sans tomber en contradiction avec soi-même ; ce sont des universaux, ou, pour parler la langue de notre temps, ce sont des principes universels et nécessaires.

Le système de Guillaume d'Ockam a trouvé faveur pendant quelque temps, comme cela arrive à tout système qui proteste contre les exagérations d'un système contraire ; mais il ne pouvait donner satisfaction ni à la philosophie religieuse, ni à la philosophie rationnelle, c'est-à-dire à la métaphysique, ni à la science de la nature. De Dieu il ne laisse subsister qu'un nom, puisqu'il prétend que Dieu nous est inconnu, et, en détruisant les principes universels de la raison, il nous enlève même la faculté de démontrer son existence. De là le mysticisme de Gerson, de Tauler, de Suso et de beaucoup d'autres. A la métaphysique il enlève les sujets mêmes de ses méditations : l'absolu, l'infini, le nécessaire, le parfait, l'esprit, la matière, l'âme spirituelle et immortelle. Enfin, de la nature il ne laisse subsister que des individus et des phénomènes, qu'il ne sait pas même unir entre eux par le lien de la nécessité ou par cette force mécanique que reconnaît le positivisme, son héritier. De là la nécessité des efforts de l'esprit humain qui ont amené la Renaissance et la philosophie moderne.

Quant à la grande lutte du réalisme et du nominalisme, qui remplit tout le moyen âge, elle n'a jamais cessé, et nous pouvons la reconnaitre aujourd'hui même sous d'autres noms et sous d'autres formes. En histoire naturelle, elle existe entre l'évolutionnisme et la croyance à la perpétuité des espèces; en politique, entre le socialisme et les idées libérales; en morale, entre le principe du devoir et celui de l'intérêt ou de l'utilité générale; dans le domaine de l'art et de la littérature, entre ce qu'on appelle le réalisme ou le naturalisme et le culte de l'idéal; en philosophie, entre le positivisme et le spiritualisme; en religion, si l'on n'aime mieux dire en théologie, entre le traditionalisme et le libre examen.

C'est l'œuvre même de M. Hauréau et l'esprit critique dont elle s'inspire qui nous a suggéré ces réflexions.

UN

RÉFORMATEUR POLITIQUE ET RELIGIEUX

AU QUATORZIÈME SIÈCLE

MARSILE DE PADOUE

M. Balthasar Labanca s'est fait un nom en Italie à la fois par son enseignement et par ses écrits. Esprit curieux et fécond, il a porté ses recherches sur presque toutes les branches de la philosophie et sur quelques-uns des philosophes qui, dans les siècles passés, ont fait le plus d'honneur à son pays. Il s'est occupé de Vico, de Zarabella et de l'école de Padoue tout entière. Occupant une chaire importante dans la ville où a longtemps fleuri cette école célèbre, comment sa pensée ne se serait-elle pas arrêtée sur un des plus illustres enfants de cette même cité? Marsile de Padoue, par la hardiesse de ses idées, par le rôle important qu'il a joué dans les luttes du pape Jean XXII et de Louis de Bavière, par l'obscurité qui règne encore sur une partie de sa vie et surtout sur sa mort, se recommandait particulièrement à son patriotisme rétrospectif et à ses explorations érudites. C'est ainsi qu'a pris naissance le volume dont je vais rendre compte et qui, si court qu'il paraisse, aurait pu l'être davantage [1]. C'est, en effet, un reproche qu'on est tenté sou-

---

1. *Marsilio da Padova, riformatore politico e religioso del secolo XIV, studiato da Baldassare Labanca, professore di filosofia morale nella reale*

vent d'adresser à l'auteur, qu'en comparant les opinions de Marsile de Padoue sur les rapports de l'État et de l'Église à toutes celles qui, avant lui et après lui, se sont produites sur la même question, il a arbitrairement étendu le cadre de son travail. Avec ce procédé, toutes les discussions du moment présent trouveraient leur place dans l'étude des œuvres les plus anciennes. Ce serait la confusion des temps et des idées.

M. Labanca n'a pas la prétention d'être le premier à nous faire connaître Marsile de Padoue. Il cite loyalement ses devanciers et les juge avec impartialité, je dirai avec bienveillance. Il leur emprunte, en leur en faisant honneur, tout ce qui lui paraît incontestable; mais il résiste aux hypothèses et aux erreurs, et s'efforce, par ses informations personnelles, de combler les lacunes qui sont, comme je l'ai dit, en assez grand nombre. Voici, en résumé, les résultats qu'il obtient quant à la biographie de son héros.

Il est absolument certain que Marsile, l'auteur du *Defensor pacis*, naquit à Padoue, car dans tous les actes publics qui font mention de lui le nom de sa ville natale est associé au sien, et lui-même le revendique dans le premier chapitre de son livre. On ne l'appelle jamais autrement que *Marsilius Patavinus*, ou *Marsilius a Padua, Marsilius Paduanus*. Sur la date de sa naissance, on est réduit à faire des conjectures. Comme il était en 1312 recteur de l'Université de Paris, on suppose qu'il ne pouvait guère avoir été appelé à cette dignité avant l'âge de quarante à quarante-deux ans; ce qui ferait croire qu'il est né entre 1270 et 1272, peut-être un peu plus tôt ou un peu plus tard. Il devait être encore jeune au moment où il quitta Padoue, car, avant d'habiter Paris, il s'était arrêté quelque temps, peut-être pendant des années, à Milan, d'où il se rendit plus ou moins directement à Orléans, attiré par le désir d'étudier le droit romain, alors

---

Università di Padova. — Marsile de Padoue, réformateur politique et religieux du XIVe siècle, étude de Balthasar Labanca, professeur de philosophie morale à l'Université royale de Padoue. 1 vol. in-8° de 235 pages, Padoue, Salmin frères éditeurs, 4 juin 1882.

enseigné dans cette ville par des maîtres renommés. A Paris même il avait fait, sans aucun doute, un assez long séjour avant d'y occuper, comme l'atteste une ordonnance signée de son nom, la plus haute magistrature universitaire.

Les sciences que l'on cultivait avec prédilection dans sa ville natale étaient la philosophie et la médecine. C'étaient celles dont il s'était muni avant de chercher fortune ou d'aller demander un accroissement d'instruction à l'étranger. Il ne savait pas trop de laquelle des deux il ferait sa profession; il passait, selon les circonstances, de l'une à l'autre, et a même songé pour un temps à les abandonner toutes deux pour le métier des armes. Peut-être aussi, quoiqu'on ne trouve pas chez lui beaucoup de traces de ses études juridiques, a-t-il songé, en quittant Orléans, à se faire avocat. On lui en a du moins prêté l'intention [1], et c'est à cause de ces tergiversations que son contemporain et son compatriote Albertino Mussato l'accuse d'inconstance.

Le reproche de Mussato nous fournit la preuve que Marsile était laïque, car comment supposer qu'un ecclésiastique, membre d'une congrégation ou prêtre séculier, songe à se faire soldat, avocat ou médecin [2]. Cependant, parce qu'on le voit, avec les Franciscains Guillaume d'Ockam, Michel de Césène et quelques autres, prendre parti pour Louis de Bavière contre le pape Jean XXII et, en général, contre la suprématie temporelle des papes, on a prétendu que Marsile était Franciscain. Un mot suffit pour faire justice de cette supposition. Ni Wadding, le savant et impartial historien des Frères mineurs, ni Sboraglia, son continuateur, ne comptent Marsile de Padoue parmi les écrivains de leur ordre. Aurait-il appartenu au clergé séculier? Si telle avait été sa situation, elle n'aurait pas manqué d'être signalée dans la condamnation prononcée contre lui, en 1327, par le pape Jean XXII. Un ancien historien de la ville de

---

1. ..... *Num te leges audire forenses maluerim*.
Albertino Mussato, epist. XII, dans l'Appendice du livre de M. Labanca.
2. Voir Labanca, Appendice, p. 227, 230.

Padoue, Papadopoli, a été jusqu'à soutenir que Marsile de Padoue, après sa condamnation, ayant marqué du repentir et s'étant réconcilié avec l'Église, a été nommé archevêque de Milan. M. Labanca, malgré l'invraisemblance de cette assertion, s'est donné la peine de la vérifier. Il a acquis la preuve qu'aucun prélat du nom de Marsile ne figure sur la liste des archevêques de Milan.

Ce que nous disons de Marsile de Padoue s'applique aussi à son ami et son disciple Jean de Jandun, qui, ayant adopté ses opinions sur les rapports de la papauté et de l'empire, partagea sa fortune et sa disgrâce, je veux dire sa condamnation. Lui aussi était étranger à tout ordre religieux et ne paraît pas l'avoir été moins à la théologie. Simple maître ès arts, il enseignait au collège de Navarre une philosophie qui semble lui appartenir, mais qui pourrait bien lui avoir été suggérée par son maître. Le fond de cette philosophie, c'est une sorte d'éclectisme où l'on s'efforce de réunir et de concilier ensemble Averroès et saint Thomas d'Aquin. Or nous savons que Marsile de Padoue était un grand admirateur de son contemporain et compatriote Pierre d'Abano, l'auteur du *Conciliator differentiarum*, et que c'est par lui que Jean de Jandun, avant tous les régents de Paris, eut connaissance de cet important ouvrage. Cette influence indirecte, exercée sur son disciple de prédilection et, selon toute apparence, sur d'autres régents de l'Université de Paris, c'est tout ce que nous savons de la philosophie de Marsile de Padoue. A vrai dire, ce n'était pas un philosophe, encore moins un théologien, quoiqu'il cite fréquemment les Écritures et qu'il ait eu l'ambition de réformer l'Église. C'était ce que nous appellerions aujourd'hui un homme politique, et ce rôle, il le joue par ses écrits aussi bien que par ses actions.

C'est en 1326 que Marsile de Padoue, accompagné de son ami Jean de Jandun, quitta Paris pour se rendre à Munich auprès de Louis de Bavière. Ce prince, depuis deux ans, était excommunié et mis au ban de la catholicité. Aussi fit-il le meilleur accueil à un homme de cette importance qui, dans un livre déjà célèbre, avait spontanément pris la défense, sinon de sa cause personnelle, du moins de celle de l'empire. C'est en effet, d'après l'opinion la plus accréditée, en 1324, à l'occasion de la bulle pontificale qui déclarait Louis de Bavière ennemi de la paix, que Marsile de Padoue écrivit son œuvre capitale, le *Défenseur de la paix* (*Defensor pacis*). Il ne tarda pas à être excommunié à son tour, ce qui contribua peut-être à augmenter la faveur dont il jouissait déjà auprès du prétendant bavarois. Il le suivit à Rome, assista à son couronnement dans l'église de Saint-Pierre et peut-être le décida par ses conseils à se faire reconnaître par le suffrage des Romains ; car c'est un de ses principes, que la puissance impériale doit s'appuyer sur l'élection populaire. Nommé par le nouvel empereur vicaire ecclésiastique de la ville de Rome, il a bien pu, en cette qualité, provoquer la déposition de Jean XXII et l'élection de Pierre de Corbière sous le nom de Nicolas V. C'est, en effet, une autre de ses maximes, que le pouvoir spirituel doit être subordonné au pouvoir temporel. Il fallait bien que Marsile de Padoue eût joué dans cette circonstance un rôle actif pour que le pape, à plusieurs reprises, recommandât aux cardinaux romains de se saisir à tout prix de sa personne et de celle de son compagnon Jean de Jandun, « deux bêtes féroces, dit-il, qui sont venues de l'Abîme de Satan » : *duas bestias de Abysso Satanæ*.

Le triomphe de Louis de Bavière ne fut pas de longue durée. Au bout de six mois, il fut obligé de sortir précipitamment de Rome, et il est plus que probable que Marsile de Padoue le suivit dans sa fuite. Mais que devint-il après cela ? A cette question ne répondent que des suppositions qui se réfutent elles-mêmes. La plus acceptable est encore celle de Jean Villani. D'après ce chroniqueur, Marsile de Padoue serait mort à Montalto le 10 septembre 1328, vingt-huit jours après que Louis de Bavière eut quitté Rome. Cette assertion elle-même ne repose sur aucun fait. M. Labanca a fait rechercher dans les archives de Montalto les traces de la mort de Marsile de Padoue, il ne les a pas trouvées. Il faut donc nous résigner à confesser sur ce point notre entière ignorance.

L'idée dominante de Marsile de Padoue semble avoir été d'abord ce que nous appelons aujourd'hui, à l'exemple d'un politique célèbre, l'État laïque. C'est cette idée qu'il défend dans un premier écrit qui a pour titre : *De translatione imperii* [1], en soutenant que le pape n'est que l'évêque de Rome et qu'il n'a jamais figuré dans le couronnement des empereurs que pour donner de la solennité à la cérémonie, non pour y jouer un rôle nécessaire : *Ad solennitatem non quidem propter necessitatem aliquam.* Dans un autre petit traité : *De juridictione imperatoris in causis matrimonialibus* [2], dont la date est incertaine, mais qui paraît répondre à une consultation sur le divorce de la fille de Louis de Bavière, nous voyons le même principe appliqué à une question jusque-là toujours abandonnée au droit canon. Le mariage, selon Marsile de Padoue, relève uniquement des lois de l'empereur, c'est-à-dire des lois de l'État, et non des lois de l'Église. Sans le soustraire entièrement à l'influence de la religion, il en fait une institution civile, analogue, sinon semblable, à celle qu'il est devenu dans nos sociétés modernes. Mais c'est dans le *Defensor pacis* que la pensée de Marsile de Padoue prend tout son essor et se montre sans réticence. C'est là qu'à l'idée de l'État laïque il joint le principe de la souveraineté du peuple appliqué à l'Église aussi bien qu'à l'État et donnant pour résultat une organisation sociale où l'État a la suprématie sur l'Église.

Évidemment provoqué par le grand événement du temps, le conflit du pape et de l'empereur, le *Defensor pacis* ne ressemble nullement à un écrit de circonstance. C'est un livre considérable par son étendue aussi bien que par les doctrines qu'il contient, doctrines très différentes de celles que professaient au XIII° et au XIV° siècle soit les cano-

---

1. Reproduit dans le tome II du recueil de Goldast.
2. Également reproduit dans le tome II du recueil de Goldast.

nistes, soit les légistes, soit même des esprits indépendants comme Guillaume d'Ockam et l'auteur du *de Monarchia*. Il se divise en trois parties ou discours (*Dictiones*), dont le premier traite du droit politique en général et, sauf la différence des opinions, peut être comparé au *Traité du gouvernement des princes* (*de Regimine principum*) de saint Thomas d'Aquin et de Gilles de Rome. Le second est plus particulièrement consacré aux droits et à l'organisation de l'Église, ou, pour appeler les choses par leur vrai nom, le second est plus particulièrement un manifeste non seulement contre le pouvoir temporel, mais contre le pouvoir spirituel du pape et contre toute l'organisation de l'Église catholique. Le troisième, composé seulement de deux courts chapitres, qui se réduisent eux-mêmes à quelques propositions sommaires, nous présente les conclusions qu'on peut tirer des deux livres précédents et les réflexions diverses qu'ils suggèrent à l'esprit.

L'empereur, selon Marsile de Padoue, qui en apparence prend parti pour lui contre un pouvoir rival, l'empereur n'est plus comme on l'a dit souvent, le défenseur ou le représentant de l'Église, *advocatus ecclesiæ*, il est le délégué du peuple et n'a pas d'autres droits ni d'autre autorité que ceux que le peuple lui a confiés. Tout pouvoir, au moins le pouvoir politique et civil, vient du peuple; et comme le peuple est quelque chose de purement humain, puisqu'il n'est qu'une agglomération d'hommes, tout pouvoir politique, tout pouvoir civil est d'origine humaine. Par là, Marsile de Padoue se sépare des légistes, défenseurs du pouvoir impérial ou du pouvoir royal, aussi bien que des canonistes, défenseurs de la diplomatie pontificale; car les uns et les autres attribuaient au pouvoir une origine divine. Dans la langue politique de nos jours on dirait que Marsile de Padoue était l'adversaire du droit divin et le défenseur de la souveraineté du peuple. Le peuple, selon lui, est en matière civile le suprême législateur; mais c'est un législateur humain, *legislator humanus*. Il ne doit prendre conseil, dans les lois qu'il se donne, que de ses convenances et de ses besoins, de son bien-être matériel et de son perfectionnement moral; il est à lui-même sa propre fin, il n'a pas à chercher hors de lui, ni au-dessus de lui, la règle de ses décisions.

Mais qu'est-ce que le peuple? Au sens propre du mot, le peuple est l'universalité des citoyens, *universitas civium*. C'est dans leur intérêt commun que l'État doit être gouverné, que les lois doivent être faites. En résulte-t-il que c'est le peuple lui-même, le peuple pris en masse qui gouvernera et fera l'office de législateur? Marsile de Padoue n'est pas de cet avis. Il pense qu'il n'y a qu'une partie du peuple, la partie la plus valide ou la plus capable, *valentior pars ejus*, qui possède les qualités nécessaires à l'accomplissement de cette double tâche, et que c'est elle qui représente l'universalité des citoyens [1].

Cette représentation n'est pas un droit attaché à certaines conditions sociales, comme elle l'était dans plusieurs constitutions du moyen âge et particulièrement dans celle de l'empire germanique; c'est une délégation émanée du suffrage universel. Le peuple, selon l'auteur du *Defensor pacis*, devançant sur ce point le jugement de Montesquieu, n'est point par lui-même propre à remplir les fonctions de législateur, mais il a le discernement qu'il faut pour choisir ceux qui s'en acquitteront le mieux. Il a encore une autre faculté, non moins précieuse, celle de juger les lois elles-mêmes et de distinguer entre celles qui sont justes, celles qui sont utiles et celles qui présentent les qualités opposées. Il semblerait d'après cela que Marsile de Padoue veut que les lois soient soumises à la sanction du suffrage universel. Mais il ne le dit pas expressément.

Quoi qu'il en soit, la forme de gouvernement qu'il recommande comme la seule fondée en droit, la seule légitime, est le gouvernement représentatif, sans qu'on puisse dire que c'est le gouvernement républicain. Il

---

[1] *Est civium universitas aut ejus pars valentior quæ totam universitatem repræsentat. Dict.* I, ch. II.

admet, en effet, que le pouvoir exécutif n'est pas nécessairement, comme le pouvoir législatif, une délégation du peuple. Il peut être exercé par un chef élu, mais aussi par un prince qui tient son autorité de la naissance.

Marsile donne la préférence au premier, ou, pour me servir de ses expressions, au prince qui a des sujets volontaires : *principatus voluntariis subditis;* ce qui n'empêche pas que le dernier, quand son autorité est définie et réglée par les lois, ne soit aussi légitime que le premier ; car, dans ce cas, la souveraineté reste au peuple. Celui-ci peut même, sous un principat héréditaire, se réserver le droit de nommer par élection les magistratures subordonnées au chef de l'État. Quand c'est le chef de l'État qui les nomme, c'est comme mandataire du peuple et au nom du peuple qu'il leur donne l'investiture.

Marsile de Padoue, avec un très grand sens qu'on ne rencontre pas toujours chez des publicistes d'une époque plus récente, distingue entre les fonctions politiques et les fonctions sociales, *officia civitatis*. Les premières ne sont qu'un moyen de s'assurer que les secondes seront bien remplies et concourront ensemble, en se prêtant une aide mutuelle, au bien commun de l'État. Les fonctions sociales, au nombre de six, se divisent en deux classes. Trois d'entre elles ont un caractère privé : ce sont l'agriculture, l'industrie et le commerce. Les trois autres ont un caractère public : ce sont celles que représentent la magistrature, l'armée et le sacerdoce, ou les trois services de la justice, des armes et des autels. Ces divers services, Marsile de Padoue les juge également nécessaires, mais pas plus que les trois professions ou services privés qui nourrissent la société, qui développent sa richesse et assurent son bien-être. C'est là un point de vue nouveau par lequel l'auteur du *Défenseur de la paix* s'élève au-dessus de son temps, quoiqu'il ne soit que juste de faire en grande partie honneur de cette idée aux républiques industrielles et commerçantes de l'Italie du moyen âge. Florence et Gênes, Padoue elle-même, qui a été pendant quelque temps une florissante et libre république, n'ont peut-être pas peu contribué à la suggérer.

Une manière de voir encore plus nouvelle et plus originale, c'est celle qui fait du sacerdoce une fonction publique, une fonction de l'État, *officium civitatis*. Elle est justifiée par cette considération, que la religion est utile à l'État, parce qu'elle seule est en mesure d'inculquer au peuple la croyance en Dieu, sans laquelle il ne peut vivre heureux [1]. Il en résulte que l'État, de son côté, doit aussi, en conservant la plénitude de sa souveraineté, se rendre utile à la religion. Nous voilà amené tout naturellement à exposer les opinions de Marsile de Padoue sur l'organisation de l'Église et sur ses rapports non seulement avec chaque État en particulier, mais avec la fédération des États, avec la république chrétienne représentée par l'empire.

De même que l'État ou la cité comprend l'universalité des citoyens, l'Église se compose de l'universalité des chrétiens ou des fidèles, aussi bien des laïques que des ecclésiastiques; et les fidèles sont tous ceux qui professent la foi et qui invoquent le nom du Christ. *Dicitur nomen Ecclesia de universitate fidelium credentium et invocantium nomen Christi* [2]. Comment n'en serait-il pas ainsi, puisque laïques et ecclésiastiques ont été également rachetés par le sacrifice du Golgotha?

De même encore que, dans l'État, l'universalité des citoyens est le souverain politique ou le législateur civil, dans l'Église, l'universalité des chrétiens nous représente le souverain religieux, le *législateur fidèle* (*legislator fidelis*).

Puisqu'il y a deux sociétés et deux législateurs, une société civile et une société religieuse, un législateur civil et un législateur religieux, il y a deux sortes de lois : les lois religieuses qui ne s'adressent qu'à la conscience, qui

---

1. *Utile etiam pro statu vitæ præsentis cultus ac Dei honoratio. Non potuit philosophorum universitas per demonstrationem convincere. Dict.*, I, ch. IV ; passage cité par M. Labanca, p. 138 et 139.

2. *Dict.*, II, ch. II.

ne règlent que les mouvements intérieurs de la foi, et les lois civiles qui règlent les actes extérieurs, qui, en assurant l'existence de l'État, maintiennent dans son sein l'ordre et la paix. Les dernières sont les seules qui comportent une sanction matérielle ou qui trouvent leur défense dans une répression pénale ; car, dès qu'elles sont violées impunément, la société est dissoute. Mais il n'en est pas ainsi des premières ; elles reposent sur la persuasion, non sur la force, car la force, l'autorité exercée par la contrainte, *coactivus principatus*, la juridiction criminelle, ne peuvent rien sur les consciences et sur les âmes. Le prêtre agit à la façon du médecin; celui-ci prescrit ce qui lui parait utile au salut du corps, celui-là ce qui convient au salut de l'âme. L'emploi de la force leur est étranger à tous deux. C'est par la seule persuasion qu'ils remplissent leur ministère. Le médecin dit à son malade : « Telle chose te rendra la santé ; telle chose te donnera la mort. » Le prêtre dira également : « Telle chose sauvera ton âme; telle chose la perdra. » Il ne peut faire davantage, et, s'il n'est pas cru sur parole, il ne lui reste plus qu'à s'abstenir. Cette règle de conduite, c'est le Christ lui-même qui l'enseigne par son exemple. Vivant au milieu des hommes, il n'a pas revendiqué le titre de prince ou de juge, il se disait médecin, médecin des âmes, et aux Pharisiens qui lui reprochaient de fréquenter les publicains et les pêcheurs, il répondait : « Ce ne sont pas ceux qui se portent bien qui ont besoin de médecin [1]. » A aucune époque, pas même dans le dernier siècle et dans celui où nous vivons, la charité, la tolérance, les droits de la conscience n'ont été définis d'une manière plus éloquente et plus sensée. Voici, sur le même sujet, quelques autres réflexions qui ne sont pas moins remarquables.

Le prêtre n'ayant aucun droit de répression, ce n'est pas lui, par conséquent, ce n'est pas l'Église qui est appelée à punir l'hérésie, si l'hérésie doit être punie. C'est donc l'État

---

1. *Ev.*, Luc, ch. v.

qui la punira ; mais comment, à quel titre, l'hérésie, et, en général, les actes d'impiété seront-ils réprimés par l'État? D'abord Marsile de Padoue écarte de la discussion les hérésies de pure opinion, car ce qui n'existe que dans la pensée ne tombe pas sous la poursuite de la loi pénale. Mais il y a, selon lui, des actions qui, en même temps qu'elles sont défendues par la loi divine ou par la religion, le sont aussi par la loi humaine ou par l'État. Celles-ci, certainement, l'État doit les punir, non en tant que contraires à la loi religieuse, mais en tant que contraires à la loi civile, et parce qu'elles sont reconnues nuisibles à la société. Le contraire peut avoir également lieu. Il y a des choses qui sont punies dans ce monde par les lois de l'État et pour lesquelles la religion annonce des châtiments dans une autre vie; mais c'est au nom de la loi divine, non de la loi humaine, que la religion, dans ce cas, fait preuve de sévérité; car les deux lois ne sont pas toujours d'accord. Il y a telles actions que la loi divine permet et que la loi humaine défend, et d'autres qui, permises par la dernière de ces lois, sont interdites par la première [1].

Nous voyons ici, pour la première fois dans l'histoire, tracées avec fermeté, les limites qui existent entre le domaine de la loi et celui de la conscience, entre le domaine de la religion et celui de l'État. Mais Marsile de Padoue ne s'en tient pas à cette sage et libérale distinction. Il n'y a pas seulement en lui un philosophe politique, il y a aussi un réformateur religieux, un hérésiarque, selon les idées du moyen âge. Les principes démocratiques qu'il a appliqués à l'État, et au premier rang le suffrage universel, la souveraineté du peuple, il les étend à l'Église.

La constitution que Marsile de Padoue réclame pour l'Église ressemble exactement à celle qu'il donne à l'État. C'est l'universalité des fidèles comme nous l'avons déjà dit, qui est le souverain, qui est le *législateur fidèle*. Mais ce

---

1. M. Labanca, p. 151, cite plusieurs textes à l'appui de ces propositions.

pouvoir suprême, il ne l'exerce que par voie de représentation. Le législateur effectif, c'est le concile dont les membres, nommés par le suffrage universel, seront les plus pieux et les plus éclairés d'entre les laïques et les ecclésiastiques (*pars valentior universitatis fidelium*).

Le concile, bien entendu le concile général, le concile œcuménique, est donc à l'Église ce que l'assemblée nationale est à chaque État. Il est formé de la même manière et composé d'éléments analogues. C'est lui qui définit les dogmes et qui décide, lorsqu'il y a doute, du sens des Écritures. C'est lui aussi qui résout souverainement les questions de rite et de discipline ecclésiastique, lui enfin qui nomme les dignitaires de l'Église, à commencer par le premier d'entre eux, par le pape.

Le pape, qu'il affecte d'appeler l'évêque de Rome, n'est pour Marsile de Padoue que le premier mandataire de l'Église, comme le prince, chef du pouvoir exécutif, n'est que le premier mandataire de l'État, et comme l'empereur n'est que le premier mandataire de la fédération des États. Le concile, non seulement le nomme et, en cas de manquement à ses devoirs, le révoque ou le suspend, mais définit par une de ses lois les prérogatives qui l'élèvent au-dessus des autres évêques, et cette loi elle-même est susceptible d'être modifiée ou abrogée. Pour Marsile de Padoue, la papauté est une institution purement humaine ignorée de la primitive Église. Tous les prêtres sont égaux puisqu'ils exercent les mêmes pouvoirs spirituels, et s'il en est parmi eux qui ont autorité sur les autres, c'est en vertu d'une loi faite par des hommes et que les hommes peuvent changer, c'est parce qu'il est nécessaire qu'un corps aussi nombreux que le clergé obéisse à une discipline et soit soumis à une hiérarchie. Mais la nature de cette discipline, la composition de cette hiérarchie n'ont rien d'immuable. C'est une grave erreur de dire que le pape est le vicaire de Dieu; le Christ seul est le vicaire de Dieu, et le pape n'est que le vicaire du concile œcuménique, car sa principale fonction est d'enseigner au clergé et de faire enseigner par lui à la masse des fidèles les dogmes et l'Écriture sainte d'après l'interprétation qu'en a donnée le concile. Il préside le concile; mais, étant son justiciable, il ne peut ni le convoquer ni le dissoudre; ce droit n'appartient qu'à l'empereur et ne peut être exercé qu'au nom de toute la chrétienté.

Ainsi réduit dans sa suprématie spirituelle, le pape, comme il est aisé de se le figurer, ne conserve rien de son pouvoir temporel. Il ne règne sur aucun territoire et ne dispose d'aucun patrimoine, soit séculier, soit ecclésiastique. A plus forte raison n'entre-t-il pas dans ses attributions de punir l'hérésie. Tant que l'hérésie n'existe que dans la pensée ou est purement intentionnelle, elle relève de Dieu, qui seul la connait et la juge. Aussitôt qu'elle éclate en manifestations scandaleuses et contraires à la loi civile, elle tombe sous la juridiction de l'État.

Quand elle s'applique aux évêques et aux simples prêtres, la pensée de Marsile de Padoue parait plus flottante ou plus obscure. Tantôt s'appuyant sur l'exemple des temps primitifs de l'Église, il semble croire que prêtres et évêques doivent être nommés par le suffrage des populations au milieu desquelles ils sont appelés à exercer leur ministère. Dans d'autres moments il laisse supposer que la dignité épiscopale et la prêtrise elle-même doivent être conférées par les représentants du *législateur fidèle*, c'est-à-dire par le concile. Enfin, d'après plus d'un passage, toute la hiérarchie ecclésiastique, depuis le pape jusqu'aux simples prêtres, est laissée à la discrétion de celui qui commande par l'autorité du législateur fidèle, *per solum fidelem legislatorem aut ejus auctoritate principantem*, à la discrétion de l'empereur [1].

---

1. De ces passages il y en a deux que cite M. Labanca, p. 161 et 171. Voici le premier : *Sunt ergo legislatoris, aut ejus auctoritate principantis sententia approbandæ vel reprobandæ personæ ad ecclesiasticos ordines promovendæ, instituendæ quoque vel removendæ cura seu præsidatu majori vel minori.* (Dict., II, ch. xviii.) — Voici le second : *Episcopum romanum et alium quemlibet ecclesiasticum, seu spiritualem ministrum, secundum legem divinam per solum legislatorem fidelem, aut*

On pourrait supposer que par ces derniers mots on a voulu désigner l'empereur; il est plus naturel de croire qu'il s'agit du concile général. Mais alors on se demande comment, s'il ne devait pas siéger en permanence, il pourrait suffire à une pareille tâche, et, si cette tâche était remplie, comment il s'occuperait des matières de dogme et de foi?

Malgré cela, et peut-être à cause de cela, à cause de l'autorité universelle et absolue qu'il donne au concile, à cause du système représentatif et du principe démocratique qu'il introduit dans le gouvernement de l'Église, Marsile de Padoue se donne pour un défenseur non seulement du christianisme, comme ont fait les réformateurs du XVIe siècle, mais de la hiérarchie et de l'unité de l'Église catholique. C'est de très bonne foi, il est permis de le croire, qu'il s'applique ces paroles de saint Augustin : « Je ne croirais pas à l'Évangile si je n'y étais pas excité par l'autorité de l'Église catholique : *Ego vero non crederem Evangelio nisi me catholicæ ecclesiæ commoveret auctoritas.* »

Le pape Jean XXII, dans la bulle d'excommunication qu'il a fulminée contre Marsile de Padoue, résume assez fidèlement la partie théologique du *Défenseur de la paix* dans les cinq propositions suivantes : 1° l'Église ne peut posséder aucun bien, ni exercer aucun pouvoir temporel; 2° le pape n'a pas plus d'autorité que les autres évêques et que les simples prêtres; 3° c'est au peuple qu'il appartient d'instituer et de révoquer le pape; 4° tous les prêtres, sans en excepter le pape, les cardinaux, les archevêques et les évêques, sont égaux par l'institution de Jésus-Christ; 5° ni le pape, ni aucune autre personne en son nom, ne peut exercer un droit de coercition contre les hérétiques; ce droit n'appartient qu'à l'empereur.

On comprend que de telles doctrines aient encouru les réprobations du Saint-Siège. Elles aboutissent à la suppres-

---

ejus auctoritate principantem vel fidelium generali concilium ad officium ecclesiasticum separabile promoveri, ab eodem quoque suspendi atque privari, exigente delicto. (*Dict*, III, concl. XLI.)

sion, non seulement du pouvoir temporel, mais du pouvoir spirituel; elles supposent la destruction possible, au moyen d'une simple loi, de la papauté elle-même, par conséquent de l'Église catholique, telle qu'elle existait depuis plusieurs siècles; elles mettent le clergé, et avec lui la religion, les matières de dogme et de foi, aussi bien que de hiérarchie et de discipline, dans la plus entière dépendance d'une assemblée laïque, nommée par le suffrage du peuple et dominée par l'empereur, c'est-à-dire par la politique. Ce qu'il y a de chimérique dans ce plan de réforme religieuse n'est pas moins visible. Comment toutes les populations chrétiennes, abandonnées à elles-mêmes, sans direction, puisqu'elles seront absolument souveraines en matière spirituelle comme en matière temporelle, s'entendront-elles malgré la diversité des États et la rivalité des nations, malgré la diversité des institutions politiques, pour former une assemblée unique, pour accepter la décision de cette assemblée, en supposant qu'elle soit capable d'en rendre, et pour rester unies sous un même symbole, sous une même hiérarchie ecclésiastique? Le principe même d'une telle organisation est formé d'éléments contradictoires. La souveraineté du peuple en matière de religion est inconciliable avec une religion ou une foi quelconque, parce que la foi suppose la soumission. Qu'est-ce donc quand il s'agit de la souveraineté unique de plusieurs peuples, d'une multitude de peuples?

Les idées de Marsile de Padoue sur la société civile et les droits de la conscience n'en gardent pas moins toute leur valeur. Elles commandent d'autant plus l'admiration qu'elles sont absolument isolées, je ne dirai pas au XIV° siècle, mais pendant toute la durée du moyen âge. Saint Thomas d'Aquin avait accepté le principe de la souveraineté du peuple, mais c'était pour l'humilier et, plus encore, pour le sacrifier à la suprématie du souverain pontife. Dante avait défendu les droits de l'État, mais représentés uniquement par l'empereur, considéré lui-même comme l'héritier des prétendus droits du peuple romain sur le reste du monde. Des légistes comme Pierre de Cugnière et Raoul de Presle avaient aussi pris parti pour l'État contre les revendications de l'Église ; mais l'État, pour eux, se confondait avec les prérogatives particulières, exceptionnelles, historiques du roi de France. La puissance temporelle des papes était vivement attaquée au xiv° siècle par une notable partie de l'ordre des Franciscains, rangée à la suite de Guillaume d'Ockam et de Michel de Césène ; mais ce n'était point par respect pour l'État et la société civile, c'était par des raisons mystiques, pour imposer au pape la pauvreté évangélique telle qu'ils l'entendaient, telle qu'ils la pratiquaient, et leur idéal de perfection chrétienne. Marsile de Padoue est le seul qui s'élève jusqu'à l'idée de l'État considéré en lui-même, jusqu'à l'idée d'un droit de l'État absolument indépendant de toute revendication théologique, jusqu'à l'idée de la liberté de conscience placée sous la sauvegarde des lois civiles. C'est là qu'est son véritable titre de gloire.

Il me reste, pour finir, à dire quelques mots de la manière dont il est jugé par M. Labanca, On comprend qu'un philosophe italien, professeur à l'université de Padoue, ait eu un double motif de faire ressortir l'originalité, on peut dire le génie de son illustre compatriote du xiv° siècle. Mais c'est dépasser la mesure non seulement de la vérité, mais du patriotisme, que de nous montrer dans la réforme proposée par Marsile de Padoue, dans sa réforme religieuse aussi bien que dans sa réforme politique, ce qu'il y a de plus sublime dans la nature, dans la science et dans la vie, et d'en faire sortir successivement, à plusieurs siècles de distance, la Renaissance italienne, la Réformation allemande et la Révolution française [1]. La vérité est que Marsile de Padoue a été parfaitement ignoré des réformateurs religieux du xvi° siècle et des écrivains politiques qui, de près ou de loin, ont préparé la Révolution. Mais ces exagérations méritent encore plus d'indulgence que l'application faite par M. Labanca des formules hégéliennes à un sujet cir-

---

1. Page 73.

conscrit et purement historique comme celui qu'il a traité.

Selon lui, le problème sur lequel travaille l'esprit humain pendant toute la durée du moyen âge est celui du divin et de l'humain. Le divin, dans l'ordre social, est représenté par la papauté, l'humain par l'empire. Mais voilà que ces deux termes deviennent des forces ennemies qui empiètent l'une sur l'autre et cherchent à s'entre-détruire. Le divin veut absorber les choses humaines, c'est-à-dire que le pape veut annuler l'empereur. L'humain veut absorber les choses divines, c'est-à-dire que l'empereur veut annuler le pape. Entre ces deux termes extrêmes, ces deux forces opposées dont le conflit menaçait de détruire la société, il fallait chercher un terme moyen, une résultante dans laquelle elles fussent conciliées et neutralisées. Cette résultante, Marsile de Padoue la découvrit dans le peuple, par conséquent dans la souveraineté du peuple. Le peuple, en effet, est la synthèse de l'humain et du divin : il est essentiellement humain, puisque tout ce qui est humain est contenu en lui et vient de lui. Il est également divin, car toute révélation se manifeste dans son sein et s'adresse à sa foi ; il représente l'universalité des croyants. Il n'est pas difficile de reconnaître ici les trois termes de la dialectique de Hegel : la thèse, l'antithèse et la synthèse. Mais qu'est-ce que cette dialectique a à faire ici, et qu'est-ce qu'elle nous apprend sur le vrai sens des écrits de Marsile de Padoue et sur l'influence qu'ils ont exercée?

Il y a une dernière proposition qu'on ne peut s'empêcher de relever dans l'ouvrage de M. Labanca. Passant du peuple à l'humanité entière, M. Labanca écrit que l'humanité est homme et Dieu tout ensemble, qu'elle a pris décidément la place de Dieu, et qu'il ne faudrait plus dire : *Te Deum laudamus*, mais : *Te humanitatem laudamus.* C'est presque la reproduction textuelle d'une phrase du *Catéchisme positiviste* d'Auguste Comte. De telles phrases ne s'introduisent pas comme par surprise dans une œuvre d'érudition, et l'on peut assurer qu'elle était loin de la pensée de Marsile de

Padoue, qui était non seulement chrétien, comme il le dit expressément, mais qui se croyait catholique.

Cette critique de quelques points isolés et presque étrangers au sujet n'empêche pas l'étude de M. Labanca d'être indispensable à ceux qui voudront connaitre Marsile de Padoue et les doctrines politiques du xive siècle.

LE MYSTICISME ET L'ALCHIMIE

AU SEIZIÈME SIÈCLE

I

Après la rude discipline qu'avait fait peser sur eux la scolastique pendant cinq ou six siècles, les esprits, dès le début de la Renaissance, et même plusieurs années auparavant, ressemblent à des écoliers livrés à eux-mêmes et qui ne craignent plus la férule. Chacun va à ce qui le tente, chacun cherche un maître de son choix ou se déclare son propre maître. L'un s'adresse à Platon et au néoplatonisme; l'autre, à Parménide ou à Pythagore; un troisième conserve Aristote, mais en l'interprétant à sa manière et en le retournant contre les dogmes dont il avait passé pour être le protecteur; un quatrième croit trouver la vérité dans une antique tradition où se serait conservée, sous le voile des symboles et à l'ombre du mystère, la sagesse des Hébreux. Il en est qui s'imaginent reculer encore plus loin dans le passé et se rapprocher d'autant plus de la vérité éternelle en acceptant comme authentiques les livres qui portent le nom d'Hermès Trismégiste. On ne se borne pas à la connaissance purement spéculative de ces traditions et de ces livres : on veut renouveler les merveilles dont on prétend qu'ils enseignent le secret, ou qu'on a entendu attribuer à leurs interprètes. A l'étude de la kabbale et des livres hermétiques, on est entraîné à ajouter la pratique de la magie, de l'alchimie et de l'astrologie judiciaire. La crédulité publique favorise ces chimères, et, pour encourager la crédulité, pour conserver le rang qu'avec une illusion d'abord sincère on s'est flatté de conquérir dans l'opinion, on en vient à ne pas reculer devant le charlatanisme. Marsile Ficin, Pic de la Mirandole, Reuchlin, François Patrizzi se sont arrêtés sur cette pente ; Corneille Agrippa et Paracelse l'ont descendue. Il est difficile, quand on nomme l'un des deux, de ne pas penser à l'autre, car ils se ressemblent beaucoup, tant par leur vie que par leurs idées ; mais Agrippa est l'aîné de quelques années. C'est lui qui a ouvert la voie, qui a créé le type dont il est la réalisation la plus complète. M. Prost a eu raison d'en faire le sujet d'une étude approfondie et de lui consacrer un ouvrage aussi étendu que celui dont nous nous sommes proposé de rendre compte[1].

Les historiens de la philosophie, en parlant d'Agrippa, n'ont guère fait jusqu'ici que se répéter les uns les autres. Quelques traits généraux de sa vie et de son caractère ont suffi pour les contenter, et de ses ouvrages ils n'en font connaître que deux, à la vérité les deux principaux, mais sans attacher d'importance aux rapports qui les unissent et aux circonstances dans lesquelles ils ont été écrits. M. Prost a compris quel parti l'on pouvait tirer de la correspondance d'Agrippa, environ cent cinquante lettres écrites par lui et deux cents qui lui sont adressées. Il s'est mis à la dépouiller, à l'analyser année par année, presque jour par jour, en la soumettant à un sévère contrôle et, quand cela était nécessaire, en l'expliquant ou en la com-

---

[1] *Les sciences et les arts occultes au XVIe siècle. — Corneille Agrippa, sa vie et ses œuvres*, par Auguste Prost. 2 vol. in-8° de XXXIX-401 et 543 pages. Paris, chez Champion, libraire, 1881.

plétant par les documents contemporains. M. Prost a tiré de ces recherches de véritables trésors. Il a pu nous fournir, non seulement sur Agrippa, mais sur ses amis, ses protecteurs, ses adversaires, les institutions et les opinions des différentes villes où il a séjourné, beaucoup de détails ignorés ou mal connus. C'est bien plus qu'une biographie, c'est, en quelque sorte, la monographie intellectuelle et morale, civile aussi, des trente-cinq premières années du XVIe siècle. Ce n'est pas arbitrairement que ces deux sortes d'études se trouvent ainsi réunies et presque confondues. L'immense crédit dont a joui un aventurier et un charlatan, même un charlatan de grand savoir et de grandes facultés comme Agrippa, et les illusions sincères qu'il s'est faites sur lui-même ne peuvent se concevoir qu'à l'époque à laquelle il appartient et dans le milieu où il a vécu.

Quant aux ouvrages d'Agrippa, M. Prost ne s'est pas borné, comme ses devanciers, à nous offrir un résumé plus ou moins fidèle de la *Philosophie occulte* et du traité *De l'incertitude et de la vanité des sciences*. Il remonte à l'origine de ces deux livres étranges, il nous montre dans quel état d'esprit, sous l'empire de quelles préoccupations ils ont été composés l'un et l'autre, et nous apprend par là même qu'ils ne se contredisent pas autant qu'on pourrait le croire, puisque le dernier était déjà entièrement publié quand parurent seulement les deux parties les plus importantes du premier. Mais de la plume féconde d'Agrippa sont sortis beaucoup d'autres écrits qui nous découvrent en lui un personnage tellement multiple qu'il est impossible de le définir. Mystique ou illuminé dans la *Philosophie occulte*, sceptique dans le traité *De l'incertitude et de la vanité des sciences*, il commente les livres kabbalistiques de Reuchlin, fait un cours sur le *Poimandrès* d'Hermès Trismégiste, explique l'épître de saint Paul aux Romains, se lance dans une controverse théologique sur le triple mariage attribué à sainte Anne, fait des réflexions sur le Banquet de Platon, soutient la supériorité des femmes sur les hommes, publie un traité sur le péché originel et un autre sur le mariage, donne des consultations médicales et juridiques, propose un remède contre la peste, offre à François Ier ses instructions sur l'art de la guerre, sur la pyrotechnie, comme nous dirions aujourd'hui (*pyromachia*), se donne lui-même pour un grand homme de guerre, pour un chevalier de haut lignage qui a gagné ses éperons d'or (*eques auratus*) au milieu des batailles, fait l'oraison funèbre de Marguerite d'Autriche, gouvernante des Pays-Bas, comme s'il avait qualité pour parler des grands de la terre, assiste comme théologien consultant au concile de Pise, et enfin, comme historiographe du gouvernement des Pays-Bas, fait le récit du couronnement de Charles-Quint à Bologne. Auparavant il avait fait celui de l'expédition du duc de Bourbon en Italie. De ces œuvres si nombreuses et si diverses, M. Prost, même quand il n'en reste qu'un fragment ou un simple titre, n'en néglige aucune, et il pousse le scrupule de l'exactitude jusqu'à nous parler d'Agrippa comme artiste, en mentionnant un beau dessin de Mercure qu'il aurait tracé au charbon sur la muraille de la maison d'un de ses amis. Mais pourquoi, au lieu de nous donner son livre pour ce qu'il est, pour une étude à la fois biographique et historique sur Corneille Agrippa, M. Prost lui donne-t-il encore un autre titre : *Les sciences et les arts occultes au XVIe siècle?* C'est une promesse qui demeure sans effet, ou du moins qui n'est remplie que d'une façon très incomplète; car les arts et les sciences occultes ont au XVIe siècle une histoire qui s'étend bien au delà de la vie d'Agrippa, mort en 1535, et l'esquisse générale que M. Prost a tracée de ce genre de connaissances dans les quelques pages dont se compose son *Introduction* est de tout point insuffisante. Elle ne montre pas comment l'astrologie, l'alchimie et la magie ont pu se rattacher à l'esprit philosophique et donner naissance à d'audacieux systèmes. Il faut reconnaître cependant qu'à l'occasion des leçons faites par Agrippa à l'université de Pavie sur le *Pimander* ou *Poimandrès* de Mercure Trismégiste, il donne une idée assez exacte des livres hermétiques, et il en a d'autant plus de mérite qu'il parait ignorer l'existence du savant livre de M. Louis Ménard, couronné en 1866 par l'Académie des inscriptions et belles-lettres [1].

Avant de raconter la vie d'Agrippa, M. Prost, avec beaucoup de raison, nous fait connaitre sa légende; car la légende n'est pas moins utile à consulter quand on veut retracer la physionomie intellectuelle et morale d'un homme supérieur, ou tout au moins d'un homme qui a laissé de fortes traces dans la mémoire de ses semblables, que lorsqu'on entreprend de remonter aux origines de l'histoire d'un peuple. Elle nous montre quelle idée on s'est faite de lui, quelle place il tenait dans l'opinion de ses semblables ou celle qu'il avait l'ambition d'y tenir. Au moment où venait de paraître la première partie de la *Divine Comédie*, ne disait-on pas que Dante avait visité l'enfer. Cela nous apprend quelle impression profonde son poème avait produite sur l'imagination de ses contemporains. C'est de la même manière que, deux siècles plus tard, l'auteur de la *Philosophie occulte* l'apologiste de la magie, de l'alchimie et de l'astrologie judiciaire, passait pour un magicien, un alchimiste et un astrologue. On lui attribuait le don de rendre, au moins pour quelques heures, la vie à des morts; de changer, également pour un temps limité, les matières les plus viles en métaux précieux; de découvrir des trésors cachés dans les entrailles de la terre, de lire dans les astres, particulièrement dans la lune, ce qui se passait aux extrémités de notre globe, et de franchir en quelques minutes, invisible à tous les yeux, les plus grandes distances. Ainsi, quand il terminait une leçon à dix heures du matin, devant ses auditeurs de Fribourg, il en commençait une autre, au même instant, à l'université de Pont-à-Mousson. On assurait qu'il se faisait

1. *Hermès Trismégiste,* traduction complète précédée d'une étude sur l'origine des livres hermétiques par Louis Ménard, docteur ès lettres, ouvrage couronné par l'Institut (Académie des inscriptions et belles-lettres), 1 vol. in-8°, librairie Didier ; Paris, 1866.

obéir des démons et qu'habituellement il en avait un à son service sous la forme d'un chien noir. Son disciple, Jean Wier, se donne beaucoup de peine pour détruire ces rumeurs; mais Agrippa met une certaine complaisance à les laisser se propager, on peut même ajouter qu'il y aide de tout son pouvoir. C'est que chez lui le charlatan n'est jamais séparé de l'homme d'action et de l'homme de science, dans les moments où il s'élève à la science et à la philosophie. Il nous suffit, pour en donner la preuve, de résumer les faits qu'a si laborieusement recherchés son dernier biographe. Mais il y a un point où nous nous séparons de M. Prost. Nous éviterons de mêler comme lui les actions d'Agrippa et les événements de sa vie avec ses opinions et l'analyse de ses ouvrages. Les ouvrages d'Agrippa, surtout les deux principaux que nous avons déjà nommés, soulèvent des questions intéressantes pour l'histoire de la philosophie et méritent d'être examinés à part.

Comme Aureolus Paracelse, à qui certainement il a servi de modèle, il prend des noms pompeux auxquels il n'a aucun droit : celui d'Agrippa en souvenir de Cologne (Colonia Agrippina), sa ville natale, et celui de Nettesheim, pour faire croire qu'il était d'une origine aristocratique. Il s'appelait Cornélis et naquit en 1486 d'un obscur petit bourgeois. Cornélis, selon l'usage des érudits du temps, devint Cornelius. A ces noms d'emprunt, il ajouta plus tard des titres scientifiques qui ne lui appartenaient pas davantage : ceux de docteur en médecine et de docteur en droit, en droit civil et en droit canon, *in utroque*, comme on disait alors. On ne voit pas où et comment, dans sa vie agitée, presque nomade, il aurait acquis ces titres et les connaissances qu'ils représentent. Cela ne l'empêche pas, en sa qualité d'alchimiste, de traiter les plus grandes questions de la science médicale, et, en qualité de philosophe, de se croire initié à tous les secrets de la jurisprudence. Il n'était que maitre ès arts lorsqu'il quitta, vers l'âge de vingt ans, sa ville natale pour se rendre à l'université de Paris. Le temps qu'il y passa fut très court, puisqu'en 1507, âgé de vingt et un ans, il retourne à Cologne, d'où il ne tarde pas à partir pour visiter, au moins en partie, l'Espagne, l'Italie et le midi de la France. On est amené à supposer que ces années ne furent pas uniquement employées à suivre des cours universitaires et à parcourir des pays étrangers, car en 1510 le traité de la philosophie occulte était déjà en grande partie rédigé et excitait l'admiration d'un des maîtres les plus renommés en matière de sciences occultes, nous voulons parler de Tritheim, abbé de Spanheim et de Wurtzbourg [1].

C'est pendant ces mêmes années et avant d'avoir quitté Paris, qu'Agrippa, avec quelques jeunes gens de son âge, forma une association secrète dans le but de travailler au grand œuvre et de se pousser aux honneurs et à la fortune par des moyens mal définis, probablement peu susceptibles de l'être, au besoin par le métier des armes, par des aventures militaires ou de tout autre espèce. C'est ainsi qu'en 1508 la correspondance d'Agrippa avec ses amis nous le montre en Espagne, au service du roi d'Aragon, engagé dans une expédition dont il est bien difficile de se faire une idée. Il se vante d'y avoir joué un rôle héroïque et d'avoir pris, tant par sa bravoure que par son habileté dans l'art des sièges, une forteresse importante, mais dont le nom, malheureusement, est tout à fait inconnu et la position géographique difficile à déterminer. Après ce succès problématique, Agrippa se dit dégoûté ou rassasié de la gloire des batailles, et nous allons le rencontrer sur un autre théâtre.

C'est en 1509, presque au lendemain de ses exploits guerriers, dont le bruit, à ce qu'il paraît, s'est répandu au loin en même temps que sa réputation de savant. Orné de ce double prestige dans un âge où tant d'autres sont encore assis sur les bancs de l'école, il arrive à l'univer-

---

1. Son nom latin *Joannes Trittemius* devrait être traduit par celui de Jean de Tritenheim.

sité de Dôle et obtient d'y faire un cours public. Le sujet qu'il a choisi est bien fait pour frapper les imaginations à une époque de fermentation intellectuelle et religieuse et presque à la veille de la Réformation. C'est le *De verbo mirifico* de Reuchlin, une sorte de kabbale chrétienne, où de la kabbale juive on ne conserve guère que certains procédés inoffensifs, mais qui n'en est pas moins une libre interprétation du christianisme. Les hommes les plus distingués de la ville, des membres du clergé, du parlement, de l'université, et parmi eux le vice-chancelier de l'université, doyen de l'église de Dôle, Simon Vernerius, se pressent autour de la chaire du jeune professeur, avides de l'entendre, séduits par sa doctrine autant que par son éloquence. Seul un franciscain du nom de Catilinet aperçut le danger de cet enseignement exotique. Il dénonça Agrippa comme un hérétique judaïsant, et, comme la ville de Dôle faisait alors partie du comté de Bourgogne, gouverné par Marguerite d'Autriche au nom de Charles-Quint, son neveu, Agrippa, quoiqu'il eût écrit en l'honneur de la gouvernante son fameux traité de la supériorité des femmes, jugea prudent de s'éloigner. Il se réfugia à Londres, d'où il répondit aux accusations du P. Catilinet par un pamphlet rédigé dans le goût du temps, où les injures tenaient autant de place que les raisons.

De Londres, où il prétend avoir été occupé d'une mission secrète et de l'étude des lettres sacrées, notamment des épitres de saint Paul, il se rend dans sa ville natale, y soutient des thèses de théologie en même temps qu'il continue son travail sur la magie, puis il passe en Italie six à sept ans, partagé, à ce qu'il assure, entre les armes et les lettres. Il aurait pu ajouter la théologie; car Louis XII, pour combattre les censures prononcées par le pape Jules II contre les troupes royales engagées en Italie et contre le clergé de France, avait provoqué ou favorisé à Pise, en 1511, la réunion d'un concile qui, après diverses péripéties, avait fini par se soumettre au souverain pontife. C'est à ce concile qu'Agrippa, sur le vœu du cardinal de Sainte-

Croix, assista comme théologien consultant. Quel rôle il y joua, à quel moment il y parut et pour quelles raisons un cardinal voyait en lui un théologien, c'est ce que nous ignorons et ce qu'Agrippa, avec ou sans intention, néglige de nous apprendre. Il garde la même discrétion sur la nature des services militaires que, pendant son séjour en Italie, il se glorifie d'avoir rendus à l'empereur. La seule conjecture qu'on puisse faire à ce sujet, c'est qu'il a été chargé de porter à Maximilien, de Trente à Vérone, quelques milliers de pièces d'or. Est-ce pour cela qu'il s'attribue la qualité de chevalier, de chevalier doré ou aux éperons d'or (*eques auratus*), dont il ne manque pas de se parer à toute occasion?

Resté pauvre malgré ses grandeurs imaginaires et sa renommée réelle, il cherche à s'assurer des moyens d'existence tantôt à Pavie, tantôt à Turin, tantôt à Casale, puis, retourné à Pavie en 1515, il occupe dans l'université de cette dernière ville une chaire dont il tire parti pour éblouir les esprits et à laquelle sont attachés de solides avantages. Le croirait-on? C'est une chaire de théologie, et il s'en sert pour expliquer, d'après la traduction latine de Marsile Ficin, le *Poimandrés* ou *Pimander* d'Hermès Trismégiste. Qu'il ait accueilli sans examen toutes les légendes qui avaient cours sur l'origine des livres hermétiques : qu'à ces légendes il en ait ajouté d'autres de son invention et qu'il justifie par des citations de pure fantaisie, c'était dans l'esprit de son siècle; mais ce qui lui appartient en propre, ce qui le fait apparaître à nos yeux tout entier, avec son caractère aussi bien qu'avec son tour d'imagination, c'est son discours d'ouverture. Comptant parmi ses auditeurs le marquis de Mantoue, Jean de Gonzague, un célèbre condottiere qui avait mis son épée au service de toutes les causes, il ne manqua pas de se recommander à lui au nom de la confraternité des armes. Soldat et professeur, homme de guerre et homme de lettres, il suit l'exemple de César et de Judas Macchabée, tous deux aussi puissants par la parole ou par la plume que par l'épée, tous deux envoyés sur la terre pour attacher la gloire de leur nom à deux institutions également saintes, également divines : les lettres et la guerre. Il termine en promettant à l'assemblée qui l'écoute de la servir, s'il en était besoin, par son bras comme par sa parole.

Mais voyez l'ironie du sort! Peu de temps après que cette héroïque harangue est prononcée, Pavie tombe au pouvoir des Français, et Agrippa cherche en toute hâte un refuge à Milan, et, Milan ayant été envahi par les Suisses, il retourne à Pavie, d'où il s'échappe de nouveau pour aller chercher ailleurs un asile plus pacifique et plus sûr. Pour un moment il croit l'avoir trouvé à Casale, auprès du marquis de Montferrat, à qui il dédie par reconnaissance son dialogue sur l'homme [1] et son traité de la connaissance de Dieu; mais le vent de la fortune ou l'inconstance de son humeur ne tarde pas à le pousser ailleurs dans un milieu bien différent.

Avant qu'il quitte l'Italie, et pour n'avoir pas à revenir sur ce sujet, nous parlerons de ses mariages. Agrippa s'est marié trois fois et il a aimé tendrement ses trois femmes. Le chagrin que lui causait leur mort était poussé jusqu'au désespoir; mais, après les avoir perdues, il n'attendait guère plus de cinq ou six mois pour se remarier, et la nouvelle union lui donnait le même bonheur, lui inspirait la même passion que la précédente. C'est avec sa première femme qu'il arriva à Metz en 1518 pour y remplir les fonctions importantes et fort bien rétribuées de *conseiller stipendié* et d'*orateur* de la commune. C'étaient celles d'un avocat ou d'un procureur, chargé de faire les affaires, de conduire les négociations de la ville et, dans certaines circonstances, par exemple à la réception d'un personnage important, de porter la parole en son nom.

On ne voit pas trop comment Agrippa s'était préparé à cette tâche qui était celle d'un jurisconsulte plutôt que d'un philosophe ou d'un professeur de théologie; mais il faut voir en quels termes il en prend possession. S'il a quitté

---

[1]. Ce dialogue n'est pas arrivé jusqu'à nous.

les plus illustres relations, celles qu'il entretenait quotidiennement avec les grands de la terre, ç'a été pour servir une noble république, la première de toutes par ses vertus. Quand il considère les modèles que les temps passés lui proposent, les Démosthène, les Cicéron, les Hortensius, il ne peut s'empêcher de reconnaître son insuffisance; mais il remplacera par le zèle et par le dévouement ce qui lui manque du côté du génie.

A Metz comme à Dôle, Agrippa, par la réputation qui l'avait précédé, par le genre de connaissances qui la lui avait value et par le penchant qui l'entrainait vers la Réforme naissante, se fit beaucoup d'amis dans la classe la plus lettrée de la population; mais, comme à Dôle aussi, il excita par les mêmes causes d'abord la défiance et bientôt l'hostilité d'une partie du clergé. Ses principaux adversaires furent des religieux de l'ordre de Saint-Dominique parmi lesquels on compte Nicole Savini, inquisiteur de la foi pour la ville de Metz, et Claude Salini, prieur du couvent des Frères prêcheurs. Leurs soupçons étaient bien naturels à l'égard d'un homme comme le nouveau conseiller stipendié, et un an après que Luther avait affiché ses thèses contre le pape. Cependant il leur fallait un prétexte pour les faire éclater. Agrippa leur en fournit deux. L'un est le rôle qu'il joua, à son très grand honneur, dans un procès de sorcellerie; l'autre est la thèse qu'il lui prit fantaisie de soutenir sur le triple mariage de sainte Anne.

Une paysanne du village de Woppy était poursuivie comme sorcière par l'inquisiteur Savini et soumise à de telles tortures que l'inquisiteur lui-même n'en put supporter le spectacle. Le seul fait allégué contre elle par ses dénonciateurs, c'est qu'elle était fille de sorcière, sa mère ayant été brûlée en cette qualité. Or une fille de sorcière a été nécessairement, dès sa naissance, vouée au diable qui est son père, et ne peut être occupée que de pratiques infernales. Telle est l'argumentation de Savini. Qu'y répond Agrippa? Non pas que la sorcellerie est un crime imaginaire, c'était le moyen de s'attirer à lui-même une accusation d'hérésie et peut-être de sorcellerie, mais que l'enfant d'une sorcière qui a été baptisé, ce qui était précisément la situation de l'accusée, se trouvait par là même soustrait à la domination de Satan; qu'il n'y avait qu'un hérétique qui pût contester cette vertu au sacrement du baptême. A ce moyen théologique, Agrippa en ajoute un autre qui était tiré de la procédure. L'inquisition, selon lui, a été instituée pour juger l'hérésie, elle est incompétente en matière de sorcellerie. La pauvre femme fut sauvée du bûcher.

Agrippa fut moins heureux dans sa controverse au sujet de la mère de la Vierge. Sainte Anne a-t-elle été mariée trois fois et a-t-elle donné naissance à trois filles du nom de Marie dont l'une devait être la mère de Jésus, ou saint Joachim a-t-il été son unique époux et la Vierge son unique fille? Telles étaient les deux opinions entre lesquelles il s'agissait de choisir. La grande majorité des docteurs de l'Église latine s'est prononcée pour la première; l'Église grecque a pris parti pour la seconde; et c'est l'opinion de l'Église grecque, récemment défendue par Lefèvre d'Étaples, que soutenait Agrippa. Cette hardiesse lui porta malheur. Le prieur du couvent des Frères prêcheurs, Claude Salini, un docteur en théologie de l'université de Paris, y vit la preuve de ses dispositions en faveur des novateurs, et il ameuta contre lui la plus grande partie, non seulement du clergé, mais de la bourgeoisie. Agrippa jugea à propos de résigner ses fonctions et de quitter une ville qui, après lui avoir fait un accueil si engageant, se montrait pour lui pleine d'inimitiés et de dangers. Aussi avait-elle cessé d'être à ses yeux le modèle des républiques, elle n'était plus, selon les expressions dont il se sert dans une lettre à un de ses amis, que la marâtre de toutes les bonnes lettres et de toutes les vertus, « *omnium bonarum litterarum virtutumque noverca* ». Ces paroles sont à retenir, car on les fera servir encore dans une autre circonstance.

Ce qui est à retenir aussi, c'est le spectacle que présente une discussion théologique, en 1519, dans la ville impériale de Metz. Tout le monde y assiste, tout le monde y prend part, et il s'agit précisément de la question soulevée par Agrippa. Nous ne pouvons mieux faire que de donner la parole à un des acteurs de la scène, au curé de Sainte-Croix, qui la raconte dans une lettre à Agrippa, déjà parti pour Cologne. « Il y avait affluence de paysans, de bonnes femmes et d'enfants, tous le col tendu, la bouche béante. Un certain prêcheur qui présidait la séance se plante fièrement dans la chaire et, trois heures durant, pérore d'une voix traînante en agitant les bras comme un histrion. Cependant l'assistance, fatiguée de cette interminable harangue, se met à battre des mains, et toute cette belle et savante éloquence se trouve étouffée par l'enthousiasme populaire ! » Naturellement le frère prêcheur conclut en faveur des trois mariages. Un médecin, appelé Reinaud, lui répond ; mais, quoiqu'il incline à la monogamie, il n'ose pas se déclarer ouvertement. Cette timidité indigne le curé de Sainte-Croix, il s'élance, comme il dit, dans la lice, soutient avec emportement la thèse qui vient d'être si mal défendue et, croyant avoir pour lui l'Évangile et les apôtres, récuse sans ménagements les assertions de saint Augustin, de saint Jérôme, de saint Thomas d'Aquin et de tous les autres. Il est très hardi, le curé. Aussi chacune de ses déclarations provoque des tempêtes. « Saint Augustin est incapable d'erreur », crient les Augustins. « Saint Thomas ne s'est jamais trompé », vocifèrent les thomistes. Mais il y a dans la salle un personnage qui prend la chose encore plus au tragique. « Comme je m'en allais, continue le curé de Sainte-Croix, Claude Drouin, le tabellion, vient à moi rouge de colère pour me provoquer, et, se penchant à mon oreille : « Puisses-tu être brûlé, murmura-t-il, hérétique damné ; j'ai encore quelques fagots, je les donnerais volontiers pour cela. » D'autres invectives encore plus fortes viennent se joindre à celle-ci, et le dialogue, un peu trop animé, se termine par un procès où le tabellion orthodoxe est traité avec ménagements par le prêtre suspect.

Homme de loi et orateur municipal à Metz, Agrippa se fait médecin dans les autres villes qu'il habite successivement. Étant à Genève, il essaye de se faire nommer médecin du duc de Savoie. Cette tentative ayant échoué malgré la promesse qu'il prétendait avoir reçue du duc, il se rend à Fribourg, où les autorités de la ville, sans doute séduites par son éloquence ou éblouies par son nom, lui confient la position de médecin *stipendié*, c'est-à-dire de médecin public, de médecin officiel subventionné aux frais du Trésor. Mais comment s'y serait-il arrêté, lui qui ne pouvait se fixer nulle part? Malgré les succès qu'il y obtint, à ce qu'on assure, il ne resta qu'un an à Fribourg et alla chercher fortune à Lyon, qu'il connaissait déjà pour y avoir séjourné antérieurement. A Lyon, où il revient en 1524, le sort commence par lui être encore plus favorable qu'à Fribourg. Louise de Savoie, régente de France, en l'absence de François Ier retenu en Italie par la guerre fatale qui devait finir par le désastre de Pavie, y tenait sa cour. Agrippa, qui dans les premières rencontres exerçait toujours une grande fascination sur les esprits, fut attaché, en qualité de médecin, à la personne de cette princesse avec le titre de conseiller du roi. Mais cette position privilégiée, il ne la garda pas longtemps. Pour des motifs sur lesquels la lumière n'est pas encore faite, il encourut la disgrâce de la régente. On suppose qu'il était en relation avec le connétable de Bourbon qui avait essayé, peu de temps auparavant, de l'attirer auprès de lui. Cette tentative seule, si elle était connue à la cour de France, suffisait pour le perdre. Il y a peut-être quelque chose de plus. Il résulte de la correspondance d'Agrippa qu'il servait à la reine mère, non seulement de médecin, mais d'astrologue, et que, pendant qu'il lui refusait les horoscopes qu'elle lui demandait pour le roi son fils, il en envoyait au connétable de Bourbon qui lui prédisaient les plus grands succès. C'était mal choisir son temps et faire peu d'honneur à l'astrologie que, d'ailleurs, dans une lettre de la même époque adressée au dominicain Savinius, il ne se refuse pas le plaisir de tourner en dérision. Quoi qu'il en soit, dès le mois d'avril de l'année 1526, on cessa de lui payer ses gages (c'est le mot consacré), et quelques mois plus tard il apprend qu'il est rayé de la liste des pensionnaires du roi.

A cette nouvelle, la colère d'Agrippa franchit toutes les bornes, et sa plume ne recule devant aucune invective. Il appelle Louise de Savoie une Laïs et sa cour un lupanar, une basse-cour. Il écrit à un de ses amis, employé à la cour : « Je ne veux plus penser à ton roi ni à sa mère ni à leurs courtisans. Je n'ai plus besoin de leurs faveurs, et je ne me vengerai d'eux que par mon mépris. Je me rappelle que, suivant l'Ecclésiaste, il n'y a pas de langue plus méchante que celle du serpent et pas de colère plus mauvaise que celle d'une femme. » Un peu plus tard, étant à Anvers, il s'exprime en ces termes sur Louise de Savoie qu'il compare à Jézabel : « Tu sais que, nouvel Élie, j'ai encouru la haine de Jézabel par amour pour la vérité. Mais un ange du Seigneur m'a prévenu et m'a sauvé des embûches de cette femme. Vienne maintenant la juste punition de tant de crimes. Jézabel sera précipitée et les chiens dévoreront ses membres. »

Un regard favorable du roi et de sa mère aurait changé cette explosion de haine en actions de grâce. Mais ce regard a été refusé, malgré l'offre faite à François Ier de ce fameux traité de pyromachie qui devait lui enseigner le chemin de la victoire. Agrippa se vit donc obligé de quitter Lyon, non pas toutefois dans l'état de dénûment dont il trace, dans sa correspondance avec ses amis, le plus sombre tableau. Nous le voyons accompagné d'un train de maison assez important : une femme, quatre enfants et quatre domestiques. Il se rend à Anvers, où il arrive, après un court séjour à Paris, vers la fin de juillet 1528.

Que va-t-il faire à Anvers? Il y pratiquera la médecine, puisqu'il a réussi à s'y faire une certaine célébrité. Mais, n'étant plus protégé, comme à Fribourg et à Lyon, par un titre officiel, il ne trouve pas dans l'exercice de la médecine le moyen de nourrir sa famille; alors il y joint l'astrologie, c'est-à-dire la vente des horoscopes et une officine de médicaments fabriqués d'après la science hermétique. Rien de plus curieux que la correspondance qu'il entretient à ce sujet avec ses serviteurs, nous dirions aujourd'hui ses aides-pharmaciens, restés à Anvers pendant qu'il est retenu à Malines auprès d'un malade de conséquence. C'est un langage énigmatique et mythologique qui appartient moins à un art ou à une profession qu'à une franc-maçonnerie ou à certains mystères ressuscités de l'antiquité.

« Ne laissez pas, écrit le maître, chômer les autels de Vulcain. Chargez sans trêve et sans repos le volcanique appareil. Que la matière, par une cuisson prolongée, arrive à maturité [1]. » Dans une autre lettre, il fait une question : « Qu'advient-il de cette Diane enfumée? Devenue comme Proserpine une déesse de l'Enfer, l'avez-vous recueillie dans le temple qui lui convient? Comment se comporte aussi à son égard le messager des dieux? » On lui répond dans le même style : « Diane s'est en quelque sorte éclipsée, mais elle va s'unir à Cyllenius dans un lit nuptial d'une éclatante blancheur et reviendra de la pâleur contractée dans son éclipse. » Et un peu plus loin : « Cynthia et Cyllenius sont maintenant unis dans le lit transparent qui leur était destiné. »

De charmants détails d'intérieur se mêlent de loin en loin à ce dialogue alchimique et nous montrent à quel point était poussée l'intimité entre le maître et les serviteurs, ou plutôt entre le maître et les élèves. « Je tiens la plume, dit un jour l'un de ces derniers, ayant d'un côté ta femme et de l'autre Maria. Elles parlent à la fois. Si j'écris de travers, pardonne-moi; mes oreilles ne sont pas de fer ni mes mains non plus. Ta femme a recouvré la santé et les forces. Elle soupire maintenant après ton retour. Elle a reçu ta lettre [2], mais comme elle était en français, je n'ai pu très bien la lire. Écris-lui dorénavant en latin pour que je puisse, nouveau Mercure, lui servir de secrétaire. N'oublie pas que je

---

[1]. *Les sciences et les arts occultes au XVIe siècle*, t. II, p. 217.
[2]. C'est par inadvertance que M. Prost traduit toujours *litteræ* par *lettres* au pluriel.

suis Romain et non Français. Tout va bien à la maison, les chiens courent dans le jardin, reviennent à leur maîtresse, mangent, dorment ou font vacarme ; les enfants sont au mieux, n'aie aucune inquiétude. »

Cette vie, à ce qu'il semble, est assez douce, mais elle ne dure pas. La peste, contre laquelle Agrippa se vantait d'avoir trouvé un remède infaillible, lui enlève sa femme, et lui-même, aux prises avec le besoin, est en quête de nouveaux moyens d'existence, car ceux dans lesquels il a espéré jusqu'à présent lui échappent ou ne répondent plus à ses besoins. C'était une idée fixe chez lui d'être le médecin des princes, peut-être parce que, n'ayant jamais été reçu docteur, il ne pouvait se soustraire aux poursuites de ses confrères que par une nomination de l'autorité souveraine. On dit même que ces poursuites ne lui furent point épargnées à Anvers. Il chercha donc à devenir le médecin de Marguerite d'Autriche, alors gouvernante des Pays-Bas ; mais cette princesse ne voulut ou ne put lui offrir que l'emploi beaucoup moins estimé et moins rétribué de conseiller-archiviste-historiographe impérial. Agrippa l'accepta et alla s'établir à Malines, qui était le siège du gouvernement des Pays-Bas et où il devait exercer ses nouvelles fonctions. C'est en qualité d'historiographe qu'il écrivit, comme nous l'avons déjà dit, le récit du couronnement de Charles-Quint et, bientôt après, l'oraison funèbre de sa protectrice, la princesse Marguerite, qui venait de mourir.

En ce moment Agrippa se trouva dans une situation plus cruelle que toutes celles qu'il avait traversées jusque-là. Tous les malheurs à la fois semblèrent fondre sur lui. D'abord il perdit sa place d'historiographe, où la reine Marie, sœur de Charles-Quint, qui succéda à Marguerite à la tête du gouvernement de Malines, ne jugea pas à propos de le maintenir. Puis on refusa, comme on l'avait fait à la cour de la régente de France, de lui payer ses gages arriérés. Les plaintes qu'Agrippa laisse échapper à ce sujet dans sa correspondance avec ses amis sont intéressantes à recueillir. Elles nous montrent que le sort des gens de cour, même de la cour impériale, était peu enviable alors. « A quoi servent donc, s'écrie-t-il, les privilèges et les exemptions accordés par l'empereur à ses officiers... Moi, revêtu du titre de son historiographe, j'attends depuis bientôt deux ans le payement de mes travaux, et il m'aurait laissé mourir dans sa maison même si le révérendissime légat n'avait enfin pris pitié de moi. Peut-être dira-t-on que je ne suis pas, après tout, plus malheureux en cela que la plupart des gens de sa cour, lorsqu'on voit ses gardes, ses huissiers et jusqu'aux serviteurs de sa chambre rôder, quand ils le peuvent, autour de la table d'un voisin, remplir, comme des parasites ou des espions, la maison des envoyés étrangers ou celle des seigneurs de passage pour y mendier leur souper. Je ne dis là rien que je n'aie vu moi-même [1]. » Quel tableau, s'il est vrai! Et pourquoi ne serait-il pas vrai, puisque nous en avons déjà trouvé un autre exemple?

Frustré de ce qu'on lui doit, Agrippa est lui-même hors d'état de payer ses dettes et il en a contracté beaucoup depuis deux ans qu'on le laisse dans la peine. Ses créanciers sont nombreux et exigeants, d'autant plus exigeants que sa position est plus belle en apparence. Ils finissent par le faire arrêter dans le courant du mois d'août de l'an 1531, et il ne recouvre sa liberté que par la libéralité de ses amis. L'un est le légat dont on vient de parler, le cardinal Campegi, et l'autre un riche négociant de Gênes appelé Fornari, qui lui est déjà venu en aide dans d'autres épreuves, notamment quand il a fallu, au nombre de dix, se transporter de Lyon à Anvers et attendre pendant quatre mois à Paris un congé régulier du roi de France et un sauf-conduit de l'empereur.

Mais, sorti de prison et même pendant qu'il y est encore, Agrippa se voit assailli par d'autres difficultés encore plus sérieuses. Il venait de publier son livre *De l'incertitude et de la vanité des sciences*. On se représentera facilement les haines et les colères que souleva cette satire où aucune

---

[1]. T. II, p. 293 et 294.

puissance n'est épargnée, pas plus la religion que la science, pas plus l'Église que l'autorité civile. Accusé d'impiété par la faculté de théologie de Louvain, après avoir préalablement encouru les censures de la Sorbonne, Agrippa est traduit devant le conseil privé des Pays-Bas et sommé de se défendre ou de se rétracter. Nous possédons, sous le titre d'*Apologie* [1], la réponse que fit Agrippa à cette sommation. Ce n'est qu'un développement et une aggravation de toutes les propositions qui lui sont reprochées, avec force injures à l'adresse de ses accusateurs, mais aussi avec cette excuse que son livre n'est qu'un jeu d'esprit, un exercice de rhétorique (*declamatio*) que des ignorants ou des esprits prévenus pouvaient seuls prendre au sérieux. Cela était bon à dire, mais est loin d'être exact, car nous verrons bientôt que le livre *De l'incertitude et de la vanité des sciences* est une œuvre très réfléchie. D'ailleurs, en ce moment même, Agrippa se refuse à en retirer une assertion de la plus haute gravité, celle qui a peut-être le plus irrité les théologiens de Louvain et de Paris : il a appelé Luther un hérétique invaincu (*hæreticus invictus*), il persiste à le qualifier ainsi. « J'ai pu dire, écrit-il, que Luther n'avait pas été vaincu. Plût à Dieu que j'eusse menti! Plût à Dieu que non seulement il ne fût pas jusqu'à présent invaincu, mais qu'il ne fût pas vainqueur, lui le véritable vainqueur des hérétiques [2] »

Ce qui a lieu de nous surprendre et nous montre quel était alors l'état des esprits au sein même, que disons-nous? dans les plus hautes régions de l'Église, c'est que ces choses et d'autres encore plus fortes qu'on pourrait citer s'écrivaient, sinon dans les appartements du cardinal Campegi, légat du pape à Bruxelles, du moins dans la chambre de son majordome et avec le concours de son secrétaire. Un autre prince de l'Église, le cardinal Lamarck,

---

1. *Apologia adversus calumnias propter declamationem*, etc., dans le tome II de ses œuvres.
2. T. II, p. 306.

évêque de Liège, ne se montre pas moins favorable à Agrippa et nous verrons tout à l'heure un troisième prélat, l'archevêque-électeur de Cologne, Hermann de Wiede, lui donner asile dans ses États. Il est vrai que celui-là finit par embrasser ouvertement la cause de la Réforme.

Tout en se défendant, avec la modération qu'on vient de voir, contre les théologiens de Louvain, Agrippa poursuit avec la même habileté auprès de la nouvelle gouvernante des Pays-Bas la revendication de ses droits méconnus, le payement de ses honoraires. Le mémoire qu'il lui adresse à cet effet surpasse en jactance et en audace tout ce que nous connaissons de lui. Il se dit issu d'une illustre famille qui a été pendant plusieurs générations au service de la maison d'Autriche. Il aurait été lui-même, dès son enfance, attaché à la personne de l'empereur Maximilien et lui aurait été, dans les conseils et dans les camps, dans la diplomatie et dans la guerre, de la plus grande utilité. Il rappelle sa dignité de chevalier, acquise au milieu des champs de bataille, son triple doctorat, sa renommée dans la philosophie, son éloquence dans les lettres, qu'il se vante de pouvoir exercer dans huit langues. Il n'oublie pas son titre de médecin de la cour de France, auquel il ajoute des fonctions imaginaires auprès des plus grands personnages de l'Europe. C'est beaucoup qu'un homme de cette importance, réclamant ce qui lui est dû, s'abaisse jusqu'à la prière; mais aux prières succèdent les menaces. « Quand je voudrai me venger, dit-il, je saurai trouver un bras assez puissant pour m'y aider. Les moyens de nuire ne me manquent pas. »

A cette étrange supplique se trouve jointe, pour le secrétaire de Marie, une lettre non moins extraordinaire où la passion, secondée par une pénétration naturelle, s'élève chez Agrippa jusqu'au don de prédire l'avenir. « La patience du peuple, dit-il, aura une fin; ses flots, soulevés par la sédition, s'élèveront contre ces hommes, la liberté sera conquise par les armes, et les coupables acquitteront la peine de leur atroce tyrannie... Ce ne sont pas là de simples conjectures, ce sont des prédictions, des oracles précis que l'art me révèle et que j'affirme à la perdition de tous ces méchants[1]. »

Quand Agrippa laissait échapper de sa plume ces malédictions et ces menaces, il était à Bonn, sous la protection de l'archevêque-électeur de Cologne, et, en quittant la cour de Brabant, il lui adressait la même injure qu'à la ville de Metz. Il l'appelait la marâtre de toutes les bonnes lettres et de toutes les vertus. C'était une phrase à laquelle il tenait peut-être moins par conviction que par amour-propre de rhéteur. Mais pourquoi Agrippa s'était-il réfugié chez l'archevêque-électeur? Était-ce pour échapper à la persécution religieuse ou à la colère de l'empereur? En aucune manière: mais pour se soustraire aux poursuites de ses créanciers, toujours acharnés contre lui et décidés à le faire enfermer une seconde fois. On ne peut même s'empêcher de faire la remarque que la manière dont il a quitté Malines n'est pas tout à fait correcte au point de vue de la probité; car, à peine arrivé au lieu de sa destination, il se fit envoyer, non seulement ses enfants et ses serviteurs, mais sa bibliothèque et son mobilier.

Mis hors des atteintes de ses créanciers, il est de nouveau exposé à celles de ses adversaires naturels. Les théologiens de Cologne ne lui veulent pas plus de bien que ceux de Flandre, mais ce n'est pas pour son livre *De l'incertitude et de la vanité des sciences* qu'il est mis en cause, c'est pour son *Traité de la Philosophie occulte*, dont il faisait imprimer la deuxième et la troisième partie. Assurément il y a là pour les défenseurs de l'orthodoxie catholique plus d'un grave sujet d'accusation. Comment Agrippa se défend-il? Comme il s'est défendu devant le conseil privé de Malines, c'est-à-dire en attaquant ses adversaires. Il montre dans les invectives qu'il leur adresse d'autant plus de violence qu'il se sait soutenu d'en haut. Comme ses dénonciateurs sont pour la plupart des moines, il profite de l'occasion pour peindre sous les traits les plus satiriques, on peut dire les plus

[1]. T. II, p. 339.

méchants, non pas les moines en **général**, sur lesquels il s'est déjà expliqué plus d'une fois, mais les moines allemands, et particulièrement ceux de Cologne. Il leur reproche leur ignorance, leurs grossières plaisanteries et leurs mauvaises mœurs. Il les rend responsables de l'esprit inculte et des façons triviales qu'on remarque, dit-il, chez les populations de l'Allemagne. « Leur cervelle, ajoute-t-il, leur est descendue dans le ventre et leur esprit est dans leur assiette. » On ne sait jusqu'où se serait laissé entraîner un adversaire ainsi provoqué et insulté. L'inquisiteur Conrad d'Ulm commence par faire opposition à la publication de l'ouvrage, et l'auteur, accusé d'hérésie, est traduit devant les magistrats de Cologne. Mais l'archevêque, en vertu de son autorité souveraine, met à néant toute l'affaire, et la première édition complète de la *Philosophie occulte* put paraître en toute liberté. Ce fut en juillet 1533 [1].

Voilà donc Agrippa rendu de nouveau à lui-même. Il est vraisemblable qu'il ne tenait qu'à lui de terminer paisiblement sa vie, soit à Bonn, soit à Cologne, et de jouir de sa renommée, alors arrivée à son apogée. Mais l'agitation dont il a été possédé depuis sa première jeunesse poursuit son œuvre. En 1535, on ne sait pour quel motif, il retourne à Lyon, où François Ier, pour le punir les injures qu'il a écrites contre sa mère, le fait jeter en prison. Remis en liberté sur les instances de ses amis, il recommence ses pèlerinages, et c'est à Grenoble que, surpris par la maladie, peut-être aussi par la misère, il meurt à l'âge de quarante-neuf ans, non pas, comme on l'a dit, dans une auberge ou dans un hôpital, mais chez le président du parlement du Dauphiné, François de Vachon, probablement un de ses admirateurs, qui le recueillit dans son hôtel et lui fit donner une sépulture honorable dans l'église des Frères Prêcheurs, ses irréconciliables ennemis. Cette dernière circonstance est-elle une preuve qu'Agrippa est mort catholique ? M. Prost le pense, nous n'oserions pas l'affirmer.

---

1. Ni le jour, ni le lieu, ni l'imprimeur ne sont désignés.

On voit que finalement presque toutes les prétentions d'Agrippa ont été accueillies par ses contemporains. Il se fait passer pour docteur en médecine et il devient le médecin officiel de la ville de Fribourg et de la cour de France. Il se donne pour jurisconsulte ; la municipalité de Metz lui confie ses affaires, et ce n'est point pour les avoir mal gérées qu'il les abandonne au bout de quelque temps. Il revendique le titre de théologien : un cardinal le prend au mot, l'appelle au sein d'un concile, il occupe une chaire de théologien dans une grande université d'Italie ; et ce n'est pas tout : Henri VIII fait appel à sa science théologique pour obtenir l'annulation de son mariage avec Catherine d'Aragon, et peu de temps après on le sollicite d'intervenir pour démontrer la validité de ce même mariage. On sait qu'il s'occupe d'astrologie et d'alchimie ; de différents côtés on lui demande des prédictions et de l'or. Il nous reste à examiner si l'on s'est également trompé en voyant en lui un philosophe et un hardi réformateur de la science.

II

Nous ne croyons pas que M. Prost, en appréciant dans Agrippa le penseur et le philosophe, ait montré la même justesse et la même exactitude qu'en nous peignant en lui ou plutôt en nous racontant l'homme. Les inconséquences, la versatilité, les trop fréquentes défaillances de celui-ci, l'ont empêché de reconnaitre ce qu'il y a chez celui-là d'unité de vues, de sincérité de conviction, de hardiesse et même d'originalité, quelquefois de profondeur. Nous nous garderons cependant de faire d'Agrippa un homme de génie; mais c'est une des plus hautes et plus vigoureuses intelligences de son siècle, qui commence avec lui et qu'il a initié par son exemple aux libres recherches de la science et à une libre appréciation des institutions et des lois.

La recherche indépendante de la vérité dans l'ordre scientifique ou philosophique n'a pas été et ne pouvait pas être pour Agrippa ce qu'elle est devenue au xvii° siècle avec Galilée, avec Bacon et avec Descartes; elle ne l'a pas mis en relation directe avec la nature, mais avec une tradition qui s'affranchissait de l'autorité d'Aristote et des commentaires qu'en avait donnés l'école, sans oser remonter à une source plus ancienne. Cette tradition quelle est-elle? C'est celle que contiennent les livres kabbalistiques et les livres hermétiques, et que ces livres représentent comme la science des sciences, comme une révélation divine reçue dès l'origine de la société et conservée presque miraculeusement par les deux peuples réputés les plus anciens de la terre, les Hébreux et les Égyptiens. La Kabbale venait d'être résumée et expliquée par Reuchlin; les livres hermétiques venaient d'être traduits en latin par Marsile Ficin. Ni l'abréviateur ni le traducteur ne doutaient de l'authenticité des œuvres dont ils se faisaient les interprètes. Qu'on juge de la surprise et de l'admiration de ceux de leurs contemporains qui étaient en état de les comprendre. Ils voyaient là toutes les questions de la théologie, de la philosophie et de la physique générale traitées avec une hardiesse dont ils n'avaient aucune idée, résolues par des systèmes qui parlaient à leur imagination en même temps qu'ils faisaient illusion à leur raison et même à leur foi.

Dans la Kabbale, dont une critique superficielle et aventureuse a fait tantôt une compilation de pure fantaisie, tantôt une imitation du *Fons vitæ* d'Avicébron, il y a un fonds d'idées essentiellement chrétiennes; par exemple, l'idée de la Trinité: celle du Verbe présenté comme le Fils de Dieu; celle de la création conçue comme l'œuvre du Verbe; celle d'un homme céleste, d'un homme-Dieu, qui a été le prototype de l'humanité et par lequel elle reste unie à la divinité; celle d'un sens spirituel des Écritures, bien supérieur au sens matériel; celle d'une grâce communiquée d'en haut à des âmes privilégiées et qui les place au-dessus des faiblesses de la nature; bien d'autres encore que l'on pourrait citer. Cette ressemblance au moins extérieure entre les principes les plus importants du système kabbalistique et ceux qui forment la base de la théologie du christianisme, avant d'avoir été mise en lumière par Reuchlin, avait déjà occupé l'esprit curieux de Pic de la Mirandole. Comment n'aurait-elle pas frappé un homme d'imagination et, dans le domaine de la pensée comme dans celui de l'action, un coureur d'aventures tel que Cornelius Agrippa? Elle lui donnait lieu de supposer que la vérité religieuse, aussi bien que la vérité philosophique, devait être cherchée au delà, par conséquent en dehors de l'autorité réputée orthodoxe.

Ce n'était pas d'ailleurs la première fois que ceux qui se dérobaient au joug de l'école se rendaient, par la même occasion, indépendants de l'Église.

Agrippa n'a pas pu éprouver une moindre fascination lorsqu'il a pour la première fois abordé les livres hermétiques. Après tout, l'antiquité de ces livres est plus généralement reconnue et plus facile à établir que celle des écrits dont se compose la Kabbale. Ils sont cités, dès les premiers siècles de l'Église, par des docteurs vénérés, comme des fragments authentiques de l'ancienne théologie des Égyptiens, et quelques-uns de ces fragments ne nous sont connus que par Lactance. Marsile Ficin, dans l'introduction ou l'*Argument* dont il fait précéder sa traduction, ne doute pas qu'ils n'aient pour auteur Taut ou Theut, qui, régnant sur l'Égypte peu de temps après la mort de Moïse, enseigna à ce pays les lettres, les sciences, l'écriture hiéroglyphique et surtout la théologie. C'est lui qui reçut des Grecs le nom de Mercure trois fois grand, Hermès Trismégiste. Lactance, croyant reconnaître dans ses œuvres des prédictions qui annoncent la chute du paganisme, la naissance de la religion chrétienne, le jugement dernier et la résurrection des morts, n'hésite pas à le placer au rang des sibylles et des prophètes. Saint Augustin, en reconnaissant les mêmes prédictions, se demande si elles ne peuvent pas s'expliquer par l'astrologie ou par une révélation des démons. C'est vers l'opinion de Lactance que penche visiblement Marsile Ficin lorsqu'il fait des livres hermétiques la base d'une tradition philosophique ou, pour parler plus exactement, égypto-hellénique, non moins digne de vénération et, selon le fond de sa pensée, peut-être plus profonde que la tradition religieuse des juifs et des chrétiens. Hermès Trismégiste aurait été, selon lui, le maître d'Orphée, Orphée celui d'Aglaophemus, Aglaophemus celui de Pythagore, Pythagore celui de Philostrate, et Philostrate celui de Platon, qui aurait porté l'enseignement dont il a hérité à sa dernière perfection. Ces suppositions, à la fin du XVe siècle et au commencement du XVIe, ne rencontraient de contradicteurs que chez les derniers interprètes de la pure scolastique et devaient trouver un peu plus tard, dans François Patrizzi, un défenseur aussi éloquent qu'érudit. Est-il étonnant qu'elles aient été adoptées par Corneille Agrippa? Elles représentaient, pour lui et pour beaucoup d'autres, l'esprit nouveau, le progrès, comme nous dirions aujourd'hui.

La Kabbale et les livres hermétiques une fois acceptés comme l'expression de l'antique vérité, peu à peu oubliée et méconnue, toutes les sciences imaginaires dont Agrippa s'est fait l'apologiste et qu'il a essayé de rattacher à son système philosophique, l'alchimie, l'astrologie, la magie, en sortent naturellement, car elles en sont des parties intégrantes et des conséquences nécessaires. L'alchimie, qui remonte à la plus haute antiquité et qui n'a pas cessé d'avoir de fervents adeptes, non seulement au moyen âge, mais dans la période la plus avancée de la Renaissance et jusqu'au milieu du XVIIe siècle, l'alchimie se justifie par l'idée qu'il n'y a qu'une matière unique, susceptible de revêtir plusieurs formes; que les métaux sont une de ces formes, et que l'or nous la présente à sa perfection, dans son type le plus accompli, auquel, sous les conditions déterminées, connues du savant, du vrai philosophe, on peut ramener tous les autres. La Kabbale, disons-le à son honneur, est restée étrangère à ce rêve, mais la tradition hermétique l'a consacrée et lui est restée fidèle jusqu'à la fin de son existence. L'une et l'autre, la Kabbale et la philosophie hermétique, affirment la réalité de l'astrologie judiciaire. On pourrait recueillir dans le Zohar plus d'un passage où l'on parle d'une Écriture céleste, formée par les astres disposés d'une certaine manière, et qui est pour le sage, capable de la lire, comme le livre de la destinée, l'histoire de l'avenir, tracée dans l'immensité par une main invisible. On a même essayé de retracer par le dessin les caractères de cette écriture mystérieuse. Les livres hermétiques tiennent à ce sujet un langage encore plus explicite. « Nul, disent-ils, ne peut éviter la destinée ni se préserver de l'action des astres... Les astres sont les instruments de la destinée. C'est par elle qu'ils accomplissent tout dans la nature et dans l'humanité [1]. » Les mêmes livres définissent de la manière suivante le rôle des comètes : « Les comètes n'ont ni lever ni coucher; ce sont les précurseurs et les messagers des grands événements qui doivent s'accomplir. Lorsqu'il doit arriver quelque chose dans le monde, elles apparaissent; et, au bout de quelques jours, elles retournent dans le cercle du soleil et demeurent invisibles. Nous les appelons des prophètes [2]. » Ce ne sont pas seulement les disciples de la Kabbale et d'Hermès Trismégiste qui croyaient à l'astrologie, mais aussi les libres esprits comme Pierre Pomponazzi qui osaient, au nom d'Aristote, nier l'immortalité de l'âme. Pomponazzi expliquait par le cours des astres tous les grands événements de l'histoire et jusqu'aux révolutions religieuses qui se sont déjà accomplies et qui doivent s'accomplir encore dans un avenir plus ou moins prochain.

Quant à la magie, qu'il ne faut pas confondre avec la sorcellerie, elle est, d'après les livres dont nous parlons, une conséquence nécessaire de la science; elle est la science elle-même dans ce qu'elle a de plus sublime et de plus divin. « Le bien final de ceux qui la possèdent, de ceux qui possèdent la vraie connaissance, dit un passage du *Poimandrès* [3], c'est de devenir Dieu. » On trouvera dans les livres kabbalistiques quantité de fragments qui présentent le même sens, parce qu'ils sont inspirés par la même idée d'une union mystique entre l'âme transfigurée par la science et la divinité qui en est l'unique objet et l'unique source. Or, une fois l'homme entré en participation de la substance et des attributs de Dieu, rien ne lui est impossible. Il a, non seulement la science universelle, mais la puissance universelle. N'est-ce point par une application partielle et spontanée de cette supposition que, dans toutes les religions, on attribue aux prophètes et aux saints, aux élus de Dieu,

---

1. Voir le livre déjà cité de M. Louis Ménard, *Hermès Trismégiste*, etc., p. 251 et suiv.
2. *Ubi supra*, p. 280.
3. Page 14 de la traduction de M. Ménard.

le don des miracles? N'est-ce point aussi par ce caractère que le don des miracles se distingue de celui des prodiges d'un ordre inférieur ou d'une nature malfaisante?

Il nous reste à montrer ce que sont devenus tous ces éléments et comment ils se sont associés entre eux dans le système philosophique d'Agrippa, celui que contient le traité de la *Philosophie occulte*.

La philosophie occulte, c'est la magie, et la magie, comme nous venons de le dire, c'est la science, la science considérée dans son unité, dans son universalité et puisée à ses deux sources les plus pures, à savoir : la nature et la révélation. Mais la nature, telle qu'Agrippa l'entend, n'est pas tout entière dans les phénomènes qui parlent à nos sens; elle a un principe, un esprit qui la pénètre et d'où émanent tous ses effets. C'est à cet esprit qu'il faut remonter si l'on veut la connaître. De même la révélation, outre le sens naturel ou rationnel qu'elle présente à toutes les intelligences, a un sens profond, intime, où n'atteignent que les esprits les plus élevés et les âmes les plus pures.

La science, non pas nouvelle, mais renouvelée de la plus haute et de la plus sainte antiquité, Agrippa n'a pas la prétention de l'exposer tout entière ; il ne nous en donne qu'une introduction et ne se flatte pas d'en avoir atteint le dernier sommet. Enchaîné à ce monde par une famille, par des soucis de toute espèce et par diverses professions, dont une consiste à verser le sang humain, il n'a jamais pu, nous assure-t-il avec candeur, parvenir jusqu'à la connaissance de l'essence divine telle qu'elle est en elle-même de toute éternité [1].

L'objet de cette science n'est rien moins que la totalité des êtres ou ce que nous appelons le monde. Or, le monde, un dans sa cause et dans son essence infinie, est triple dans ses manifestations et se décompose en trois mondes différents, étroitement liés entre eux et subordonnés les uns aux autres : le monde élémentaire, le monde céleste et le

---

1. *De occulta philosophia*, appendice, p. 348.

monde intellectuel. La magie se divise donc en trois parties, qui correspondent à ces trois sphères de l'existence. La magie naturelle nous donne la connaissance et nous rend jusqu'à un certain point les maîtres des éléments. La magie céleste ou mathématique a les yeux fixés sur les astres, dont elle découvre les lois, la puissance et auxquels elle arrache le secret de l'avenir. Enfin, le monde des intelligences et des purs esprits est le domaine de la magie religieuse ou cérémoniale. De là les trois livres dont se compose le traité de la *Philosophie occulte*. On a voulu y faire entrer un quatrième livre, que M. Prost, sur le témoignage formel de Jean Wier, rejette avec raison comme apocryphe. Il n'y a pas de place pour un quatrième livre dans l'économie générale de l'ouvrage.

L'idée que se fait Agrippa de l'ordre universel des choses, et du rôle que l'homme est appelé à y jouer, ne manquerait pas d'une certaine grandeur si elle lui appartenait entièrement; mais la vérité est qu'elle fait le fond des livres hermétiques et de la partie métaphysique de la Kabbale. Il suppose que tous les êtres répartis entre les trois mondes dont nous venons de parler, forment une chaîne non interrompue, destinée à nous transmettre les vertus émanant du premier être, cause et archétype de l'univers. Mais cette chaîne, par laquelle Dieu descend en quelque sorte jusqu'à nous, est aussi le chemin qui doit conduire l'homme jusqu'à Dieu. Arrivé à cette hauteur, il entre en participation du principe de toute intelligence et de toute puissance; au lieu de recevoir les grâces d'en haut par le canal des existences interposées entre lui et la cause suprême, il a le don de modifier ces existences à son gré et de substituer ou d'ajouter à leurs propriétés primitives des propriétés nouvelles [1].

Nous croyons cependant qu'on se méprendrait sur le fond de la pensée d'Agrippa si on lui attribuait, avec M. Prost, « un panthéisme grossièrement spiritualiste ». Panthéiste, il

---

1. *De occulta philosophia*, liv. II, ch. 1.

ne l'est pas, car il supprime de parti pris le *monde de l'émanation* placé par le système kabbalistique au-dessus des trois autres mondes que l'auteur de la *Philosophie occulte* a empruntés à ce système et entre lesquels se partagent ses méditations. Pour lui, l'intelligence est le premier terme et la première cause de l'existence. Il regarde le monde comme une œuvre construite avec intention, et dont l'homme est en quelque sorte la cause finale; car tout, si nous l'en croyons, aboutit à l'homme et peut servir à son usage. Spiritualiste, Agrippa l'est sans aucun doute, mais non grossièrement, c'est-à-dire de manière à abaisser l'esprit jusqu'à la matière. C'est tout le contraire qu'on remarque chez lui : les propriétés de la matière sont entièrement subordonnées à l'esprit, les forces de la matière à la force de la volonté, et c'est cet excès de spiritualité qui sert de justification à l'alchimie, à la magie et à l'astrologie; car, d'après Agrippa, tous les astres ont une âme, une intelligence, qui les rend capables de comprendre la pensée divine, chacun dans sa sphère, et de la réaliser dans la nature.

De cette théorie générale, Agrippa fait sortir des conséquences particulières, dont quelques-unes semblent être une prévision des découvertes que la science devait faire un jour. Ainsi, tout en admettant la vieille distinction des quatre éléments, il pense que ces éléments ne sont que des états qui peuvent se substituer les uns aux autres. Il est persuadé que la terre et les solides dont elle est le type peuvent se liquéfier, que l'eau et les autres liquides peuvent se solidifier ou revêtir par la chaleur l'état de l'air ou de la vapeur, nous dirions aujourd'hui se changer en gaz; enfin que l'air à son tour est susceptible de s'enflammer ou de passer à l'état solide, à l'état de terre, de pierre ou de soufre. Il croit aussi que, dans la constitution des corps et dans l'opération qui consiste à les transformer les uns dans les autres, les nombres jouent un rôle essentiel et qu'il est nécessaire d'en tenir compte. On dirait qu'il sait faire la différence du feu et du calorique lorsqu'il distingue deux sortes de feu : l'un invisible et en quelque sorte immatériel, l'autre visible qui n'est que l'effet du premier. N'est-ce pas aussi comme un soupçon de l'éther qu'on surprend chez lui lorsqu'il soutient que, indépendamment de la matière proprement dite, celle qui se présente à nos sens sous la forme des quatre éléments, il y a une matière invisible et impalpable, une matière cependant qui est répandue partout et qu'il appelle l'*esprit du monde*? C'est par cette matière qu'il explique les divers phénomènes alors désignés sous les noms de qualités occultes et qui, dans la science moderne, ont pris ceux de magnétisme et d'électricité. Ici encore était-il donc si loin de la vérité ou de l'hypothèse que nous prenons pour elle? Remarquons encore que, dans la hiérarchie qu'il établit entre les différentes qualités des corps, appelant les unes des qualités primaires, les autres des qualités secondaires et d'autres des qualités tertiaires, il n'est peut-être pas difficile de reconnaître la distinction que nous admettons nous-mêmes entre les phénomènes physiques, les phénomènes chimiques et les phénomènes physiologiques. Parmi les qualités primaires, en effet, nous voyons figurer le chaud et le froid, le sec et l'humide; parmi les qualités secondaires, l'attraction, la répulsion, la concrétion, le corrosion; enfin parmi les qualités tertiaires sont comprises celles dont s'occupe particulièrement la médecine.

Puisque nous parlons de la médecine et de la physiologie, citons encore une opinion d'Agrippa qui trouverait grande faveur aujourd'hui chez ceux qui assistent aux expériences de la Salpêtrière. Il pense qu'une vive imagination ou une foi ardente peuvent infliger au corps certaines maladies ou le rendre à la santé. C'est ainsi, à ce qu'il nous assure, qu'on expliquait déjà de son temps les stigmates de saint François, et il ajoute que ce n'est pas seulement sur notre propre corps, mais sur le corps des autres que, par l'imagination, la foi ou une énergique volonté, nous pouvons produire ces effets morbides ou ces révolutions salutaires.

On trouve enfin, dans le troisième livre de la *Philosophie occulte*, des vues très remarquables sur la religion que certainement Agrippa n'a empruntées ni à la Kabbale ni aux livres hermétiques. Selon lui, toutes les religions qui ont existé dans le monde, loin d'être en opposition avec le christianisme, ont servi à en préparer l'avènement, et il va jusqu'à dire que ces religions, en apparence si opposées entre elles, se bornent à donner aux mêmes choses des noms différents. Ainsi ce que les Gentils appellent des dieux, c'est ce que les sages de la Judée, les dépositaires de la Kabbale appellent des *Numérations* (les dix *Sephiroth*) et ce que la théologie chrétienne nous donne pour les attributs de Dieu. Jamais, dans aucun système, l'éclectisme religieux n'a été porté aussi loin, et si Agrippa avait pu communiquer ces idées à ses contemporains, la Réformation n'aurait eu aucune raison d'être et la guerre de Trente Ans n'aurait pas éclaté. Mais c'est une grande erreur de croire que la différence des religions se réduit à une différence de mots.

On voit que les hautes aspirations et les aperçus nouveaux ne manquent pas dans la *Philosophie occulte*, et que, de plus, tous les éléments dont elle est formée sont étroitement unis entre eux. Sans doute, ce n'est pas la science, ce n'est qu'un idéal de science qu'Agrippa déclare supérieur à ses facultés et à ses connaissances, mais qu'il oppose à la science fausse et verbeuse de son temps. Il s'est fait de même un idéal de foi, un idéal de théologie, fondé sur une interprétation personnelle et spirituelle des Écritures, qu'il oppose à la théologie officielle de l'Église, et une morale idéale, dérivée de ses principes théologiques et métaphysiques, au nom de laquelle il condamne, avec non moins de raison que d'énergie, les institutions, les lois, l'état social qu'il a sous les yeux. Il n'y a donc aucune contradiction entre le traité de la *Philosophie occulte* et celui de l'*Incertitude et de la vanité des sciences*. Le dernier n'est pas, comme on l'a pensé, la négation du premier. Is ont été publiés presque en même temps; même celui qui passe pour être le dernier, celui qu'Agrippa, à ce que nous assure M. Prost, a composé dans un moment de découragement, après avoir perdu sa position à la cour de France, a paru avant que le premier fût achevé, et ils ont suscité à l'auteur, de la part des gardiens du passé, les mêmes animosités, parce qu'il était facile d'y reconnaître le même esprit d'insoumission, le même amour de la nouveauté et des réformes en toutes choses. Il y a certainement des parties de la *Philosophie occulte*, telles que l'alchimie et l'astrologie judiciaire, qu'Agrippa a répudiées dans les années de sa maturité ; mais il n'a rien désavoué de son système général ; au milieu des invectives dont il poursuit les faux savants et la fausse science, il parle avec respect de la magie, tant de la magie naturelle que de la magie religieuse ; il les considère comme des sciences parfaitement réelles, dont l'abus seul doit être condamné. Il y a aussi pour lui deux Kabbales, dont l'une, à laquelle il reste fidèle jusqu'à la fin de sa vie, lui paraît un foyer de lumière, un trésor des plus rares connaissances, tandis que l'autre n'est à ses yeux qu'un code de superstition et, pour nous servir de ses propres expressions, « une sorte de magie théurgique ».

Il n'y a lieu ni de s'étonner ni de douter de son respect pour la magie, quand on songe à la définition qu'il en donne et quand on se rappelle que, pour Bacon lui-même, il y a une magie naturelle qui repose sur la science et qui commande à la nature en lui obéissant : *naturæ non imperatur nisi parendo*. Descartes ne s'est-il pas fait de grandes illusions sur les futures découvertes de la médecine, et peut-on assurer, après tout, que le rêve de la transmutation des métaux ne mérite pas autant d'indulgence que celui de la transmutation des espèces, aujourd'hui accueilli avec tant de faveur par une science qui se dit positive? Pour notre compte, nous ne voyons pas qu'il soit plus difficile de croire aux prodiges de l'alchimie, d'ailleurs mis en doute par Agrippa, qu'à la sélection naturelle, à l'adaptation au milieu et à l'*homme définitif*, l'homme impeccable et infaillible de M. Herbert Spencer. N'oublions pas de dire qu'en renonçant à l'alchimie Agrippa sait pourtant lui rendre justice. Il reconnaît qu'on lui doit mainte découverte utile et plus d'une précieuse conquête. C'est le jugement qu'on en porte encore aujourd'hui.

Le titre seul du livre dont nous parlons nous apprend que nous avons affaire, non pas à un sceptique, mais à un critique et à un réformateur. En attaquant les sciences et les arts, tels que les hommes les ont faits, l'auteur proclame l'excellence de la raison elle-même, qu'il appelle le Verbe de Dieu : *De incertitudine et vanitate scientiarum et artium atque excellentia Verbi Dei.* C'est à cette lumière qu'il examinera les idées et les œuvres, les opinions et les institutions qu'il se prépare à condamner.

C'est pour la philosophie, bien entendu celle de son temps et des siècles qui l'ont précédé, pour la scolastique en un mot, qu'il se montre le plus sévère. Elle n'est à ses yeux qu'une occasion de frivoles disputes et un état de honteuse servilité. Elle fait de certains hommes, par exemple d'Aristote, d'Albert le Grand, de saint Thomas d'Aquin, de véritables divinités et condamne tous les autres à les adorer et à se nourrir de leurs paroles. Roger Bacon avait dit la même chose plus de trois siècles auparavant : mais il est permis de supposer que, semblable en cela à la plupart des novateurs, Agrippa ne connaissait ni Roger Bacon ni aucun des esprits supérieurs de l'époque qu'il méprise.

Avec la philosophie dégénérée de l'école, Agrippa rejette aussi les arts qui lui servent d'auxiliaires et qui sont employés plus souvent à la propagation de l'erreur qu'à celle de la vérité : la grammaire, la rhétorique et la dialectique. Les mathématiques elles-mêmes, que probablement il connaissait peu, n'échappent point à ses censures. Il les accuse de ne s'arrêter qu'à la surface des choses, d'être inutiles à la piété, au perfectionnement de l'âme et de donner naissance à des arts qui ne sont que des moyens de destruction ou une pâture offerte à la vanité des hommes. Ce dernier reproche, il l'adresse surtout aux beaux-arts, à la musique, à la peinture, à la statuaire, à la danse, autant d'agents de corruption qui détournent les hommes de la vérité et de la sagesse. Là encore on reconnaîtra difficilement le caractère du scepticisme; c'est plutôt celui d'un dogmatisme austère et étroit, comme celui qu'on rencontre, par exemple, à la fin du XVe siècle, chez Savonarole, et, au commencement du XVIe, chez les fondateurs de la Réforme. On en verra la preuve dans l'idée que se fait Agrippa des choses religieuses ou dans la différence radicale qu'il établit entre le fond et les diverses formes de la religion, entre le christianisme pur et le catholicisme.

L'homme, selon lui, est entraîné vers la religion par un sentiment naturel qui, plus encore que la raison, le distingue des animaux. Mais, conformément à cette maxime plusieurs fois répétée dans les livres hermétiques, que rien ne manque à Celui qui est tout et qui contient tout, que l'encens le plus agréable à Dieu ce sont les actions de grâces des mortels, que la vraie piété ne se distingue pas de la science, Agrippa dédaigne les actes du culte extérieur, particulièrement ceux qui appartiennent au culte catholique. Il blâme la splendeur que l'Église donne à ses fêtes, le luxe qui règne dans ses temples, le nombre de ses solennités, le culte des saints et des reliques. Ces pratiques, à l'en croire, ne blessent pas seulement la piété, mais la charité. Elles détournent les esprits et une grande partie de la richesse publique des œuvres destinées au soulagement des malheureux. C'est le patrimoine des pauvres qu'on dissipe en prodigalités stériles.

De même qu'il y a pour lui deux sortes de religion, l'une qui a son siège dans l'âme, l'autre qui s'adresse aux yeux par de vains spectacles, il y a aussi deux sortes de théologie: une théologie vraie, qui n'est que la parole divine prise en elle-même, sans les commentaires des docteurs, et interprétée sainement ou saintement avec l'aide de Dieu, et une théologie fausse, verbeuse, sophistique, qui ne procède que par syllogismes. C'est celle qu'on professe au nom de l'Église et qui a pour interprète la Sorbonne. Ainsi, dans la théologie, comme dans la philosophie et dans la religion, la vérité existe pour Agrippa, puisqu'il croit la connaître, puisqu'il la définit et l'oppose à l'erreur.

En politique aussi il a une opinion arrêtée. Il préfère la république à la monarchie et à toutes les formes de gouvernements. Il voit que la république, confinée dans de petits États, comme Venise et la Suisse, y assure la paix et la tranquillité, tandis que la monarchie, adoptée presque partout ailleurs, fait rarement servir au bien des peuples le pouvoir absolu qu'elle met entre les mains des rois.

Sur le droit, à quelque matière qu'il s'applique, ses idées sont plus défavorables, si même elles ne se résument dans une pure négation. Il n'admet ni le droit naturel, ni le droit civil, ni le droit canonique, ni le droit des gens. Le droit naturel, qu'il croit issu du péché et de la corruption, il le réduit, comme certains publicistes modernes, à quelques maximes d'égoïsme et de représailles, à ce qu'on a appelé dans ces derniers temps la lutte pour la vie : repousser la force par la force; tromper qui nous trompe; n'estimer une chose que ce qu'elle peut se vendre. Le droit des gens n'est que le droit naturel appliqué aux mutuelles relations des peuples. C'est lui qui consacre la guerre, l'esclavage, la domination de la force exercée par le vainqueur sur le vaincu. Le droit civil, c'est le droit de la guerre dans le cercle de la vie privée; il est la source des procès. Et quant au droit canonique, dont on fait remonter l'origine jusqu'à Dieu, pratiqué comme il l'est, il n'est qu'un instrument de rapine. D'ailleurs, au-dessus de toutes les règles de droit, au-dessus de tous les tribunaux, il y a le pape et l'empereur, qui prononcent en dernier ressort, dont la volonté tient lieu de justice et de loi.

En adoptant ces décourageantes définitions, que justifiaient en grande partie la politique et la législation de son temps, Agrippa a-t-il voulu dire que, dans les rapports de l'homme avec ses semblables, il n'y a de place que pour l'arbitraire et la force, que cette condition est celle que sa nature lui impose, et qu'il n'en a jamais connu, qu'il n'en connaîtra jamais d'autres ? Nous sommes convaincu qu'on se tromperait beaucoup si l'on donnait à sa pensée cette interprétation. En sa qualité de chrétien et même de sectateur de la Kabbale et des livres hermétiques, il croit que l'humanité a connu un état bien supérieur à celui où elle se trouve maintenant. C'est dans cet état qu'elle a possédé la vraie science et qu'elle a pratiqué, au sein du plus parfait bonheur, la véritable règle de son existence. La charité, l'amour lui tenait lieu de toutes les lois et la plaçait au-dessus de l'idée du droit. Le droit est né avec la distinction du mien et du tien, avec les passions égoïstes qui élèvent comme une barrière entre l'homme et son semblable; par conséquent il a son origine dans la corruption et dans le péché. Cette opinion d'Agrippa sur l'origine du droit est aussi celle de saint Augustin. On peut lui reprocher d'être mystique; elle n'a rien de commun avec le scepticisme.

Mais un certain degré, une certaine pointe de mysticité n'empêche pas l'esprit satirique joint au talent d'observation. C'est cet esprit poussé jusqu'à la diatribe (*declamatio*), et non pas simplement le doute, qu'Agrippa nous laisse apercevoir quand il passe de la critique des idées et des croyances à celle des professions. Nous serions tenté de croire que c'est moins un tableau qu'un dessin au crayon noir comme celui de cette tête de Mercure qu'il a laissée en souvenir à un de ses amis.

Après nous avoir montré dans la guerre, non pas une institution divine, comme il l'a fait dans le discours d'ouverture de son cours de Pavie, mais la réunion de tous les excès et de tous les crimes, il nous parle de la médecine comme d'un auxiliaire et d'un supplément de la guerre. Il la juge plus funeste que toutes les maladies. Il se croit autorisé pour la qualifier ainsi, puisqu'il l'avait exercée pendant de longues années. Si la médecine, à ses yeux, n'est que le meurtre pratiqué avec privilège, le commerce est le vol patenté, l'agriculture un objet de dédain.

Quelle idée va-t-il nous donner des mœurs qui règnent dans les différentes classes de la société? Les cours, et, au premier rang celle de France, sont des foyers de corruption, des écoles de crime et des lieux de libertinage. Le cynisme est poussé si loin que le suprême honneur pour une femme et pour une fille est d'avoir servi aux caprices du roi. Les nobles imitent le prince, et tous ne doivent pas leurs privilèges aux œuvres sanglantes de la guerre; il en est parmi eux qui les ont payés de leurs deniers et d'autres qui les ont achetés par de lâches complaisances. Dans les classes inférieures abondent les ménages désunis; mais c'est dans les rangs du clergé, surtout du clergé régulier, que le vice et le désordre s'étalent sous toutes les formes. On dirait qu'Agrippa voit dans les ordres religieux, quels qu'ils soient, des ennemis personnels; mais il n'y en a pas qu'il déteste autant que les Frères Prêcheurs. Est-ce parce qu'ils ont été les ministres implacables de l'inquisition? Il le dit; c'est peut-être aussi parce qu'ils ont été ses dénonciateurs à Malines et à Cologne.

A ces vives sorties contre les hommes et les choses se mêlent des considérations très érudites et très intéressantes sur quelques-uns des objets de son mépris : sur l'astronomie, la musique, l'histoire, l'origine de l'écriture, des langues et des peuples, principalement des Germains et des Francs. C'est la vérité qu'il défend contre des préjugés d'autant plus respectés qu'ils prennent leur source dans une aveugle admiration pour l'antiquité classique. Mais enfin quelle est la conclusion du livre? Ce n'est pas assurément celle des sceptiques et pyrrhoniens de l'antiquité, ni le doute mitigé et spirituel que l'on trouvera bientôt dans les *Essais* de Montaigne. Agrippa ne parle jamais de l'incurable impuissance de l'esprit humain, et il ne dit nulle part, comme on le dira après lui, que la neutralité ou l'abstention est le dernier terme de la sagesse. A part quelques expressions exagérées au début et qu'on ne retouve plus dans la suite, ses attaques sont dirigées, non contre l'esprit humain, non contre la raison, non contre la société, non contre la science prise en elle-même, mais contre la science telle qu'on l'a faite et contre la société telle que l'a faite cette fausse science. On se rappelle que, sous le nom de magie naturelle, il laisse subsister une véritable science de la nature. Il admet de même, sous le nom de la religion, de la religion ramenée à sa source, une science de Dieu et de l'âme, de l'homme et de la société, qui dérive de la conscience et de la parole divine, qui est l'œuvre même de Dieu, car elle est innée en nous et a été créée avec nous. En résumé, ce qu'Agrippa propose comme la plus haute expression de la science et de la vérité, c'est l'idéalisme de Platon confondu avec l'idéalisme chrétien, revêtu de la forme biblique et d'une teinte prononcée de mysticisme. Voici, au reste, les propres expressions d'Agrippa, que M. Prost a un peu trop affaiblies et trop abrégées, mais que nous rétablissons, d'après le texte, ayant sous les yeux le cent deuxième et dernier chapitre de l'ouvrage. « O vous, qui désirez acquérir, non la science de l'arbre du bien et du mal, mais la science véritable et divine de l'arbre de vie, rejetez les sciences humaines, renoncez aux curiosités et aux discours de la chair et du sang, aux discussions qui roulent sur la recherche des causes ou sur l'investigation des œuvres et des effets; sortez des écoles des philosophes et des gymnases des sophistes pour rentrer en vous-mêmes; c'est là que vous connaîtrez toutes choses, car de toutes choses vous avez une notion qui a été créée avec vous. C'est ce que reconnaît l'Académie et ce qu'attestent les Lettres saintes. Quand elles nous disent que toutes les œuvres de la création étaient bonnes, elles nous donnent à entendre qu'elles étaient toutes dans l'état le plus parfait qui pût leur convenir. Or, de même que Dieu a créé des arbres féconds en fruits, il a créé des âmes, c'est-à-dire des arbres doués de raison, où abondent les idées (*formas*) et les connaissances. Mais, par suite du péché de notre premier père, un voile s'est étendu sur toute la nature; l'oubli, père de l'ignorance, a pénétré en nous. O vous donc qui en avez la force, écartez le voile de votre intelligence; sortez des ténèbres qui vous enveloppent; enivrés de votre propre oubli, rejetez loin de vous la coupe du Lethé; plongés dans le sommeil de vos sens déraisonnables (*irrationabili somno demulcti*), ouvrez les yeux à la vraie lumière, et bientôt vous monterez, le visage découvert, de clarté en clarté; car vous avez reçu l'onction sainte, et toutes choses vous seront connues de nouveau, il ne sera pas nécessaire que quelqu'un vous les enseigne [1]. »

Ces paroles n'ont pas besoin de commentaire. Le mauvais goût qui y règne et l'abus des citations bibliques n'en détruisent pas la clarté. Cependant on a cru que le dernier chapitre du traité *De l'incertitude et de la vanité des sciences*, et surtout l'avant-dernier, ne renfermaient qu'une satire, digne couronnement de tout le livre pour ceux qui n'y voient que le scepticisme. « Le Christ, dit en effet Agrippa, a choisi pour ses apôtres, non des rabbins, non des scribes, non des docteurs ni des prêtres, mais des hommes du peuple privés de culture, étrangers à toute littérature, des ignorants et des ânes [2]. » Mais c'est un pur jeu d'esprit, un prétexte voulu, prémédité, pour se livrer à un exercice de rhétorique, pour faire l'éloge de l'âne, comme Érasme venait de faire l'éloge de la folie. Il suffit, pour en être convaincu, de jeter les yeux sur le chapitre suivant placé immédiatement à la suite du passage que nous venons de citer. En voici le résumé.

« Pour qu'on ne me fasse pas un crime d'avoir appelé les apôtres des ânes, je vais expliquer brièvement les mystères de l'âne; ce ne sera pas une digression tout à fait inutile. Pour les docteurs hébreux, l'âne est le symbole du courage et de la force, de la patience et de la mansuétude, même de la sagesse, si nous en croyons les Kabba-

---

1. Il serait trop long et parfaitement inutile de reproduire ici tout entier le texte que nous venons de traduire ; on trouvera suffisant que nous en citions les passages les plus significatifs :... *Jam non in scholis philosophorum et gymnasiis sophistarum, sed egressi in vosmetipsos cognoscetis omnia ; concreata est enim vobis omnium rerum notio, quod, ut fatentur academici, ita sacræ litteræ attestantur... Is igitur, ut creavit arbores plenas fructibus sic et animas seu rationales arbores creavit, plenas formis et cognitionibus.*

2. *Christus ipse apostolos suos, non rabbinos, non scribas, non magistros nec sacerdotes elegit, sed e rudi vulgo idiotas, omnis litteraturæ expertes, inscios et asinos.* (Ch. ci, *ad finem.*)

listes. Il vit de peu, se contente de tout, supporte la faim, la fatigue et les coups, le plus pacifique des animaux, le plus sain et le plus chaste. C'est un âne qui a soustrait le Christ enfant aux recherches criminelles d'Hérode ; c'est sur un âne que Jésus est entré à Jérusalem. C'est un âne qu'Apulée a choisi pour héros de son poème [1]. On dit que le fondateur de l'école d'Alexandrie, le maître d'Origène et de Porphyre, comptait un âne parmi ses auditeurs. L'ânesse de Balaam, comme nous l'apprenons par la Bible, a reçu de Dieu le don de prophétie et a parlé à son maître d'une voix humaine. C'est avec une mâchoire d'âne que Samson a tué trois mille Philistins. Saint Germain, l'apôtre des Bretons, en rappelant à la vie un âne mort, nous a donné à entendre que l'âne pouvait être admis au don de l'immortalité. »

On voit, sans que nous allions jusqu'au bout, de quelle nature est cette tirade qu'Agrippa voulait à tout prix faire entrer dans son livre. Elle n'en change pas le but, qui est de détourner les esprits d'une science dégénérée pour les ramener à ce qu'il regarde comme la source de toute philosophie et de toute religion : aux vérités éternelles imprimées dans la conscience humaine dès l'origine des choses et renouvelées par la parole évangélique.

---

[1]. Nous pouvons ajouter qu'il a reçu le même honneur dans un poème beaucoup plus récent.

OPTIMISME ET MYSTICISME

AU COMMENCEMENT DU DIX-SEPTIÈME SIÈCLE

Personne n'ignore le bruit que fit Mme Guyon dans les dernières années du XVIIe siècle, et l'ardente controverse que son quiétisme, renouvelé de celui de Molinos, provoqua entre deux illustres prélats. On connaît beaucoup moins Antoinette Bourignon, qui ne la devança que de quelques années dans la carrière périlleuse où elle gagna sa renommée au prix de son repos, et qui, plus hardie dans ses mystiques spéculations, avait trouvé son Fénelon dans la personne du pasteur et philosophe Pierre Poiret, et avait passionné le nord de l'Europe, comme Mme Guyon devait passionner la France et la cour de Louis XIV. On ne peut donc que féliciter l'écrivain anonyme qui a eu la pensée de réunir, dans une brochure de moins de deux cents pages [1], ce qu'il y a de plus remarquable dans les dix-neuf volumes laissés par Antoinette Bourignon et publiés après sa mort par son fanatique admirateur. Précédé d'une *Introduction* où l'aïeule spirituelle de Mme Guyon est jugée avec une pieuse impartialité, ce résumé ne fait aucun tort à la vérité

---

1. *Etude sur Antoinette Bourignon, la prophétesse des derniers temps.* 1 vol. in-18, Paris, 1876 ; chez Sandoz et Fischbacher.

historique. Les mystiques sont des amoureux, et, comme tous ceux que l'amour tient sous ses lois, ils sont incapables de modérer leur langue ou leur plume; ils se répètent à l'infini dans leurs confidences, parce que ce qu'ils ont à dire leur parait toujours jeune et toujours nouveau. Aussi la plupart des écrivains de cette classe, Jacob Bœhm, Swedenborg, Saint-Martin, François de Sales et beaucoup d'autres, auraient-ils tout à gagner à subir une réduction proportionnelle.

Antoinette Bourignon naquit à Lille, en 1616, d'une mère française ou plutôt flamande, et d'un père italien. Dès l'âge de quatre ans, à ce qu'elle nous assure dans ses livres, elle a désiré trouver un pays « où vivent les vrais chrétiens », et ce pays, elle ne l'a jamais découvert. C'est dire que l'exaltation, non pas religieuse, mais mystique, a commencé chez elle de bonne heure. Cet état de son esprit l'éloignait naturellement du mariage. Elle refusa obstinément tous les partis qui se présentaient pour elle, et il ne parait pas, malgré l'assertion contraire de Bayle, qu'elle fût absolument dépourvue de charme, puisqu'elle inspira une passion et qu'elle ne cessa pas d'être recherchée jusqu'à l'âge de trente-sept ans. A ce moment, c'est-à-dire en 1653, ses parents ayant voulu user de contrainte pour mettre un terme à son célibat, elle s'enfuit de la maison paternelle, déguisée en ermite.

La vie du cloître n'avait pas plus d'attrait pour elle que celle du monde, elle ne la trouvait pas plus conforme à son idéal évangélique. Elle écrit même quelque part que les pompes et les vanités sont souvent plus grandes sous un pauvre habit religieux que sous la pourpre des rois. Le monde tout entier, et l'Église autant que le monde, lui semblaient plongés dans les ténèbres et submergés par un déluge de péchés. C'est pour mettre un terme à cette universelle corruption, que Dieu, dans sa pensée, l'avait choisie dès son enfance, et que Jésus-Christ, l'adoptant pour son épouse, lui avait demandé le sacrifice de son âme et de son corps.

Après avoir quitté sa ville natale, elle habita successivement Gand, Liège, Amsterdam, Hambourg, le Holstein, partout en proie aux persécutions et aux outrages, tant de la part des protestants que de celle des catholiques, et n'échappant à la mort que par la fuite. « Des mépris et des persécutions, dit-elle dans un de ses livres, j'en ai déjà tant souffert, qu'ils me sont tournés en habitude. » De Hambourg, où elle s'était réfugiée en quittant le Holstein, elle revint en Hollande, et c'est là qu'elle mourut en 1680.

Ce qui assigne à Antoinette Bourignon une place à part parmi les mystiques de son sexe, ce qui la distingue surtout de Mme Guyon, entièrement absorbée par le sentiment de l'amour divin, c'est une extrême hardiesse en matière de dogme, c'est une interprétation des Écritures qui ressemble parfois à la plus libre métaphysique. En voici quelques exemples.

Elle voudrait que dans la définition de la nature divine on s'abstînt de faire entrer le mot *personne*, parce qu'il donne le change aux âmes simples et les conduit à substituer au dogme chrétien une sorte de polythéisme.

L'union de l'âme avec Dieu, voilà pour elle le ciel, voilà le paradis, et elle ne reconnaît pas d'autre enfer que le vide laissé dans l'âme par l'absence de Dieu. La pensée que cette peine puisse durer éternellement lui paraît contraire à la miséricorde divine et en disproportion avec la fragilité humaine. Pécher n'est pas autre chose, après tout, que retirer son cœur de l'amour de Dieu pour le laisser envahir par l'amour de soi ou celui de quelque autre créature. Celui qui aime Dieu de tout son cœur accomplit en substance les préceptes de l'Ancien et du Nouveau Testament, et est dispensé de toutes les pratiques de la dévotion vulgaire. C'est, dit-elle, un aveuglement de croire que Dieu puisse être servi par les choses extérieures, et que la prière soit dans la parole, non dans l'élévation de notre cœur et de notre esprit.

De là une profonde indifférence pour la distinction des Églises, et un sentiment de tolérance plus profond peut-être que celui qu'enseigne la philosophie du xviii° siècle, parce qu'il se confond avec la charité. Peu lui importe qu'on soit catholique, calviniste ou luthérien, pourvu que, selon la prescription de l'Évangile, on aime Dieu par-dessus toutes choses et son prochain comme soi-même. La pratique de cette loi fondamentale, et par conséquent la voie du salut, est accessible aux juifs comme aux chrétiens; ils ont même un avantage sur les chrétiens, qui est de ne pécher que par ignorance et de se réserver, en attendant le Messie, pour une foi supérieure à celle qui règne aujourd'hui parmi les hommes.

Au reste, pour Antoinette Bourignon, il n'y a pas plusieurs religions, il n'y a pas plusieurs révélations ou plusieurs lois; il n'y en a qu'une qui subsiste depuis le commencement du monde et qui durera éternellement. « La loi de nature, dit-elle, la loi mosaïque et l'Évangile sont la même chose en substance, sans aucune différence. Les apparences contradictoires qui se manifestent selon les temps ne viennent pas de Dieu, mais des hommes. » La religion, à la prendre dans son unité, ou la vraie foi, » la foi vivante et opérante », vient directement de Dieu et ne se manifeste en nous que sous une forme spirituelle. Elle se passe de miracles. Comment les miracles seraient-ils une preuve de la religion, puisque le Diable en fait? On se rappelle que, dans la profession de foi du vicaire savoyard, c'est le même argument que Rousseau oppose à l'origine surnaturelle des Écritures.

On trouve dans les écrits d'Antoinette Bourignon quelques autres pensées qui ne sont pas moins remarquables. Autant la plupart des mystiques qui l'ont précédée et suivie, surtout les partisans du quiétisme, s'appliquent à exalter la grâce, c'est-à-dire l'action divine sur l'âme humaine, et à annihiler notre volonté et notre personnalité devant la volonté infinie, autant elle met de soin à maintenir l'homme en possession de lui-même et à lui conserver avec la liberté le mérite de son abnégation. Ce n'est, dit-elle, que par son libre arbitre que l'homme est l'image de Dieu. Devant le libre arbitre s'arrête la prescience divine. « Dieu ne veut pas même savoir ce que l'homme fera. » Mais cette même puissance qui nous fait ce que nous sommes, en nous assurant une existence personnelle, est aussi le lien qui nous unit à Dieu; car la seule union possible entre l'âme et la divinité est une union volontaire et libre, éternellement libre comme les deux volontés qu'elle confond en une seule. En dehors de cette union, l'homme est esclave. C'est la servitude à laquelle il est descendu par sa faute qui a rendu nécessaires les commandements de la loi. Ils sont inutiles à ceux qui ont gardé leur liberté. Ces doctrines appartiennent autant au stoïcisme qu'au mysticisme, et c'est en cela précisément que consiste leur originalité : c'est par ce double caractère qu'elles ont pu séduire un esprit aussi philosophique que Pierre Poiret.

La perfection spirituelle telle que la comprend Antoinette Bourignon n'a nullement pour effet de lui faire mépriser la nature et la vie, comme cela arrive à presque tous les contemplatifs. Au contraire, elle veut qu'on aime la nature, non pour elle, mais pour les attributs divins dont elle est la manifestation visible. Dieu, étant invisible et incompréhensible, ne se montre à nous, durant cette vie, que dans ses créatures, de sorte qu'il est permis de dire que nous voyons Dieu toutes les fois que nous apercevons une chose belle. N'est-ce pas ce que dit Diotime dans le *Banquet* de Platon? Par malheur, cela fait aussi penser au madrigal dévot que Tartuffe adresse à Elvire :

> Et je n'ai pu vous voir, charmante créature,
> Sans adorer en vous l'auteur de la nature.

Croyant à la beauté du monde, Antoinette Bourignon, en dépit de ces paroles : *solvet mundum in favilla*, n'admettait pas qu'il devait finir. Elle affirme expressément que rien ne périra des œuvres de Dieu, que le globe de la terre restera, que les cieux et les éléments seront purifiés par la présence des élus, mais ne périront pas plus que les serviteurs de

Dieu. Qu'est-ce donc que la fin du monde dont parle l'Écriture ? Pas autre chose que la fin du mal qui a été introduit dans le monde par le péché. Quand le temps d'épreuve sera passé, le mal disparaîtra ; mais jamais ne finiront les choses que Dieu a créées pour l'homme, ni l'homme lui-même.

Si Antoinette Bourignon s'était bornée à exprimer ces idées et quelques autres du même ordre, elle aurait pris rang, je ne dis pas parmi les libres penseurs, mais parmi les libres croyants, car la foi a ses hardiesses aussi bien que la raison ; mais elle s'est crue appelée à faire une révolution dans le monde et dans l'Église, elle s'attribuait le don de prophétie, elle se tenait elle-même et se donnait aux autres pour l'organe prédestiné d'une nouvelle révélation. Après le Verbe, qui avait succédé aux Prophètes, devait venir le Saint-Esprit pour compléter l'œuvre du Verbe et expliquer des vérités restées cachées aux hommes. Ce temps est arrivé, à ce qu'assure Antoinette Bourignon, et c'est elle qui a été choisie pour être l'organe du Saint-Esprit. « Je suis, dit-elle, créée de Dieu pour annoncer ses vérités à ceux qui les voudront bien recevoir. Je ne laisserai d'achever mon ambassade malgré toutes les traverses, et, si mes ennemis me tuent, la mort me sera aussi chère que la vie, ayant accompli la volonté de celui qui m'a envoyée. ».

Qu'est-ce donc qu'elle est chargée de nous apprendre ? D'abord, tout ce que nous venons de dire, tout ce qui rend aux Écritures leur sens spirituel ; ensuite, que Jésus-Christ doit venir une seconde fois sur la terre pour accomplir l'œuvre encore inachevée du salut. Par sa seule présence, il inspirera à tous les hommes un tel amour, qu'ils ne pourront plus se séparer de lui, et alors s'ouvrira une nouvelle ère : au royaume temporel de Jésus-Christ succédera son royaume éternel. Ce royaume temporel n'est évidemment qu'une réminiscence du rêve des millénaires, et, quant au royaume éternel, gardons-nous de le concevoir comme purement spirituel. Il sera placé dans le monde, puisque le monde, comme nous l'avons déjà dit, ne doit pas finir, et que le ciel n'est que la présence de Dieu dans le monde et dans l'homme. Il ne sera point peuplé de purs esprits, l'idée même d'une existence immatérielle étant répudiée par Antoinette Bourignon. La raison qu'elle en donne est d'une naïveté qu'on ne s'attendrait pas à rencontrer dans une âme aussi détachée des choses de la terre. « Si tout ce qui a été donné à l'homme ici-bas finissait, dit-elle, et n'avait pas de durée éternelle, il faudrait dire que la béatitude éternelle, après la mort, aurait moins de bonheur que le temps de cette misérable vie, où l'on jouit de toutes choses créées pour le service du corps. Les bienheureux se pourraient plaindre alors. »

Enfin, dans le royaume éternel comme dans le royaume temporel, « toutes choses subalternes seront soumises à cette noble créature qui est l'homme, pourvu que l'homme soit lui-même soumis à Dieu ». L'homme aura atteint la perfection sans avoir rien perdu de sa liberté, dont la possession ne peut lui être enlevée qu'avec l'existence. Ce qui attire surtout l'attention dans ce tableau du monde à venir, c'est la préoccupation de ne pas sortir du monde visible, de ne pas séparer le ciel de la terre, l'âme du corps, et Dieu de la nature; c'est le mysticisme qui se met en garde et qui se croit obligé de protester contre le pur spiritualisme. Sauf la science, qui lui fait entièrement défaut, le point de vue où se place la prophétesse du dix-septième siècle ne diffère pas essentiellement de celui que Jean Reynaud nous présente dans *Terre et Ciel*.

Pour juger avec équité Antoinette Bourignon, il faut distinguer, dans ses œuvres et dans les extraits qu'on vient d'en publier, deux parties très distinctes et d'inégale valeur : une partie que j'appellerai apocalyptique et une autre purement mystique ou spirituelle. La première est un tissu de chimères, mais qui n'a rien de plus choquant que bien des cosmogonies philosophiques écloses de notre temps, et même à une date très rapprochée de nous. La seconde, d'une grande élévation de pensée et de sentiment, est digne de tout notre respect; car on y reconnaît cet esprit vivant qui empêche les religions de dégénérer en idolâtrie et de se perdre dans le culte de la lettre morte; elle respire cette soif ardente de l'infini et du divin qui, en dépit des railleries d'une science superficielle, ne s'éteindra qu'avec l'humanité.

Antoinette Bourignon parle quelquefois de ses entretiens avec Dieu. Elle affirme qu'il n'y a rien de plus doux pour une créature humaine que d'entendre Dieu parler sensiblement. On en a conclu qu'elle était sujette à des hallucinations. Rien n'est plus injuste, puisque, après nous avoir fait ces confidences, elle a soin d'ajouter : « La voix de Dieu n'est point entendue par les oreilles de chair, mais par intelligence spirituelle, parce que Dieu est esprit, et l'âme esprit, et qu'ils s'entendent l'un et l'autre en esprit [1]. »

Ce qui est vrai, c'est qu'elle connaissait et qu'elle décrit avec une grande vivacité d'expression le phénomène de l'extase. « Il me semblait n'y avoir plus rien entre Dieu et mon âme. Elle se sentait toute absorbée en lui. Je ne vivais plus, mais lui vivait en moi. Les consolations intérieures passaient souvent jusqu'au corps, qui perdait tout sentiment à mesure qu'il oubliait les choses de la terre. Je passais des heures sans savoir si j'étais au monde ou en paradis. Je me demandais si l'on se pouvait bien laisser aller à de tels contentements durant cette vie mortelle [2]. »

Mais l'extase est une exaltation de l'esprit, elle n'en est pas une déviation. Si, pour avoir éprouvé cet état, on était déchu de l'usage de sa raison, il faudrait comprendre dans le nombre des aliénés quelques-uns des hommes qui honorent le plus l'espèce humaine : un Socrate, un Philon, un Plotin, un Gerson, un François de Sales, un Pascal et beaucoup d'autres. Certains médecins aliénistes ont pu soutenir cette proposition; elle ne supporte pas le contrôle de la raison et de l'histoire. Le mysticisme, dont l'extase n'est

---

1. Page 168 des *Extraits*.
2. *Ibid.*, p. 148-149.

qu'un effet transitoire, est la partie la plus libre et la plus pure de la religion, qui elle-même a été jusqu'à présent et restera probablement dans l'avenir un des facteurs les plus importants de la vie intérieure et de la vie extérieure des nations.

LES APÔTRES
DE LA THÉOCRATIE ET DU DROIT DIVIN

DE MAISTRE, DE BONALD

I

L'auteur de l'*Histoire de la Philosophie en France*, M. Ferraz, est un savant et laborieux professeur qui, par ses ouvrages et par ses leçons, a acquis une autorité légitime, non seulement à Lyon, où il enseigne la philosophie depuis un grand nombre d'années, mais dans l'Université et dans le public instruit. Deux écrits justement estimés, que l'Académie française a jugés dignes de deux de ses couronnes, ont précédé l'œuvre plus importante dont il est occupé maintenant et dont l'exécution est déjà fort avancée [1]. Dans un premier volume, il a fait passer sous nos yeux, en les soumettant à une critique sévère, mais impartiale, les différents systèmes que l'on comprend sous les appellations générales de socialisme, de naturalisme et de positivisme. Celui qui vient de paraître, et que nous nous proposons de

---

[1]. *Histoire de la Philosophie en France au XIXᵉ siècle. — Traditionalisme et ultramontanisme*, par Ferraz, professeur de philosophie à la Faculté des lettres de Lyon. — 1 volume in-8ᵉ de v-513 pages, librairie académique de Didier et Cⁱᵉ, Paris, 1880.

faire connaître à nos lecteurs, est consacré à des doctrines qui présentent un caractère tout opposé. Ce sont celles qui, se défiant de la raison ou la jugeant insuffisante et même dangereuse, n'admettent pas que la philosophie soit indépendante de la tradition religieuse et bornent son rôle à commenter ou à développer les dogmes enseignés au nom de la foi. A cette école que M. Damiron, dans son *Essai sur l'histoire de la Philosophie au XIX° siècle*, désigne sous le nom d'école théologique, quoiqu'elle ne soit pas composée uniquement de théologiens, se rattachent des écrivains d'opinions très diverses, mais parmi lesquels Joseph de Maistre, de Bonald et Lamennais ont été longtemps et sont restés encore aujourd'hui les plus célèbres. M. Ferraz n'en néglige aucun et il nous montre que, chez les champions de la tradition comme chez ceux de la libre pensée, il y a tous les degrés qu'on observe habituellement dans une école ou dans un parti. Les uns se laissent emporter jusqu'à la plus fougueuse exagération, les autres sont plus ou moins modérés, tandis que quelques-uns, en petit nombre il est vrai, ne seraient pas éloignés de chercher un moyen de transaction acceptable pour leurs adversaires. Le livre de M. Ferraz commence par les exagérés, à la tête desquels se trouve l'auteur des *Soirées de Saint-Pétersbourg.*

Lorsqu'on aborde pour la première fois et sans préparation les ouvrages de Joseph de Maistre, il est rare qu'on ne soit pas gagné par la passion qui les enflamme depuis la première jusqu'à la dernière page. Ou l'on est ébloui par l'éclat du style et subjugué par le ton impérieux et absolu des affirmations : alors l'admiration est sans bornes et la soumission va jusqu'au fanatisme; ou tenant, plus de compte de la pensée que de l'expression, on s'indigne de voir la raison, la liberté, la justice, l'humanité elle-même abaissées devant d'antiques préjugés, sacrifiées à d'inhumains paradoxes, et l'on prend plaisir à faire payer l'outrage par l'outrage, à répondre au dénigrement du présent par celui du passé et à étendre jusqu'à l'homme, tout au moins jusqu'à l'écrivain, l'aversion qu'on ressent pour la doctrine. M. Ferraz a évité ces deux écueils. Pénétré de la tâche qui s'impose à l'historien de la philosophie, il s'attache plus à nous faire connaitre de Maistre et à nous l'expliquer qu'à le louer ou à le combattre. Il nous montre, en analysant ses écrits dans l'ordre même où ils ont paru, que ses idées ne se sont pas formées en un jour; qu'elles n'ont pas toutes, et au même degré, l'originalité qu'on leur attribue; que plusieurs d'entre elles, et précisément les plus absolues, ne sont pas moins contraires à la tradition religieuse qu'à la raison et à la liberté; et qu'enfin il est difficile, pour ne pas dire impossible, d'en composer un système homogène, car, en dépit de son aversion, souvent poussée jusqu'à la colère, contre les philosophes du XVIIIe siècle et même ceux de la Renaissance, de Maistre, au fond de son âme, est resté philosophe, et sa philosophie se concilie mal avec ses opinions mystiques et théocratiques.

On peut se fier à l'exactitude de M. Ferraz pour l'exposition des faits et pour le résumé des documents qu'il a été obligé de consulter, comme on peut se fier à son jugement pour les conclusions qu'on en peut tirer. Je lui reprocherai cependant de n'avoir pas assez fait usage de la correspondance et des mémoires politiques de Joseph de Maistre, surtout des lettres qu'il a adressées, pendant son séjour à Lausanne, au baron Vignet des Étoles, ministre du roi de Sardaigne à Berne. Ces épanchements intimes nous laissent apercevoir un de Maistre tout différent de celui qu'on trouve dans ses livres, et ce n'est pas une chose à dédaigner pour la philosophie, pour la connaissance de la nature humaine, de montrer la distance qui existe souvent entre nos sentiments et nos doctrines, entre l'homme et le système, même celui dont on fait dépendre le salut du genre humain et qu'on est prêt à soutenir au péril de sa vie. Celui qui ne connaitrait de Maistre que par ses livres serait disposé, on peut dire serait autorisé, à voir en lui un cœur endurci jusqu'à la férocité, insatiable de supplices et de vengeances, pour qui le bourreau, selon sa propre expression, est la clef de voûte de la société et qui, faisant Dieu à son image, le conçoit comme une puissance toujours altérée des douleurs de l'humanité, respirant comme un parfum agréable l'odeur du sang, prenant le sang de l'innocent pour effacer les crimes du coupable et faisant peser le poids de sa colère sur la nature entière; mais qu'on le suive dans sa vie, assez fidèlement réfléchie dans sa correspondance, on restera convaincu qu'il n'a jamais existé une âme plus aimante et plus tendre, plus indulgente et plus douce, plus passionnée pour le bien et pour le beau. Son esprit aussi change de caractère. Ce n'est plus cette hautaine intelligence qui impose ses convictions par la menace de son mépris et sous les traits d'une ironie aussi mordante que celle de Voltaire : c'est la finesse unie à la grâce. On ne peut lire sans être gagné par une émotion profonde et par un charme irrésistible les lettres qu'il écrit à son fils, à ses filles, même à celle qu'il ne connaît pas et qui commence seulement à balbutier. Les lettres qu'il envoie de Lausanne au baron Vignet des Étoles et de Saint-Pétersbourg à ses amis politiques, sont précieuses à consulter sous un autre point de vue. On ne trouvera nulle part des jugements plus sains et plus profonds sur les hommes, sur les événements du temps, même ceux qui ont détruit son repos, sa fortune et son bonheur domestique, et sur le pays qui était alors un objet d'effroi pour l'Europe monarchique.

De Maistre n'a pas toujours été cet ennemi de la Révolution que nous connaissons en lui; malgré l'éducation qu'il avait reçue des Jésuites, malgré la tendresse qu'il a toujours professée pour eux et qui était, avec le culte de la monarchie, une tradition de sa famille, il a commencé par se déclarer en faveur de ce qu'on appelait alors les idées nouvelles. Il était surveillé de Turin comme un esprit sur lequel on ne pouvait compter. Même après que le flot révolutionnaire a envahi son pays natal et que lui-même, séparé des siens, est obligé, pour sauver sa tête, de chercher un refuge à Lausanne, la France tient la première place dans ses vœux et dans ses espérances. Après avoir remarqué, chez les émigrés qui l'entourent, une joie secrète à la nouvelle de chaque victoire remportée par les armées françaises, il n'hésite pas à applaudir à ce sentiment patriotique plus fort que l'esprit de parti. « Je ne vois pas, écrit-il, comment un Français pourrait ne pas sentir un certain mouvement de complaisance en voyant la nation seule, avec une foule de mécontents à l'intérieur, non seulement résister à l'Europe, mais encore l'humilier et lui donner beaucoup de soucis [1]. » Il ne comprend pas davantage comment, en tout temps, on ne serait pas orgueilleux d'appartenir à la France. La France est, dans son opinion, le fondement de l'édifice entier de la civilisation et la tête de toutes les nations européennes. Il n'imagine rien de plus criminel que le dessein, conçu dès ce moment [2] par les puissances coalisées, de démembrer ce glorieux État. Et il ajoute : « L'empire de la coalition sur la France et la division de ce royaume seraient un des plus grands maux qui puissent arriver à l'humanité. Qu'est-ce que l'Europe n'eut pas à souffrir de Charles-Quint qui l'aurait toute conquise sans les Français ? Tout ce que vous reprochez à Louis XIV ne peut entrer en comparaison avec trois cents vaisseaux pris par les Anglais en 1756, sans déclaration de guerre, encore moins avec l'exécrable partage de la Pologne. Je vois, dans la destruction de la France, le germe de deux siècles de massacres, la sanction des maximes du plus odieux machiavélisme, l'abrutissement irrévocable de l'espèce humaine et même une plaie mortelle à la religion [3]. »

Il y a dans la même lettre d'autres passages qui ne sont pas moins faits pour nous étonner. Cette victime de la Révolution française, qui devait être plus tard son ennemi irréconciliable, lui prédit un triomphe universel. Il annonce que dès ce moment elle est appelée à régénérer tous les gouvernements de l'Europe. Le temps de la monarchie absolue est, selon lui, irrévocablement passé. Les gouver-

---

1. *Lettres à M. Vignet des Étoles*, première lettre.
2. En 1794, c'est la date de la lettre que nous citons.
3. Deuxième lettre à M. Vignet des Étoles.

nements de Naples, de Madrid et de Lisbonne sont, à ses yeux, « des monstres de faiblesse qui n'existent plus que par leur aplomb. Pour fortifier la monarchie, il faut, dit-il, l'asseoir sur les lois et éviter l'arbitraire. »

Mais cette manière de voir est bientôt remplacée, dans l'esprit de Joseph de Maistre, par des opinions toutes contraires. Ce changement apparait déjà dans la troisième lettre adressée à Vignet des Étoles et dans la satire qui a pour titre : *Claude Têtu, maire de Montagnole, à ses chers concitoyens, salut et bon sens* [1] ; mais c'est dans les *Considérations sur la France*, publiées à Lausanne en 1796, qu'il prend les proportions d'un système, d'une philosophie de la Révolution française. La pensée qui fait le fond de ce livre, c'est que la Révolution a été produite par une intervention surnaturelle de la divine Providence. Elle est l'œuvre de Dieu, non des hommes ; elle est, dans toute la force de l'expression, un miracle, comme serait la fructification instantanée d'un arbre au mois de janvier. « Jamais la divinité, dit l'auteur, ne s'était montrée d'une manière si claire dans aucun événement humain.... Toutes les vies, toutes les richesses, tous les pouvoirs étaient dans les mains du pouvoir révolutionnaire ; et ce monstre de puissance, ivre de sang et de succès, phénomène épouvantable qu'on n'avait jamais vu et que, sans doute, on ne reverra jamais, était tout à la fois un châtiment épouvantable pour les Français et le seul moyen de sauver la France [2]. »

On a vu dans cette explication des événements qui ont mis fin à la vieille société française une des conceptions les plus hardies et les plus originales du génie de Joseph de Maistre. C'est une erreur. L'auteur des *Considérations sur la France* n'a guère fait que s'approprier, en les revêtant de son majestueux langage, les idées que Saint-Martin, dit le *Philosophe inconnu*, avait développées un an auparavant dans sa *Lettre sur la Révolution française* [3]. La Révolution, que

---

1. 1795.
2. *Considérations sur la France*, édition de Lyon, ch. I, p. 9-22.
3. En voici le titre exact : *Lettre à un ami ou Considérations politiques,*

Saint-Martin appelle « une image du jugement dernier », est pour lui tout à la fois une grâce et un châtiment. « Il faut, dit-il, être insensé ou de mauvaise foi pour n'y pas voir, écrite en traits de feu, l'exécution d'un décret de la sagesse éternelle, et ne pas s'écrier en sa présence, comme les magiciens d'Égypte devant les miracles de Moïse : « Ici est le doigt de Dieu. » De même que Joseph de Maistre, et un an avant lui, Saint-Martin pense que la Révolution, en étendant ses effets sur la société tout entière, doit surtout exercer une action régénératrice sur l'Église et sur le sacerdoce.

On a aussi, et M. Ferraz est de ce nombre, fait un mérite à l'auteur des *Considérations sur la France* de sa croyance à la formation naturelle et au développement successif des constitutions. « Nulle grande institution, selon lui, ne résulte d'une délibération. » — « Jamais il n'exista de nation libre qui n'eût dans sa constitution naturelle des germes de liberté aussi anciens qu'elle, et jamais nation ne tenta efficacement de développer, par des lois fondamentales écrites, d'autres droits que ceux qui existaient dans sa constitution naturelle. » — « L'homme peut tout modifier dans la sphère de son activité, mais il ne crée rien : telle est sa loi, au physique comme au moral. L'homme peut sans doute planter un pépin, élever un arbre, le perfectionner par la greffe et le tailler en cent manières ; mais jamais il ne s'est figuré qu'il avait le pouvoir de faire un arbre. Comment s'est-il imaginé qu'il avait celui de faire une constitution [1]. »

Cette opinion, présentée comme elle l'est, comme toutes les opinions de de Maistre, sous forme d'un axiome, peut être contestée. Lorsqu'une nation, par ses propres efforts ou par l'intervention d'une autre puissance, a été subitement appelée à une existence indépendante dans l'ordre politique, elle est bien obligée de chercher et généralement elle trouve en elle les moyens de faire sa constitution. C'est

---

philosophiques et religieuses sur la Révolution française, Paris, an III (1795), 80 pages in-8°.
1. *Considérations sur la France*, ch. VI, p. 81-91.

ce qui est arrivé, à la fin du dernier siècle, aux États-Unis d'Amérique et, dans le siècle où nous vivons, à la Grèce, à la Belgique, à l'Italie, à la Roumanie, sans compter des États plus considérables, brusquement transformés par les révolutions. Il est difficile de soutenir que ces constitutions, créées par la libre réflexion de l'homme, soient inférieures à celles que la seule force des événements imposait aux peuples pendant la durée du moyen âge. Mais, contestable ou non, la théorie que défend Joseph de Maistre dans les *Considérations sur la France*, et dix-huit ans plus tard, dans le *Principe générateur des constitutions politiques* [1], est tout entière dans la *Lettre sur la Révolution française*. Ne pouvant transcrire ici les deux pages qui la contiennent [2], nous nous bornons à les résumer. Les peuples et les gouvernements se forment d'eux-mêmes avec le concours du temps et à la faveur des circonstances dont l'homme est l'occasion plutôt que la cause, qu'il laisse faire plutôt qu'il ne les fait. Les lois qui se développent avec eux, leurs lois fondamentales et constitutives, ne sont pas non plus l'œuvre de la volonté et de la sagesse humaines ; elles sortent de la nature même des choses, et c'est ce qui en fait la majesté et la force.

Ce que de Maistre appelle, dans les *Soirées de Saint-Pétersbourg*, « le gouvernement temporel de la Providence » et dont on aperçoit déjà une première ébauche dans sa troisième lettre à Vignet des Étoles, est encore une idée de Saint-Martin. Elle tient une place importante dans l'écrit même que nous venons de citer. « De tout temps, dit Saint-Martin [3], les peuples servent alternativement de moyens à l'accomplissement du grand œuvre de la Providence, selon leurs crimes comme selon leurs vertus. » La Providence, d'après lui, règne dans l'histoire d'une manière aussi évidente que dans la nature ; les peuples sont ses ministres et les gouvernements sont les ministres des peuples. Que

---

1. Ce livre porte la date de 1814.
2. Les pages 20 et 21.
3. *Ubi supra*, p. 30.

les peuples essayent de résister à cette impulsion mystérieuse, ils la feront triompher indirectement par les calamités qu'ils attireront sur eux.

Ce serait s'avancer beaucoup que de supposer que les idées théocratiques dont de Maistre s'est fait le défenseur dans son livre *Du Pape* lui ont été suggérées par la *Lettre sur la Révolution* et quelques autres écrits de Saint-Martin; cependant, il est à remarquer que Saint-Martin se prononce en faveur de la théocratie et qu'il revient à plusieurs reprises sur cette déclaration. On lit dans son *Éclair sur l'association humaine* 1 : « J'ai avancé dans ma lettre qu'il n'y avait de vrai gouvernement que le gouvernement théocratique; je le répète ici authentiquement et je ne fais aucun doute que ce serait à ce terme final que se réuniraient tous ceux qui chercheraient de bonne foi et de sang-froid à scruter ces vastes profondeurs..... » Mais il n'y a aucune ressemblance entre la théocratie idéale, toute mystique, toute chimérique de Saint-Martin, et celle à laquelle de Maistre voudrait nous ramener. Celle-ci, en supposant qu'elle pût se réaliser dans l'état actuel de la société européenne, ne serait qu'une institution politique, une combinaison internationale, à laquelle le mysticisme et même le sentiment religieux n'ont aucune part. Aussi ne court-on pas risque, en l'appréciant avec impartialité, de se heurter contre un dogme.

La suprématie temporelle (il ne s'agit que de celle-là) que de Maistre réclame pour le Souverain Pontife, il la fait dériver de son infaillibilité. Mais qu'est-ce que l'infaillibilité pour l'auteur du livre *Du Pape*? Est-ce une faculté surnaturelle, reconnue au nom de la foi et que la foi seule est admise à invoquer en s'appuyant sur la tradition ou sur les textes sacrés? Non, c'est une loi purement humaine qui s'impose à toutes les sociétés et à tous les pouvoirs; c'est la nécessité, pour mettre un terme aux différends et aux divisions qui se produisent immanquablement dans toute

---

1. Édition de Schauer et Chuquet, Paris, 1861, p. 10 ; la première édition est de l'an v (1797).

association, de recourir à une décision suprême qui, ne pouvant être ni contredite ni réformée, devient par là même infaillible. Voici, au reste, les propres paroles de de Maistre :

« L'infaillibilité, c'est le droit commun à toutes les souverainetés possibles, qui toutes agissent nécessairement comme infaillibles ; car tout gouvernement est absolu ; et du moment où l'on peut lui résister sous prétexte d'erreurs ou d'injustice, il n'existe plus.

« La souveraineté a des formes différentes sans doute ; elle ne parle pas à Constantinople comme à Londres ; mais quand elle a parlé de part et d'autre à sa manière, le *bill* est sans appel comme le *fetfa*.

« Il en est de même de l'Église. D'une manière ou d'une autre, il faut qu'elle soit gouvernée comme toute autre association quelconque ; autrement, il n'y aurait plus d'agrégation, plus d'ensemble, plus d'unité. Ce gouvernement est donc de sa nature infaillible, c'est-à-dire absolu ; autrement, il ne gouvernerait plus. En outre, l'Église est une monarchie. Or, la forme monarchique une fois établie, l'infaillibilité n'est plus qu'une conséquence nécessaire de la suprématie, ou plutôt c'est la même chose absolument sous des noms différents [1]. »

La conclusion de ce raisonnement, c'est que le parlement anglais, le sultan, le tsar, le shah de Perse sont aussi infaillibles dans l'exercice de leur autorité respective, que le souverain pontife dans l'exercice de la sienne, puisqu'ils le sont de la même manière et par les mêmes raisons. Quelle étrange manière de parler de celui que tout catholique croyant est obligé de vénérer comme le vicaire de Jésus-Christ, comme le représentant visible de Dieu sur la terre ! Dans une lettre adressée à l'archevêque de Raguse [2], de Maistre emploie des expressions encore plus fortes, nous voulons dire plus libres que celles que nous venons de citer. « Si j'étais athée et souverain, écrit-il, je déclarerais

---

1. *Du Pape*, liv. I, ch. I.
2. Dans les *Lettres et opuscules inédits*, lettre III.

LES APOTRES DE LA THÉOCRATIE ET DU DROIT DIVIN 203

le pape infaillible par édit public, pour l'établissement de la sûreté et de la paix dans mes États. En effet, il peut y avoir quelque raison de se battre, de s'égorger même pour des vérités ; mais, pour des fables, il n'y aurait pas de plus grande duperie. »

Il est clair que, pour Joseph de Maistre, le pape, dépouillé du prestige qu'il emprunte, selon la foi, de l'ordre surnaturel, n'est plus qu'un instrument de gouvernement (*instrumentum regni*) et de pacification à l'usage au moins des peuples de l'Europe, sinon du monde entier. La guerre n'étant que trop fréquente, même entre les États chrétiens, il y va de l'intérêt de tous qu'il y ait un arbitre suprême, toujours prêt à la prévenir, et un tribunal incontesté qui prononcerait en dernier ressort sur les conflits des souverains. Investi de cette juridiction universelle et, comme nous dirions aujourd'hui, internationale, le chef de l'Église a encore une autre tâche à remplir. Il doit protéger les peuples contre les abus de pouvoir auxquels ils sont exposés de la part des princes. Père commun des fidèles, il a qualité pour intervenir entre les opprimés et les oppresseurs, et il en a le moyen. Ce moyen est sa *puissance dispensante*. L'autorité des rois n'admettant pas de limites, puisque, d'après ce qu'on vient de nous dire, c'est sa nature même d'être absolue, le pape, comme il l'a fait avec succès au moyen âge, peut délier les peuples de leur serment de fidélité. « Le serment de fidélité sans restriction, dit de Maistre, exposant les hommes à toutes les horreurs de la tyrannie, et la résistance sans règle les exposant à toutes celles de l'anarchie, la dispense de ce serment prononcée par la souveraineté spirituelle pouvait très bien se présenter à la pensée humaine comme l'unique moyen de contenir l'autorité temporelle sans effacer son caractère [1]. »

Remarquons, en passant, cette expression : « la pensée humaine ». N'est-ce pas au nom de la pensée humaine que Hobbes, regardant la monarchie comme absolue par son

1. *Du Pape*, liv. II, ch. III, p. 224.

essence, proposait également de réunir dans les mêmes mains le pouvoir temporel et le pouvoir spirituel? Et certainement, s'il avait eu des motifs de croire qu'une telle monarchie pouvait s'étendre à toute la terre, il l'aurait acceptée sans hésiter. En quoi donc l'auteur du traité *Du Pape* est-il plus religieux ici que l'auteur du *Léviathan?*

En dépit de son caractère humain et profane, la théocratie de Joseph de Maistre est, quand on veut l'appliquer à l'état présent du monde, aussi chimérique que celle de Saint-Martin. N'ayant jamais été acceptée que d'une manière intermittente et très incomplète dans le passé, quand l'Europe entière, par sa foi, appartenait à l'Église, comment la suprématie temporelle du pape s'exercerait-elle aujourd'hui sur des nations partagées entre des communions différentes, dont l'une n'est même pas chrétienne, et dans un ordre d'idées qui sépare entièrement le temporel du spirituel? Comment aussi le pape interviendrait-il entre les peuples et les rois, quand presque tous les peuples civilisés se gouvernent eux-mêmes et ne laissent plus aux rois, quand ils en ont, qu'une autorité très circonscrite et définie par leurs diverses constitutions? Il y a encore une autre objection qui s'élève contre ce système. On ne comprend pas pourquoi le pape voudrait employer l'autorité universelle dont il serait revêtu pour prévenir ou pour arrêter le fléau de la guerre. N'oublions pas que, dans la pensée de de Maistre, la guerre est divine, la guerre est nécessaire au salut du genre humain. Personne, et surtout le vicaire de Jésus-Christ, ne peut songer à mettre obstacle à la volonté de Dieu et au salut des hommes.

Les *Lettres sur l'inquisition*[1] peuvent être considérées comme un appendice du livre dont nous venons de parler; elles respirent le même esprit politique, peut-être faudrait-il dire le même esprit de police. L'inquisition, selon lui, tout au moins l'inquisition espagnole, à laquelle d'ailleurs il accorde une

---

1. *Lettres à un gentilhomme russe sur l'inquisition espagnole*, in-8°, Paris, 1822.

approbation sans réserve, est une institution royale, c'est-à-dire politique. Elle n'a pas pour but l'extinction de l'hérésie, mais la punition de la révolte ou de la désobéissance au roi et à la loi. La révolte et la désobéissance se manifestent par des actes. Aussi l'inquisition espagnole n'a-t-elle jamais poursuivi la pensée, comme on l'a affirmé par erreur ou par esprit de parti; elle ne châtiait que l'expression de la pensée. « Si donc, dit de Maistre, la loi espagnole, écrite pour tout le monde, porte la peine de l'exil, de la prison, de la mort même contre l'ennemi déclaré et public d'un dogme espagnol, personne ne doit plaindre le coupable qui aura mérité ces peines, et lui-même n'a pas le droit de se plaindre, car il y avait pour lui un moyen bien simple de les éviter : celui de se taire [1]. » Voilà certainement une façon ingénieuse de justifier toutes les tyrannies exercées contre la pensée ou la conscience. Mais l'inquisition espagnole ne recherchait pas seulement les opinions de ceux qu'elle traduisait à sa barre, elle employait une grande partie de son habileté à découvrir s'ils ne portaient pas dans leurs veines quelques gouttes de sang juif ou maure. En admettant qu'on soit responsable de ses moindres paroles, même de celles qu'on adresse à Dieu pour l'adorer selon sa foi, on ne l'est pas de son origine. Joseph de Maistre, sur ce point, donne raison encore à l'inquisition, « parce que, dit-il, les deux races proscrites, ayant encore une foule de liaisons de parenté dans l'État, devaient nécessairement trembler ou faire trembler. Il fallait donc effrayer l'imagination en montrant sans cesse l'anathème attaché au seul soupçon de judaïsme et de mahométisme [2]. »

Du moment qu'il s'agit d'effrayer l'imagination, l'exil, la prison, dont on parlait tout à l'heure, et même la mort simple, *non qualifiée*, comme disent les criminalistes, ne suffisent plus, il faut la torture et le bûcher. Or ces moyens de défense n'ont rien qui répugne aux idées de Joseph de

1. Deuxième lettre, 53.
2. Première lettre, p. 10.

Maistre. Il fait remarquer que chez certaines nations l'incendiaire était brûlé vif et que l'opinion publique approuvait ce genre de châtiment. Il ne voit pas pourquoi celui qui met en péril la foi nationale ne serait pas traité avec la même rigueur. Son admiration pour l'inquisition est portée si loin qu'il se prend à regretter que la France n'ait pas joui de cette institution salutaire. Elle l'aurait préservée de la Révolution, comme elle a préservé l'Espagne des guerres de religion qui ont dévasté l'Europe au xvi.⁰ siècle. En versant de loin en loin quelques gouttes d'un sang impur (ce sont les expressions de de Maistre), elle l'a empêchée de répandre à grands flots celui des générations à naître.

Il n'y a que la foi poussée jusqu'au fanatisme qui puisse servir d'excuse à de pareilles maximes; mais, soutenues de sang-froid, comme elles le sont ici, au nom de la raison d'État, elles inspirent un sentiment d'horreur. Ajoutons qu'elles ne sont pas justifiées par le succès, le seul but et le seul moyen de défense d'une politique sans entrailles. L'inquisition n'a sauvé l'Espagne ni de la guerre civile ni de la révolution, et de plus elle a brisé toutes ses forces. Elle l'a dépeuplée et dévastée plus que ne l'aurait fait une invasion étrangère. Elle l'a fait déchoir du rang qu'elle occupait dans le monde, a détruit son industrie et son commerce, lui a fait perdre les Pays-Bas et ses colonies d'Amérique, et finalement elle ne l'a pas empêchée de se gouverner au nom d'une de ces constitutions écrites pour lesquelles Joseph de Maistre n'a pas assez de mépris et d'indignation.

II

En passant du livre *Du Pape* et des *Lettres sur l'inquisition* aux *Soirées de Saint-Pétersbourg*, nous quittons la politique pure pour rentrer dans le domaine du mysticisme. C'est là que de Maistre, comme il le dit lui-même, « a versé toute sa tête ». C'est là aussi que nous retrouvons à chaque pas l'influence de Saint-Martin.

Le but des *Soirées de Saint-Pétersbourg*, c'est, nous l'avons déjà dit, l'explication du gouvernement temporel de la Providence. Le gouvernement temporel de la Providence ou l'intervention de Dieu dans les destinées de la société humaine se manifeste avant tout, on peut dire uniquement, par le châtiment des coupables, au nombre desquels nous sommes tous comptés à différents degrés, ou par la distribution d'une somme de maux proportionnée à celle des crimes dont la terre est toujours souillée. Il résulte de là que le mal physique a toujours son origine dans le mal moral; que tous ceux qui souffrent sont plus ou moins des criminels; que les maladies, au moins celles qui se distinguent par un caractère défini, « celles qui ont un nom », sont la punition méritée de nos crimes et de nos vices. Les souverains, bien entendu les souverains légitimes, étant les représentants et les ministres de Dieu sur la terre, la première attribution de leur pouvoir est de frapper ceux qui l'ont mérité, d'ordonner des supplices, d'exercer dans toute sa rigueur le droit de vie et de mort. Afin de leur rendre plus facile l'accomplissement de cette douloureuse mission, Dieu, par un acte spécial de sa puissance créatrice, fait naître près d'eux, aussi souvent qu'ils en ont besoin en raison de la durée et de l'étendue de leurs États, un instrument vivant surnaturel, quoique semblable en apparence aux autres hommes, et qui n'est propre qu'à ce seul usage. La page que de Maistre a écrite sur le bourreau est dans toutes les mémoires, c'est la plus saisissante qui soit sortie de sa plume, et cela devait être ; car le bourreau, c'est la clef de voûte de la société telle qu'il la comprend, c'est la personnification de sa pensée. De Maistre toutefois nous accorde que ni les tribunaux institués par les princes, ni le bourreau, leur instrument prédestiné, ne frappent toujours juste. Mais ce sont là, selon lui, des exceptions d'une rareté extrême et très difficiles à constater. Quand par hasard elles se présentent, il faut savoir s'y résigner et s'en consoler. « Qu'un innocent périsse, dit-il, c'est un malheur comme un autre. »

Le sang répandu par la main du bourreau ne suffit pas à apaiser la vengeance divine et à laver l'humanité des souillures contractées, sinon par les crimes qui nous sont imputables directement, du moins par le péché originel, source première du mal moral, comme le mal moral est lui-même la cause du mal physique. Voilà pourquoi l'œuvre de la justice est complétée par la guerre. Voilà pourquoi la guerre est divine, la guerre est un miracle, une institution d'ordre surnaturel qui ne disparaîtra qu'avec le monde. C'est dans le tableau qu'il en a tracé, on peut dire avec amour, que de Maistre a déployé toute l'énergie de son style et les plus sombres couleurs de son imagination.

A la justification de la guerre se rattache étroitement l'explication que de Maistre nous donne des sacrifices. Il nous montre par l'histoire de l'antiquité que les hommes ont toujours cru vivre sous la main d'une puissance irritée. Or cette conviction n'est pas autre chose qu'une tradition obscurcie du péché originel. Ayant le sentiment de leur dégradation, les hommes, par une sorte d'instinct qui en est inséparable, en ont placé le siège, non dans l'esprit, incorruptible par essence, mais dans le principe de la vie, dans le sang. Voilà pourquoi le sang répandu était à leurs yeux le seul remède du mal dont ils se savaient atteints, et qu'ils versaient indifféremment, dans leurs rites religieux, celui des hommes ou celui des animaux, celui des innocents ou celui des criminels. Le premier leur paraissait préférable, parce qu'ils pensaient que le sang de l'innocent pouvait racheter celui du coupable, et que plus la victime était pure, plus elle était propre à apaiser la colère divine. Dans cette croyance, qui autorisait les sacrifices humains, de Maistre reconnaît un dogme qui lui est particulièrement cher, celui de la réversibilité, et l'espérance encore voilée de la rédemption. On dirait que, pour de Maistre, l'effusion du sang est la solution de tous les problèmes, le dernier mot de l'histoire, de la politique et de la religion. « On dirait, à l'en croire, dit M. Ferraz, qu'il en est du sang versé comme des eaux pluviales, qu'il doit atteindre tous les ans, d'une manière ou d'une autre, un certain niveau [1]. »

Eh bien! toutes ces idées, sans en excepter une seule, sont empruntées à Saint-Martin. Comme de Maistre, Saint-Martin reconnaît partout, dans toutes les religions, et dans la nature aussi bien que dans l'esprit de l'homme, le dogme de la chute et l'attente de la rédemption. Comme de Maistre, et longtemps avant lui, il regarde l'effusion du sang, les sacrifices sanglants, comme absolument nécessaires à la régénération de l'espèce humaine. C'est dans ses livres, surtout dans celui qui a pour titre *le Ministère de l'homme-esprit*, qu'on trouve cette doctrine mystique, que le sang est le siège de toute impureté, parce qu'il est le principe et le siège de la vie matérielle, le tombeau des propriétés de l'esprit et des plus actives facultés des autres êtres; par conséquent, l'effusion du sang est une délivrance. Voici, au

---

1. Page 50.

reste, les propres termes de Saint-Martin : « On a souvent reconnu l'utilité du sang appliqué à l'extérieur, comme tirant au dehors toute la corruption. Au contraire, pris à l'intérieur, il augmente encore cette corruption. Ceci nous explique combien, depuis la grande maladie du genre humain, l'effusion du sang était nécessaire. » — « Le sang, depuis le crime, était la barrière et la prison de l'homme, et l'effusion du sang était nécessaire pour lui rendre progressivement la liberté [1]. »

Pas plus que de Maistre, Saint-Martin ne se contente du sang des animaux ; il lui faut du sang humain, des victimes humaines pour racheter la faute de nos premiers parents. Il applaudit aux exécutions, aux supplices dont les récits bibliques nous offrent le monotone spectacle. C'est presque avec un sentiment de reconnaissance qu'il contemple dans l'histoire les guerres, les révolutions, les cataclysmes de la nature, les fléaux de toute espèce qui déciment les nations. Mais quoi ! dans cette œuvre de destruction, l'innocent n'est-il pas compris aussi bien que le coupable ? La réponse que fait Saint-Martin à cette question ne diffère que par les termes de celle qu'on trouve dans les *Soirées de Saint-Pétersbourg*. « Les victimes innocentes entrent dans le plan de l'économie divine qui les emploie, comme un sel pur et conservateur, afin de préserver par là de l'entière corruption et de la dissolution totale les victimes coupables avec lesquelles elles descendent dans le tombeau [2]. » C'est le dogme de la réversibilité expliqué presque d'une manière physique et accepté avec d'autant plus de confiance.

On sait quelle est l'opinion de de Maistre sur les sauvages ; elle n'est pas arrivée à une moindre célébrité que son apothéose du bourreau, la justification de la guerre et la théorie des sacrifices. Ce qu'a produit, selon lui, l'état sauvage, c'est un crime extraordinaire que notre raison même

---

1. *Ministère de l'homme-esprit*, p. 269.
2. *Ministère de l'homme-esprit*, p. 214 ; *De l'esprit des choses*, t. II, p. 180.

ne peut plus concevoir aujourd'hui. « Un chef de peuple, ayant altéré chez lui le principe moral par quelques-unes de ces prévarications qui, suivant les apparences, ne sont plus possibles dans l'état actuel des choses, parce que nous n'en savons heureusement plus assez pour devenir coupables à ce point; ce chef de peuple, dis-je, transmet l'anathème à sa postérité; et toute force constante étant de sa nature accélératrice, puisqu'elle s'ajoute continuellement à elle-même, cette dégradation, pesant sans intervalle sur les descendants, en a fait à la fin ce que nous appelons des sauvages [1]. » Sans aller aussi loin dans la logique de l'hypothèse, Saint-Martin pense de même. Il ne croit pas, comme Rousseau et les autres philosophes du XVIIIe siècle, que la vie sauvage soit l'enfance de l'homme; il n'y voit qu'un état de dégradation, suite du péché originel, où le sauvage est resté; tandis que les autres races de l'humanité en sont sorties plus ou moins par l'effet des secours qui leur ont été accordés d'en haut [2]. Pourquoi le sauvage n'a pas reçu les mêmes secours ou n'en a pas su profiter, c'est ce que Saint-Martin ne nous explique pas, pas plus que de Maistre ne nous explique la grande prévarication de son chef de peuple. Mais, au fond, ils sont parfaitement d'accord.

Voici encore un point de grande importance où ils se rencontrent, c'est-à-dire où l'un des deux est mis à profit par l'autre. A en croire de Maistre, la science elle-même, telle que l'a faite la méthode analytique et inductive, est un état de déchéance, la plus triste de nos infirmités, le plus lourd des châtiments qui nous soient infligés par la justice divine. C'est notre esprit qui rampe, qui se traîne sur la terre, tandis qu'il devrait, selon les desseins de Dieu, traverser avec des ailes les célestes espaces. C'est ce qu'il a fait dans l'origine; c'est ce qu'il fait encore en partie dans l'antiquité; car plus on remonte le cours des âges, plus on rencontre de spontanéité et de perfection

---

1. *Soirées de Saint-Pétersbourg*, édition de 1845, p. 100.
2. *Éclair sur l'association humaine*, p. 7, édition Schauer.

dans les connaissances de l'homme. La plus merveilleuse de ces connaissances est celle de la parole ; donc la parole n'est pas d'invention humaine, comme l'ont soutenu les philosophes du dernier siècle : elle est d'institution divine. Aussi les langues anciennes, celles qui se rapprochent le plus de la naissance de la parole, sont-elles incomparablement supérieures aux langues modernes ; et parmi les langues modernes il n'en est pas de plus vicieuses que celles qui ont été créées de nos jours, telles que la nomenclature chimique et la nomenclature métrique. Cette doctrine se trouve dans les œuvres de Saint-Martin avec un caractère de profondeur que de Maistre ne lui a pas conservé et qui disparait entièrement dans la théorie de de Bonald. Tout en soutenant, contre Condillac, contre Garat et les autres philosophes de son temps, que la parole n'a pas été inventée par l'homme, Saint-Martin se garde bien de la présenter comme un miracle et de dire avec de Maistre que l'homme parle parce que Dieu lui a parlé. La parole, selon lui, est née avec l'homme, elle est aussi ancienne que lui, mais elle a suivi la même marche et revêtu successivement les mêmes caractères que notre esprit. « Les langues primitives étaient plutôt des langues d'action et d'affection que des langues de méditation ; elles étaient plus parlées qu'écrites, et par cette vivante activité elles avaient une force et une supériorité qui appartiendra toujours à la parole par préférence à l'écriture [1]. » S'il y a des langues primitives qui l'emportent par tant de qualités sur celles qui se sont formées plus tard, c'est qu'il y a des idées primitives des connaissances primitives, des sentiments primitifs, sans lesquels il nous est impossible de nous entendre sur rien, sans lesquels aussi il nous est impossible de rien fonder, de rien comprendre, de rien diriger, à commencer par le gouvernement de nous-mêmes. C'est l'ensemble de ces idées et de ces sentiments que Saint-Martin nous donne pour une

---

1. Le *Crocodile*, chant LXX, p. 346.

révélation, et cette révélation, la première de toutes, nous la portons en nous, nous l'avons reçue avec l'existence ; elle remonte à notre premier père, et n'a perdu de sa clarté qu'à mesure que nous nous sommes éloignés de lui [1]. On voit que de Maistre, pour s'approprier ces idées, n'avait qu'à les revêtir de son style enflammé et à les rapprocher du dogme catholique.

Enfin, si nous en croyons les prédictions de Saint-Martin, les révolutions dont notre génération a été témoin, et celles dont l'histoire nous a conservé le souvenir, n'auront servi qu'à préparer une révolution dernière, à la fois sociale et religieuse, où les croyances comme les institutions seront transfigurées, où l'esprit remplacera la lettre et la tradition dans la foi régénérée du genre humain ; où le règne de Dieu remplacera celui de l'homme, et la vraie théocratie les dominations éphémères fondées sur l'iniquité et sur la violence. C'est ce qu'il appelle le règne sabbatique, et dont il nous montre l'avènement, rendu nécessaire par nos crimes, par notre incrédulité même, comme plus prochain qu'on ne pense [2]. De Maistre fait une prédiction tout à fait semblable, qu'il appuie sur les mêmes raisons. « Il faut, dit-il, nous tenir prêts pour un événement immense dans l'ordre divin, vers lequel nous marchons avec une vitesse accélérée qui doit frapper tous les observateurs. Il n'y a plus de religion sur la terre : le genre humain ne peut demeurer dans cet état. Il n'y a peut-être pas un homme véritablement religieux, en Europe, qui n'attende, en ce moment, quelque chose d'extraordinaire [3]. » Cet événement extraordinaire, c'est une révolution religieuse et scientifique qui réunira, dans un même corps de doctrine, la religion et la science. Ce sera, après la promulgation de l'ancienne loi sur le mont Sinaï et l'apparition de l'Évangile, une troi-

1. *De l'Esprit des choses*, t. XXII, p. 145-155 ; *Lettre au citoyen Garat*.
2. *Lettre à un ami sur la Révolution. Éclair sur l'association humaine* ; œuvres posthumes, t. I, p. 399 et suivantes.
3. *Soirées de Saint-Pétersbourg*, onzième entretien.

sième révélation, devenue aussi nécessaire que l'étaient les deux précédentes, et qui aura pour résultat de ramener le genre humain à l'unité.

Parce que cette prédiction est placée dans la bouche du *sénateur*, et non dans celle du *comte*, on a contesté qu'elle réponde à la pensée personnelle de de Maistre; mais M. Ferraz fait remarquer avec justesse qu'une idée, sinon identique, du moins très semblable à celle-là, se trouve déjà exprimée dans les *Considérations sur la France*, publiées vingt-cinq ans avant les *Soirées de Saint-Pétersbourg*. Elles contiennent, en effet, ce passage : « Il me semble que tout vrai philosophe doit opter entre deux hypothèses : ou qu'il va se former une nouvelle religion, ou que le christianisme sera rajeuni de quelque manière extraordinaire... Quel homme de l'antiquité eût pu prévoir le christianisme, et quel homme étranger à cette religion eût pu, dans ses commencements, en prévoir les succès? Comment savons-nous qu'une grande révolution morale n'est pas commencée? » C'est exactement ce que dit Saint-Martin dans sa fameuse *Lettre sur la Révolution*, qui venait de paraître.

Il nous reste, pour terminer cette esquisse de ce qu'on a appelé le système de Joseph de Maistre, à donner une idée de sa polémique contre la philosophie de Locke et celle de Bacon. C'est là qu'il fait preuve d'un esprit philosophique qu'on n'a pas toujours soupçonné en lui, et auquel M. Ferraz rend pleine justice. Saint-Martin, dans ses divers écrits, ne se lasse pas de combattre les philosophes de son temps, Rousseau, Condillac, Helvétius. De Maistre a voulu remonter plus haut, il s'attaque aux deux philosophes du xvii⁰ siècle, qui passent généralement pour être les pères de la philosophie du xviii⁰. Naturellement, il prend, contre Locke, la défense des idées innées. Mais pour lui, comme pour tous ceux qui, en épousant leur cause, ont cherché à s'entendre avec eux-mêmes, les idées innées ne sont pas des connaissances toutes faites, encore moins des jugements arrêtés, que nous apportons avec nous en naissant. Ce sont les conditions suprêmes de notre pensée, les idées qui se présentent à notre esprit comme absolument primitives et nécessaires au moment même où nous en faisons l'application aux divers objets de notre connaissance, aux différents jugements que nous prononçons. Il reconnaît non seulement des idées innées qu'on ne trouve que chez l'homme, mais des instincts innés, auxquels obéissent les animaux, et qui, restant les mêmes dans chaque espèce, varient d'une espèce à une autre suivant sa nature et suivant ses besoins. L'innéité seule nous explique les instincts, et les instincts, à leur tour, peuvent servir de preuve à l'innéité dans l'intelligence humaine.

Bacon, plus encore que Locke, est, dans l'opinion de de Maistre, la plus haute personnification et la cause première de la philosophie dont il a juré la ruine. Aussi est-ce contre lui qu'il fait usage de toutes ses armes, sur lui qu'il vide, selon le langage de l'Écriture, la coupe de sa haine et de sa colère. Tout n'est pas vrai, assurément, dans le violent réquisitoire qu'il a dressé contre lui, mais il y a des reproches très fondés; par exemple, de manquer de justice envers ses devanciers, de n'avoir pas donné une définition bien nette de cette induction par laquelle il prétend renouveler toutes les connaissances humaines, d'avoir méconnu l'usage de l'analogie et de l'hypothèse dans la science, d'avoir proscrit la recherche des causes finales, dont les sciences naturelles, quand elles n'en abusent pas, peuvent faire un emploi aussi légitime que la métaphysique. Mais il ne veut rien laisser subsister de son génie et de ses œuvres, parce qu'il ne veut rien laisser subsister de la science moderne et de la méthode philosophique. Son dessein, dans l'ordre intellectuel comme dans l'ordre social, est de ramener le monde à la tradition, à l'autorité. Il oublie que lui-même s'en est presque toujours écarté, et les a gravement compromises.

III

Dans l'histoire de la réaction intellectuelle et morale qui a éclaté au commencement de ce siècle contre la philosophie du siècle précédent et contre les principes de la Révolution française, le nom de de Bonald est inséparable de celui de Joseph de Maistre. Nés à une année de distance l'un de l'autre [1], dans des conditions sociales absolument semblables, ils ont, pendant longtemps, sans se connaître, poursuivi le même but, éprouvé les mêmes colères et les mêmes haines, nourri les mêmes espérances et les mêmes affections. Aussi de Maistre a-t-il pu dire qu'il lui arrivait quelquefois d'éclater de rire en retrouvant ses propres pensées et jusqu'à ses expressions dans les écrits de de Bonald. « Est-il possible, ajoute-t-il, que la nature se soit amusée à tendre deux cordes aussi parfaitement d'accord que votre esprit et le mien? Je n'ai rien pensé que vous ne l'ayez écrit; je n'ai rien écrit que vous ne l'ayez pensé. » Mais M. Ferraz n'a pas de peine à démontrer que l'accord est loin d'être aussi parfait qu'on se le figure. Sans parler des moyens de persuasion qu'emploient habituellement les deux écrivains : l'éloquence passionnée, l'érudition brillante et souvent profonde de l'un; les raisonnements plutôt froids que solides et les prémisses abstraites non moins qu'arbi-

1. De Bonald naquit en 1753 ; de Maistre en 1754.

traires de l'autre, il existe entre eux, tant au point de vue philosophique qu'au point de vue religieux, de notables différences. De Maistre accable de son ironie et de son dédain les philosophes du xviiie siècle et ceux du xviie qui leur ont servi de modèles; mais il aime la philosophie, il la connait par ses monuments les plus importants, il l'honore dans ses maitres les plus illustres, tels que Platon, Aristote, Malebranche. De Bonald, malgré le titre d'un de ses ouvrages, *Recherches philosophiques*, n'a pas moins d'aversion pour la philosophie que pour les philosophes, auxquels, d'ailleurs, il est resté toute sa vie à peu près étranger, car il ne les connait que par le livre très superficiel et fréquemment inexact de de Gérando. Quand ce n'est point de Gérando qu'il prend pour guide, ce sont des traditions surannées et dépourvues de tout fondement, comme celles qui font de Pythagore et de Platon les disciples des prophètes hébreux. De Maistre, en acceptant une certaine philosophie, accepte par là même la raison sous une de ses formes, dans une de ses manifestations. Il est l'ennemi de l'analyse, des procédés rigoureux de l'observation et du raisonnement, de ce qu'on appelle, dans le langage de l'École, la raison discursive; mais il n'a pas assez de respect ni d'admiration pour la raison intuitive, pour les vues spontanées de l'esprit, pour les principes éternels et universels de l'intelligence humaine. De Bonald condamne également la raison et le raisonnement, la synthèse et l'analyse, l'intuition et l'expérience. C'est l'esprit humain tout entier, chaque fois qu'il prétend user librement de ses forces et prendre connaissance de lui-même, qu'il déclare atteint d'impuissance ou de folie. Pour lui, le fondement de toute science et de toute certitude, c'est l'autorité divine, c'est la tradition, manifestée elle-même par la parole. De là cette proposition sur laquelle repose tout son système, que la pensée est absolument subordonnée à la parole, créée miraculeusement par la toute-puissance, en même temps que la tradition, le jour où a été créé l'homme. De Maistre, enfin, est franchement ultramontain, comme l'exige le principe général de sa doctrine tant politique que philosophique. De Bonald, en adoptant le même principe, et en le poussant à des exagérations dont l'auteur des *Soirées de Saint-Pétersbourg* a su se préserver, a la prétention, dans l'intérêt de la royauté, d'imposer des limites à l'autorité du souverain pontife. Le pape, selon lui, n'est pas le roi de la société religieuse, il n'en est que le connétable. « En effet, il a au-dessus de lui une autorité extérieure, celle du concile général, et le monarque n'en a et n'en peut avoir aucune [1]. »

Il suffira, pour mettre ces différences en pleine lumière, d'embrasser dans leur ensemble les opinions soutenues par de Bonald. Mais nous ne pouvons nous empêcher de dire tout de suite qu'elles le placent à une très grande distance au-dessous de Joseph de Maistre.

Toute la philosophie de de Bonald, sa philosophie spéculative comme sa philosophie politique et religieuse, repose sur ces deux propositions : l'institution divine et surnaturelle de la parole; l'institution divine et surnaturelle, non seulement du pouvoir, mais des ministres du pouvoir, des agents les plus importants de sa volonté dans la paix et dans la guerre. L'institution divine et surnaturelle de la parole a pour conséquence l'immobilité de l'esprit humain, l'asservissement complet de la raison à la foi, de la philosophie à la théologie, de la science à la tradition et, par suite, la domination absolue de l'Église sur les intelligences et sur les âmes. Car si la divinité elle-même, par un miracle incompréhensible à notre faiblesse, nous a appris à parler, comme le font aujourd'hui nos mères et nos nourrices, elle a dû nous révéler, avec la première langue, les plus profonds mystères de la sagesse, les connaissances dont nous avions besoin pour la direction de notre vie et de notre pensée, et alors la perfection de l'esprit humain ne consiste pas à marcher en avant, mais à reculer vers les premiers âges du monde, à rester enchaîné

---

[1]. Passage cité par M. Ferraz et emprunté à la *Théorie du pouvoir*, t. II, liv. V, ch. I et V.

à la tradition reconnue la plus pure de cette époque reculée et à se soumettre aveuglément aux interprètes autorisés de cette tradition immuable. Telle est la conclusion que nous voyons sortir de la première proposition de de Bonald, conclusion qui a été acceptée par l'auteur de la *Législation primitive* et poussée à ce point, dans un écrit dirigé contre Mme de Staël [1], qu'il regarde comme une source de corruption le tubercule nourricier importé en France par Parmentier, l'innocente pomme de terre. L'institution divine et surnaturelle du pouvoir nous oblige à regarder comme un crime toute intervention des peuples dans leurs propres affaires, toute entreprise en faveur de la liberté politique et civile, toute résistance à la monarchie absolue et aux privilèges héréditaires d'une caste éternellement fermée, en possession de toutes les fonctions importantes de l'État. Cette conséquence de la seconde proposition n'est pas acceptée moins résolument par de Bonald que celle qui découle de la première.

Maintenant prenez les seize volumes dont se compose l'édition complète des œuvres de de Bonald, prenez surtout les livres où ses idées se développent avec le plus de suite, les *Recherches philosophiques*, la *Législation primitive*, la *Démonstration philosophique du principe constitutif de la société*, l'*Essai analytique sur les lois naturelles de l'ordre social*, la *Théorie du pouvoir politique et religieux*, même les *Mélanges* et les *Pensées*; soumettez-les à la plus sévère analyse, pressez-les dans tous les sens, vous n'en ferez jamais jaillir autre chose que ces deux prémisses avec leurs conséquences inévitables. Nous nous occuperons d'abord de la première, c'est-à-dire de la création surnaturelle de la parole.

Il ne s'agit pas de nous transporter, sur les ailes de l'imagination, aux jours où nos premiers parents habitaient encore le paradis terrestre, et de nous demander dans

---

1. *Observations sur l'ouvrage de M*me *de Staël intitulé : Considérations sur les principaux événements de la Révolution française*, in-8°.

quelle langue ils conversaient ensemble et avec Dieu ; dans quelle langue Adam a nommé tous les animaux, dans quelle langue le serpent s'est entretenu avec Ève et a réussi à la séduire ; non, la question est toute différente. Il s'agit de savoir si la parole, telle qu'elle existe aujourd'hui et que nous la présentent tous les monuments de l'histoire, si les langues dont nous nous servons et celles d'où elles sont sorties, sont une œuvre merveilleuse à ce point qu'elles ne puissent pas s'expliquer par le développement naturel de nos facultés, par l'activité spontanée de notre intelligence, jointe à l'aptitude de nos organes, et qu'il faille les considérer comme les filles d'une seule mère, miraculeusement descendue du ciel ou créée tout d'une pièce avec l'homme lui-même. C'est à cette solution que s'arrête de Bonald par trois raisons : une raison philosophique, qu'il croit découvrir dans la nature même de la pensée ; une raison morale, qui est empruntée à la nature de la société ; une raison qu'on peut appeler philologique, parce qu'elle repose sur de prétendues similitudes entre toutes les langues connues. C'est sur la raison philosophique que de Bonald insiste le plus, et en effet c'est elle qui fait la base de tout son système. Voici en quels termes elle nous est présentée :

« L'homme pense sa parole avant de parler sa pensée » ; ou bien : « l'homme ne peut parler sa pensée sans penser sa parole », d'où il résulte que les deux choses nous ont été données ensemble à l'instant de la création. Ce raisonnement revient à dire, avec Hobbes, avec Condillac, avec Destutt de Tracy, avec les nominalistes du moyen âge, que sans les mots nous ne penserions pas. Cependant de Bonald ne va pas jusqu'à identifier complètement l'idée avec le mot, et l'on ne pourrait sans injustice lui appliquer les paroles de Roscelin : *Flatus vocis*. Selon lui, en effet, deux sortes de vérités sont accessibles à notre esprit : des vérités particulières ou physiques, des vérités perçues par les sens et représentées par des *images*, et des vérités générales, des vérités morales et métaphysiques, qui sont l'objet des *idées*. Les premières sont aperçues directement sans le secours des signes ; les autres, déposées en nous comme un germe informe, ne se montrent à la conscience que sous l'action de la parole, semblables aux objets confondus dans la nuit et qui ne deviennent visibles pour nous que lorsqu'ils sont touchés par la lumière. Toutes les idées de cette espèce dont nous avons la possession claire et distincte, nous les devons à un enseignement traditionnel, à une révélation qui remonte, avec la parole, à l'origine de notre espèce.

La raison morale, c'est que sans la parole il n'y a pas de société, et sans la société l'homme lui-même n'existe pas. Muet, il est condamné à l'isolement, et, affligé de ce double malheur, il tombe bientôt dans une condition inférieure à celle des bêtes. Donc l'homme, la société et la parole sont contemporains : ils sont sortis ensemble des mains du Créateur.

Enfin la dernière raison, celle qui est tirée de la nature de la parole, se résume dans cette observation, qu'entre toutes les langues, si différentes qu'elles soient les unes des autres, il y a de frappantes analogies, des ressemblances multipliées qui nous forcent à croire qu'elles sont toutes dérivées d'une langue primitive, originelle, créée à l'usage du premier homme et de la première famille humaine. On nous fait remarquer en outre que les langues les plus parfaites sont les langues anciennes, et que plus une langue est moderne, plus elle est pauvre et ingrate. Ce fait, inexplicable dans l'hypothèse que la parole est le fruit de l'industrie progressive de l'homme, se concilie parfaitement avec la supposition qu'elle est d'institution divine.

Nous écarterons d'abord l'argument tiré de la sociabilité humaine ; c'est incontestablement le moins sérieux des trois. Pour admettre que l'homme est né sociable et qu'il a toujours vécu dans un état quelconque de société, il n'est pas nécessaire de considérer la parole comme une révélation surnaturelle ; il suffit que l'homme ait reçu de la nature la faculté de parler, comme il a reçu d'elle la faculté de penser, de sentir, et le besoin de communiquer ses pensées et ses diverses sensations. Toutes ces facultés et le besoin qui leur correspond, se développant par degrés, ont donné naissance à différents états de société. L'homme a toujours été au-dessus de ce *mutum et turpe pecus* dont les poètes de l'antiquité nous ont laissé la peinture imaginaire. Même avec un langage inférieur à la parole, la société a pu exister. Nous ignorons ce que pouvait être l'homme contemporain de l'ours des cavernes, mais tous les sauvages qu'on a rencontrés formaient des associations plus ou moins nombreuses et possédaient un rudiment de gouvernement. Quant au sauvage muet et isolé de l'Aveyron, que de Bonald cite à plusieurs reprises comme une preuve de ses idées sur l'origine de la société et du langage, c'était probablement, comme on l'a remarqué depuis longtemps, quelque enfant idiot ou sourd-muet que ses parents avaient abandonné.

Il faudrait faire plus de fond sur la similitude des langues si elle pouvait être démontrée; mais c'est précisément le contraire qui est reconnu aujourd'hui. Si l'on compare entre elles les langues, non pas une à une et au hasard, comme on l'a fait pendant longtemps, mais par groupes issus de la même origine ou par familles, on trouve qu'elles diffèrent à la fois par leurs dictionnaires et par leurs grammaires, par les mots qui en sont en quelque sorte la matière, et par les formes organiques ou constitutives au moyen desquelles les mots s'unissent entre eux dans la proposition et dans le discours. A part quelques emprunts d'ailleurs faciles à reconnaître, qu'elles ont faits les unes aux autres ou dont elles sont redevables à une source étrangère, les langues sémitiques et les langues indo-européennes ne nous laissent apercevoir dans leurs dictionnaires respectifs aucun trait de ressemblance. Elles ne s'accordent guère plus par leurs grammaires, si l'on considère la distance qui sépare le système des flexions de celui des affixes et des suffixes. Mais quelle que soit la différence qu'on remarque entre les deux familles de langues dont nous venons de parler, on en trouvera une plus grande encore en les comparant l'une et l'autre à la langue chinoise. Où donc est cette langue absolument primitive, cette langue révélée dont les autres ne sont que des imitations ou des débris? La vérité est que de Bonald ne parle que des lois générales que toutes sont obligées de subir et que la seule analyse logique d'une proposition quelconque suffit à mettre en lumière. Il est évident, en effet, qu'aucune proposition n'est intelligible si elle ne renferme, au moins implicitement, un sujet et un verbe. Mais l'existence simultanée et corrélative de ces deux éléments, c'est la condition de la pensée avant d'être celle du langage, c'est la condition du jugement avant d'être celle de la proposition, et, ce qui le prouve, c'est qu'il y a des propositions et même des langues qui n'ont pas de verbe. La pensée n'en est pas moins claire, parce qu'elle trouve en elle-même ce qu'elle ne trouve pas dans la parole; par conséquent, ce sont les lois de la pensée, ce sont les intelligences qui se ressemblent, non les langues, instruments imparfaits de l'intelligence.

Il ne nous reste donc plus à examiner que l'argument principal de de Bonald, celui qui est le fond de son système : « L'homme pense sa parole avant de parler sa pensée. » Nous ferons remarquer d'abord que de Bonald lui-même l'a discrédité en essayant de prouver l'origine divine et surnaturelle de l'écriture par un raisonnement tout à fait semblable. « La décomposition des sons, dit-il, et l'écriture sont une seule et même chose; donc l'une n'a pu précéder l'autre, puisqu'on ne pouvait décomposer les sons sans les nommer, ni les nommer que par les lettres ou les caractères qui les distinguent. » — « L'écriture est donc nécessaire à l'invention de l'écriture. » D'où il résulte que l'homme n'est pas plus l'inventeur de l'alphabet que des langues, ou que Dieu a été notre premier maître d'écriture et notre premier maître de langues.

Ce raisonnement me rappelle une légende talmudique d'après laquelle Dieu, par un miracle de sa toute-puissance, aurait créé la première paire de tenailles. Il est évident, disent les rabbins, qu'il faut posséder une paire de tenailles pour en fabriquer une autre ; donc le premier instrument de cette espèce n'a pu être l'œuvre de l'homme, mais une création divine. On pourrait ajouter que ce premier instrument a servi de modèle à ceux qui furent plus tard fabriqués de main d'homme, puisque tous se ressemblent. Ce serait l'équivalent de l'argument tiré de la similitude des langues.

Cela seul suffit à montrer combien est chimérique et arbitraire l'opinion de de Bonald sur l'origine de la parole. L'homme ne pense pas parce qu'il parle, mais il parle parce qu'il pense. Ni la pensée ni la parole ne restent les mêmes à toutes les époques de la vie d'un peuple ou d'une race, pas plus qu'elles ne restent les mêmes dans la vie d'un individu. Très imparfaites à leur origine et renfermées dans une sphère plus ou moins bornée, elles se développent avec le temps, elles se perfectionnent et s'étendent à mesure que l'homme acquiert plus d'expérience, que la nature se montre à lui sous des aspects plus variés et qu'il a des relations plus fréquentes avec ses semblables. A une pensée encore toute plongée dans les sens, ou qui n'aperçoit le monde intelligible que sous les couleurs et les formes du monde sensible, correspond une langue chargée d'images, où les noms abstraits sont rares, où les sentiments et les passions sont en quelque sorte représentés par des mouvements et par des gestes. Telle est la langue hébraïque dans les plus anciennes parties de la Bible. Une pensée libre, réfléchie, maîtresse d'elle-même, qui se rend compte de ses actes, qui sait faire la différence des sensations et des idées, ne manque pas de trouver ou de créer à son usage une langue précise et claire, propre au raisonnement et à l'analyse, où toutes les abstractions de l'esprit avec les rapports qui les unissent ont leurs signes particuliers. Telle est la langue de Platon et d'Aristote dont eux seuls sont les auteurs dans ce qu'elle a de vraiment philosophique. Telle est aussi la langue de Descartes, de Bossuet et de Malebranche. J'en dirais autant de celle de Kant si elle avait un caractère moins personnel et ne semblait pas plutôt destinée, comme l'était celle de la scolastique, aux discussions intérieures de l'école qu'à l'usage général des esprits cultivés. On voit par là que la supériorité des langues anciennes sur les langues modernes, d'où de Maistre et de Bonald ont voulu tirer avantage contre la formation naturelle de la parole, ne doit pas être entendue dans leur sens absolu. Ni les dialogues de Platon, ni les *Méditations métaphysiques* de Descartes, ni le traité de la *Connaissance de Dieu et de soi-même*, ni la mécanique céleste de Laplace, ni le discours de Cuvier sur les révolutions du globe n'auraient pu se produire dans la langue d'Homère ou dans celle des prophètes.

Ainsi, de tous les arguments invoqués par de Bonald en faveur de sa première proposition, celle qui affirme la révélation surnaturelle du langage, pas un seul ne reste debout, et tous sont emportés à la fois par une contradiction suprême, que M. Ferraz a relevée avec beaucoup d'à-propos. De quoi s'agit-il en effet? De montrer que la raison de l'homme, c'est-à-dire la raison, est absolument stérile, et que tout ce que nous savons, nous le tenons de la révélation, d'une communication surnaturelle de la raison divine ; et l'unique preuve qu'on nous donne de cette conclusion, c'est un système qui n'est pas seulement une création de la raison de l'homme, mais une œuvre, on peut dire une fantaisie toute personnelle. La pensée expliquée par la parole ou la parole présentée comme la cause génératrice de la pensée, comme la seule puissance capable de la faire sortir d'un état latent, cette opinion ne s'accorde pas mieux avec la tradition de l'Église qu'avec la saine philosophie. L'Église a toujours distingué entre les vérités d'ordre naturel et les vérités d'ordre surnaturel, les vérités connues par le seul usage de la raison et celles qui ne peuvent l'être que par la révélation : par conséquent, elle n'a jamais vu dans la parole, considérée elle-même comme révélée, la source unique de toute connaissance et de toute pensée. Quant à la philosophie, il n'y a que le matérialisme et la doctrine de la sensation transformée, il n'y a que l'école de Hobbes et celle de Condillac qui aient confondu au même degré l'idée avec le signe et la pensée avec le langage. C'est au prix de la plus choquante inconséquence qu'en acceptant leur principe, de Bonald a pu se flatter de maintenir la distinction de l'âme et du corps et de définir l'homme : une intelligence servie par des organes.

Voyons maintenant si la seconde proposition de de Bonald, l'institution divine du pouvoir et de ses ministres, ou l'institution divine de la hiérarchie sociale, est mieux fondée que la première. Puisque l'homme ne sait rien que ce que Dieu lui a appris, à l'origine des choses, par des voies surnaturelles, Dieu a dû lui apprendre aussi, après l'avoir soumis à la nécessité de vivre en société, sur quelles bases l'ordre devait être fondé. Il semblerait d'après cela que de Bonald, pour retrouver cette organisation divine de la société humaine, se crût obligé de la chercher dans quelque antique tradition, dans quelque monument consacré par la vénération et par la foi de la grande majorité des hommes. C'est ce que promet en apparence le titre même d'un de ses ouvrages les plus importants, la *Législation primitive*. Mais la voie dans laquelle il s'engage est toute différente. Il s'appuie sur un système de son invention et qui est tout aussi étranger, soit à la tradition de l'Église, soit aux enseignements de l'histoire, que sa fameuse théorie du langage. De plus, comme M. Ferraz le remarque avec raison, on n'aperçoit pas d'autre rapport entre ces deux libres créations de son esprit que le désir de les faire servir à la condamnation de toute liberté et de toute spéculation individuelle.

Tout ce qui existe, si nous en croyons de Bonald, tout ce que nous connaissons se présente à notre esprit sous l'un de ces trois aspects : comme cause, comme moyen ou comme effet. Ce sont, comme on dirait dans le langage de Kant, les trois catégories, non seulement de la pensée, mais de l'existence. Ces trois aspects des choses, ces trois rapports nécessaires forment entre eux une proportion qui porte en elle-même, suivant de Bonald, le caractère de l'évidence, et qu'il n'hésite pas à nous présenter comme un axiome : La cause est au moyen ce que le moyen est à l'effet. C'est à l'aide de cette proposition absolument arbitraire, comme nous le démontrerons plus tard, qu'il se flatte d'expliquer la nature et les conditions de toute société, de la société domestique ou de la famille, de la société politique ou de l'État, et de la société religieuse, telle qu'elle résulte du dogme chrétien.

Dans la famille, la cause est représentée par le père, le moyen par la mère, l'effet par les enfants. D'où résulte cette conclusion que le père est comme une image de la divinité. A lui seul appartient l'autorité tout entière; il ne saurait la partager avec personne. La mère ne peut s'égaler à lui, elle n'est que son ministre, son organe auprès des enfants et dans l'acte même qui les appelle à l'existence. Les ordres ne viennent pas d'elle, non plus que les enseignements, elle les transmet et veille à ce qu'ils soient respectés. Quant aux enfants, leur seul rôle c'est d'obéir quand on leur commande, c'est d'écouter quand on daigne les instruire, et ce rôle, ils doivent le remplir à tout âge, tant que le père reste vivant. Ils sont obligés d'exécuter sa volonté, même quand il n'est plus; c'est à quoi servent les dispositions testamentaires, c'est à quoi servait aussi, dans la vieille société française, le droit d'ainesse, si imprudemment aboli par la Révolution, car il n'était que l'autorité paternelle déléguée à un des fils. « Le pouvoir paternel, dit de Bonald [1], est absolu ou définitif, car s'il ne l'était pas, il serait dépendant et il y aurait un pouvoir plus grand que lui, celui de lui désobéir. » Il pense que c'est à juste titre que le père et le mari, le *pouvoir domestique*, en un mot, avait autrefois le *droit de glaive*, le droit de vie et de mort. Il en a été dépouillé au profit de l'État, mais pas au point

---

1. *Démonstration philosophique du principe constitutif de la société*, in-8°, Paris, 1830, p. 102. C'est le tome XII des *Œuvres complètes*.

qu'il ne lui soit permis d'en user encore quand l'autorité publique ne peut venir à son aide [1].

Les mêmes éléments et la même organisation que nous offre la famille, nous les trouvons sous d'autres noms dans la sphère plus étendue de l'État. La place de la cause y est occupée par le pouvoir ou par le roi, celle du moyen par le ministre ou le corps prédestiné à l'exécution de ses ordres, c'est-à-dire par la noblesse; celle de l'effet par le peuple ou par les sujets. Le roi est à la société politique ce que le père est à la société domestique, ce que l'intelligence est à la vie de l'individu, ce que Dieu est à l'univers. Il est le maître, non seulement souverain, mais absolu, des biens et des personnes qui se trouvent dans sa dépendance. Seulement il faut qu'il les gouverne suivant des règles qui sont l'essence même de la monarchie et qui l'empêchent de se confondre avec le despotisme. Une de ces règles est que son pouvoir soit indivisible et héréditaire dans un ordre qu'il ne peut pas changer; une autre, qu'il ne l'exerce pas par lui-même, mais par le ministre que la naissance lui a désigné. Le ministre n'est pas un homme, c'est un être collectif, immortel comme le roi, par l'hérédité, et qui, en même temps qu'il lui est subordonné, est uni à lui comme la femme l'est au mari, comme le corps l'est à l'âme. Le ministre, c'est la noblesse, à laquelle appartiennent de droit toutes les dignités, tous les services de l'État, les services civils et les services militaires, l'administration de la justice et le commandement des armées. Tout serviteur pris hors de son sein doit être anobli, c'est-à-dire marqué à son empreinte. C'est par cette seule porte que de Bonald permet à la roture d'entrer dans les fonctions publiques. Le peuple, comme l'enfant, est destiné à obéir; il reste condamné à une éternelle minorité. Son rôle est d'exécuter les ordres qu'il reçoit de la noblesse, les lois qui lui sont imposées au nom du roi. Mais de quoi se plaindrait-il? C'est pour lui, pour sa sécurité, son bonheur, si nous en

---

1. *Ubi supra*, p. 102, 103.

croyons de Bonald, que les lois sont faites, pour lui que le roi règne, que la noblesse administre et se bat. On peut lui appliquer le mot d'une spirituelle comédie de notre temps : « Le plus heureux des trois ».

On comprend qu'avec de telles idées sur l'autorité des lois, les prérogatives héréditaires de la noblesse et l'éternelle sujétion du peuple, de Bonald, après avoir salué avec bonheur le retour des Bourbons, n'ait jamais pu se résigner à la Charte. « Vous me demandez, écrit-il à de Maistre [1], ce que je pense de la Charte. Il me semble, monsieur, que mon opinion sur le compte de cette aventurière n'est pas plus équivoque que la vôtre ; c'est une œuvre de folie et de ténèbres ; je m'en suis toujours expliqué sur ce ton même à la tribune, et cette opinion bien connue m'est peut-être plutôt pardonnée que les hommages hypocrites de quelques autres. » — « La Charte, écrit-il un peu plus tard [2], c'est la boite de Pandore au fond de laquelle il ne reste pas même l'espérance. » A l'Angleterre, coupable d'avoir inoculé à l'Europe cette maladie de constitutions écrites et de pouvoir partagé, il prédit une épouvantable catastrophe, expiation méritée et plus prochaine qu'on ne pense des tristes exemples qu'elle a donnés à la chrétienté [3]. L'institution du jury, la publicité des débats judiciaires, l'abolition de la dime et des droits féodaux sont à ses yeux autant d'actes de rébellion contre l'ordre social tel que Dieu l'a voulu et qui est le seul naturel, car c'est la nature du pouvoir d'être constitué « dans une entière indépendance des hommes », et c'est Dieu qui est l'auteur des lois naturelles des États [4].

De même que l'État domine et contient la famille, l'Église

---

1. Dans une lettre datée du 10 juillet 1819, t. II, p. 97 de la correspondance de de Maistre.
2. Dans une autre lettre à de Maistre qui porte la date de 1821.
3. Lettre du 16 novembre 1814.
4. *Observations sur l'ouvrage de M*me *la baronne de Staël ayant pour titre : Considérations sur les principaux événements de la Révolution française*, in-8°, Paris, 1838, p. 68.

domine et contient l'État, tous les États restés fidèles à la religion, à la seule religion qui existe, la religion catholique, apostolique et romaine. L'Église nous représente la société universelle du genre humain et doit être considérée comme le prototype de toutes les autres. La cause à laquelle elle doit l'existence et le pouvoir qui la gouverne, c'est la cause des causes, c'est le pouvoir confondu avec la toute-puissance, c'est Dieu. L'effet produit par cette cause, le sujet qui lui obéit, c'est l'humanité. Le ministre par lequel elle lui transmet sa volonté, c'est le *médiateur*, c'est le Verbe, incarné dans l'homme, à la fois homme et Dieu, c'est Jésus-Christ. Jésus-Christ est représenté ici-bas par son vicaire, à qui l'humanité, à qui au moins l'universalité des fidèles, toujours réduite au rôle de sujette et de mineure, doit la même soumission que les enfants à leur père, que les peuples à leur roi. Il résulte clairement de cette assimilation que le gallicanisme de de Bonald est une inconséquence, car, puisque nous ne savons rien et ne pouvons juger de ce qui est bien et de ce qui est mal que par la révélation, dont l'interprète suprême, dont le représentant vivant est le pape, c'est au pape qu'il appartient d'instruire et de gouverner en dernier ressort toutes les puissances de ce monde, la royauté aussi bien que le sacerdoce. De Bonald était forcé de penser, comme de Maistre, que Bossuet, s'il ne s'est pas repenti avant de mourir, est mort hérétique [1].

Les trois termes auxquels de Bonald prétend ramener la constitution nécessaire de toute association humaine, il les reconnait aussi dans la nature individuelle de l'homme, et c'est parce qu'ils sont dans la nature de l'homme qu'ils s'imposent à la société. Rappelons-nous que, selon l'auteur de la *Législation primitive*, « l'homme est une intelligence servie par des organes ». L'intelligence, voilà la cause ou le pouvoir. Les organes sont le moyen ou le ministère. Les objets sur lesquels nos organes exercent leur activité sont l'équivalent de l'effet ou du sujet. Cela est médiocrement

---

1. De Maistre, *Lettres et opuscules*, t. II.

flatteur pour les peuples et pour la réunion générale des fidèles. Les uns et les autres, par cette comparaison, se trouvent abaissés au niveau des choses ou des objets extérieurs qui subissent le pouvoir de nos sens.

Là ne s'arrêtent pas les applications que fait de Bonald de cette même formule. Il s'en sert pour éclairer à sa façon toute l'histoire du genre humain, l'histoire des idées aussi bien que celle des institutions. *Cause, effet, moyen,* avec ces trois mots magiques, comme avec le *Sésame, ouvre-toi* des *Mille et une Nuits,* il se flatte de forcer toutes les portes et d'expliquer ce qui avant lui passait pour inexplicable.

Tous les systèmes philosophiques et religieux qui ont paru dans le monde se réduisent exactement, selon lui, à trois : celui qui ne tient compte que de la cause, c'est-à-dire de Dieu ; celui qui ne tient compte que de l'effet, c'est-à-dire de la nature, soit de la nature en général, soit de la nature humaine ; et celui qui, entre Dieu et l'homme, reconnaît l'action d'un moyen, l'intervention d'un *médiateur.* Nous rencontrons le premier de ces systèmes chez les Hébreux qui, dans leurs spéculations et dans leurs croyances, ramenaient tout à Dieu et, dans les effets mêmes, ne voyaient que la volonté divine. Le second forme à la fois la philosophie et la religion des Grecs, les maîtres et les modèles du monde païen. Les Grecs, fermant les yeux à la lumière de la révélation, n'acceptant que le témoignage de leur raison individuelle ou de leurs sens, n'ont jamais connu et adoré que la nature. Les rares exceptions qu'on trouve parmi eux, Pythagore et Platon, ont puisé leur doctrine dans l'enseignement direct ou indirect des prophètes hébreux. Le troisième système, le seul qui contienne la vérité en matière de science et en matière de foi, c'est le christianisme, qui a révélé au genre humain l'existence du médiateur, déjà enseignée sous une forme symbolique dans les livres de l'Ancien Testament. La connaissance du médiateur ou du moyen est inséparable de celle de la cause et de l'effet, de celle de Dieu et de la nature. Aussi, après l'avénement du christianisme, la philosophie n'avait plus rien à faire qu'à suivre docilement la tradition religieuse. « Alors tout fut connu, êtres et rapports, tout ce qui est et même tout ce qui peut-être dans l'ordre des êtres, tel que notre raison le perçoit [1]. » C'est ce qu'a compris la philosophie du moyen âge, renfermée dans son rôle d'interprète de la tradition. La Renaissance a ramené le paganisme qui, détrôné un instant par le spiritualisme de Descartes, de Malebranche et de Bossuet, a reparu avec la philosophie du XVIII° siècle.

De même qu'il n'y a que trois systèmes philosophiques et religieux, il n'y a que trois états politiques et sociaux entre lesquels l'humanité est partagée depuis sa naissance. Le premier état est celui que nous présente le peuple de Dieu, le peuple hébreu qui, ne reconnaissant pas d'autre pouvoir que celui du Créateur, ni d'autre loi que celle qu'il avait reçue du haut du Sinaï, vivait à l'état de théocratie pure. Le second état est celui qu'on aperçoit chez les nations païennes, principalement dans les cités grecques, et qui repose tout entier sur la souveraineté du peuple, c'est-à-dire sur la souveraineté de l'homme. C'est cet ordre de choses que la philosophie athée du XVIII° siècle et la Révolution française, qui en est la plus éclatante manifestation, ont voulu ramener chez les nations modernes. Le troisième état, c'est celui qu'a fondé la religion chrétienne, qui a atteint sa perfection au moyen âge et qui, après avoir été détruit en partie par la Réforme, en partie par la Révolution, s'impose aujourd'hui aux peuples de l'Europe comme leur seul moyen de salut. C'est l'état social dans lequel la cause, l'effet et le moyen ont trouvé leurs véritables attributions et leur rôle immuable.

On se demande comment un esprit sérieux a pu s'imaginer que l'histoire du genre humain, l'histoire de tous les peuples, de toutes les races, de toutes les religions, de toutes les philosophies, de tous les gouvernements, se

---

1. *Législation primitive*, discours préliminaire, p. 22, édition de 1829.

trouvait ainsi renfermée dans une formule et expliquée en trois mots. Pour se prêter à une telle illusion, ce n'est pas assez de dénaturer les faits, il faut les supprimer. C'est précisément ce qui arrive à de Bonald. Quand il parle de l'Orient, il oublie l'Inde, la Chine, la Perse, l'Assyrie, l'Égypte. Il ne semble pas se douter que ces antiques et puissantes nations ont donné naissance à des civilisations très diverses, dont les monuments font encore aujourd'hui notre admiration et notre étonnement. Il ne voit que le peuple juif, et encore il le voit mal, il le connait peu, il ne le juge que sur des traditions superficielles et surannées. Parle-t-il des Grecs, c'est pour leur refuser ce qu'ils ont produit de plus grand et de plus profond, le génie de Socrate, de Platon, de Pythagore, de l'école néoplatonicienne, et pour laisser dans l'ombre les œuvres inimitables de leurs artistes, de leurs poètes, de leurs orateurs, ainsi que les actes d'abnégation et d'héroïsme qu'ont accompli chez eux l'amour de la patrie et de la liberté. On dirait, en vérité, que le monde n'a gardé aucun souvenir et n'a retiré aucun profit de ces choses. On dirait que le christianisme, par Dante, par Raphaël et par Michel-Ange, ne s'en est jamais inspiré. On serait porté à croire que les héros de Marathon et de Salamine ou les trois cents Spartiates de Léonidas n'ont été que de vils égoïstes, uniquement sensibles à l'attrait du plaisir et à la voix de leurs sens. De Bonald aurait trouvé chez les Romains des vertus non moins éclatantes et plus soutenues, que son système lui défendait également de reconnaitre. En nous montrant dans la féodalité l'application sociale du christianisme et dans la scolastique la perfection de la science chrétienne, de la science du médiateur, il semble ignorer que la féodalité ne s'est établie que dix siècles après la prédication de l'Évangile et qu'elle n'a régné que cinq ou six siècles, ce qui est peu pour un ordre de choses qu'on dit avoir été fondé par la main de Dieu sur un principe éternel. Quant à la scolastique, le Grec Aristote, ce païen qui n'a pas eu, comme Platon, le bonheur de puiser aux sources saintes, y tient une place assez honorable et assez importante. Puis comment se résigner à tenir pour des erreurs toutes les découvertes de l'esprit humain qui ont suivi la chute de la scolastique?

Cette façon de comprendre l'histoire n'est peut-être pas un des traits les moins curieux de la doctrine de de Bonald et nous sommes étonné que M. Ferraz l'ait négligée. Mais il relève avec raison la définition si vantée : L'homme est une intelligence servie par des organes. L'homme est autre chose encore qu'une intelligence. Les organes auxquels cette intelligence est liée sont loin d'être tous dans sa dépendance et construits pour la servir. Aussi Maine de Biran a-t-il pu dire avec plus de justesse peut-être : « L'homme est une intelligence gênée par des organes. » Enfin, si l'homme n'est pas le maître de ses organes, il l'est moins encore des objets avec lesquels nos organes nous mettent en rapport, et que de Bonald nous présente comme le sujet purement passif, comme un simple effet de notre intelligence. Mais laissons les applications plus ou moins abusives que de Bonald fait de son système, et arrivons au principe sur lequel il repose.

« La cause est au moyen ce que le moyen est à l'effet. » Cette proposition, qui ne repose ni sur l'évidence, ni sur l'expérience, ni sur une démonstration, n'est pas seulement arbitraire, comme nous l'avons dit, elle est radicalement fausse. Nous comprenons, ou du moins nous sommes obligés d'admettre comme une loi fondamentale de notre raison, le rapport de cause à effet; mais le rapport qui existe soit entre la cause et le moyen, soit entre le moyen et l'effet, n'est pas du tout de la même nature et n'offre pas le même caractère de nécessité. Il y a des causes qui produisent leur effet directement sans l'intervention d'un moyen distinct d'elles-mêmes. C'est ainsi que Dieu a produit le monde, que l'âme produit un acte de volonté, imprime un mouvement à l'organisme en commençant par le cerveau. Il y a des moyens très différents qu'une cause, surtout si elle est libre et intelligente, peut faire servir au même effet, et ce sont quelquefois des effets différents qu'elle produit avec le même moyen. C'est avec des éléments identiques que la nature réussit à former la diversité infinie d'organisations dont elle nous offre le spectacle. C'est avec le même pinceau que le peintre, avec le même ciseau que le sculpteur, avec les mêmes organes que l'un et l'autre sont en état d'exécuter les conceptions variées de leur génie. Rien donc de plus erroné que le principe dont de Bonald a fait la base de sa psychologie, de sa philosophie, de sa philosophie de l'histoire et de sa philosophie politique.

Mais il ne lui suffit pas de faire une fausse équation, il prend dans des acceptions non moins fausses les différents termes dont elle est composée. Ainsi, il est impossible de n'être pas d'accord avec M. Ferraz quand il lui reproche d'avoir méconnu le caractère de la femme et les obligations de la mère en la réduisant dans la famille au rôle de moyen ou de ministre. En laissant de côté la question physiologique de la génération, où il semble cependant que les deux sexes soient également nécessaires, la mère a, pour son propre compte, et non pas seulement pour le compte du père et du mari, des devoirs à remplir et des droits à exercer à l'égard de ses enfants. Aucune puissance ne saurait la dispenser des unes et la dépouiller des autres. Elle a d'autres devoirs et d'autres droits à l'égard d'elle-même. Aussi, rien de plus absurde et de plus inique, de plus immoral et de plus antichrétien que le pouvoir marital étendu jusqu'au droit de vie et de mort. Les mêmes réflexions s'appliquent à l'idée que se fait de Bonald de la puissance paternelle. Le père est sans doute une des causes de la naissance de l'enfant, il n'est pas la cause de ses facultés, de son organisation, de son âme, de son intelligence, de son libre arbitre. Tous ces dons naturels une fois parvenus à leur plein développement, que la tâche des parents, de la mère aussi bien que du père, est de procurer par l'éducation, l'enfant est devenu un homme; il l'est par cela même qu'il a atteint l'âge de la virilité; en conservant envers les auteurs de ses jours des devoirs de reconnaissance, non d'obéissance, il ne relève que de sa conscience et des lois de la société.

A plus forte raison, le roi ou le pouvoir quelconque qui est investi des attributions de la souveraineté, ne peut-il être considéré comme la cause du peuple qu'il gouverne, ni le peuple comme un effet de cette cause, comme un enfant mineur dont la minorité ne doit jamais prendre fin. Il n'y a ici aucune application possible de la relation de cause à effet, il n'y a qu'une violence faite au sens des mots et au bon sens. La relation de cause à effet étant détruite, il n'y a plus à s'occuper du *moyen* ou du ministre par droit de naissance qui en était une partie intégrante. Au ministre par droit de naissance, on aura la faculté de substituer le ministre par droit de capacité et par droit d'élection.

Si l'institution divine de la monarchie absolue ou la monarchie absolue prise en elle-même ne trouve pas à s'appuyer sur des fondements plus solides, elle est tout aussi inacceptable que l'institution divine de la parole. Il serait difficile de dire laquelle de ces deux parties complètement disjointes de la doctrine de de Bonald est à la fois la plus faible et la plus mal défendue. Étrangères aux matières de foi, au moins à celles que connaît l'Église catholique, elles ne sont pas moins étrangères à la raison et à la philosophie. Cependant elles ont régné pendant un certain nombre d'années, de 1815 à 1830, sur une nombreuse et importante classe de la société française et même européenne, sinon avec éclat, du moins avec autorité. D'où leur est venu ce succès? De ce qu'elles ont fourni à un parti triomphant des formules à l'aide desquelles il croyait pouvoir justifier, au nom de la philosophie et de la religion, ses passions, ses appétits, ses préjugés et sa victoire. Il n'y a rien à quoi les partis soient plus sensibles, et il leur importe peu que les formules dont on leur a appris l'usage soient vraies ou fausses. Mais aujourd'hui il ne reste plus de cette influence qu'un souvenir. On lit encore, on lira toujours les écrits de de Maistre; de de Bonald on ne cite plus que le nom et quelques maximes éparses. Mais si par hasard on continuait de consulter ses livres, ils soutiendraient difficilement la comparaison avec l'*Esprit des lois* et même, en dépit des erreurs qu'il contient, avec le *Contrat social*.

UN
ÉCLECTIQUE EN DEHORS DE L'ÉCLECTISME

FRANÇOIS THUROT

Comme nous l'apprend l'*Avertissement* placé en tête des *Mélanges* de François Thurot [1], ce recueil est un monument élevé à la mémoire de l'auteur par la piété de sa fille et de son neveu, M. Charles Thurot, membre de l'Institut. Les écrits de nature très diverse dont il est formé embrassent une période de plus de trente ans et se rapportent à presque toutes les questions de littérature, de philosophie, d'histoire, d'enseignement, dont l'esprit public était alors occupé en France. La plupart sont des articles publiés successivement sur des livres plus ou moins importants dans les journaux et les *Revues* de l'époque. On m'accordera qu'il est difficile de ramener cette variété à une vue d'ensemble et à un jugement équitable sur l'homme et sur ses opinions. Même quand on ne veut s'attacher qu'aux traits les plus saillants de sa physionomie intellectuelle, on trouve encore dans François Thurot un érudit, principalement un helléniste, un critique et un philosophe. Personne n'était plus propre

---

1. *Mélanges de feu François Thurot*, professeur au Collège de France, membre de l'Institut (Académie des Inscriptions et Belles-Lettres). — Grand in-8°, chez Firmin Didot et C¹ᵉ, Paris, 1880.

que M. Egger à faire connaitre le critique et l'helléniste, et il s'est parfaitement acquitté de cette tâche dans le *Journal des Savants*[1]. Pour moi, je ne veux m'occuper que du philosophe, qui n'a été jusqu'aujourd'hui apprécié avec justice, quoique d'une manière nécessairement insuffisante, que par M. N. Bouillet, dans un article sommaire du *Dictionnaire des sciences philosophiques*.

Placé entre l'école de Locke et de Condillac au moment où elle allait expirer, au moment où elle se confondait avec le matérialisme physiologique, et l'école de M. Cousin dans les années où elle apparaissait sur la scène du monde dans tout son éclat, dans toute la jeunesse de ses passions militantes, François Thurot, qui peu à peu se détachait de l'une sans pouvoir se résigner à entrer dans l'autre, fut en quelque sorte étouffé entre les deux. Ni en France ni à l'étranger, les historiens et les critiques de la philosophie ne daignent se souvenir de lui. Ils citeront plutôt le plus obscur et le plus inintelligible pédant de l'Allemagne, le plus servile adhérent du positivisme anglais de nos jours, que l'auteur du livre, pourtant si intéressant à tous les points de vue, *De l'entendement et de la raison*[2], et celui qui le premier parmi nous a élargi le cadre des études philosophiques en y faisant entrer l'histoire de la morale, de la politique et de la logique dans l'antiquité. On oublie trop souvent, ou plutôt l'on oublie tout à fait que cette connaissance de la philosophie ancienne dont nous sommes si fiers aujourd'hui, c'est François Thurot qui lui a donné l'éveil par son enseignement au Collège de France et par la traduction de plusieurs œuvres de Platon et d'Aristote.

Né à Issoudun en 1768, il est d'abord destiné à la profession d'ingénieur, et, après avoir terminé ses premières études, il entre à l'École des ponts et chaussées. Mais la Révolution, dont il adopte les principes en condamnant ses excès, et dont il est resté jusqu'à la fin de sa vie un par-

---

[1]. Dans le Cahier d'avril 1881.
[2]. 2 vol. in-8°, Paris, 1830.

tisan chaleureux, donne un autre cours à ses idées. Déjà son père l'avait initié à la philosophie de Locke, pour laquelle il professait une sorte de culte. A Auteuil, où il faisait l'éducation des enfants de Lecouteulx de Canteleu, il entre en relation avec les disciples de Locke et de Condillac, hôtes habituels de Mme Helvétius. Il se prend de passion pour eux et pour leur maître commun. Pour lui, Condillac est à la philosophie ce que Képler et Newton sont à la science astronomique. Il accepte donc comme un dogme que nos idées, à plus forte raison nos sentiments et la volonté elle-même, ne sont que des sensations transformées. A l'exemple de Destutt de Tracy il ne voit plus pour la science de l'esprit humain d'autre objet de recherches que la suite de ces transformations d'où naissent nos idées et leurs rapports avec les signes qui les représentent dans le langage : ce qui revient à dire qu'il réduit toute la philosophie à l'idéologie et toute la métaphysique à la grammaire générale. « C'est un fait à remarquer, écrit-il dans un journal du temps [1], que depuis Aristote jusqu'à Locke, on pourrait même dire jusqu'à Condillac, tout ce qui a été écrit sur la métaphysique, la logique, l'analyse des sensations et des idées n'a été, à proprement parler, que de la grammaire générale. » La conversation et les ouvrages de Cabanis le poussent encore plus loin dans cette voie de l'empirisme. En rendant compte dans *la Décade*, un autre journal de la même époque, des premiers Mémoires de Cabanis sur les rapports du physique et du moral, il soutient « que la physique, l'analyse des idées et la morale ne sont que les trois branches d'une seule et même science ».

Il devait revenir de ces doctrines ; mais pendant un grand nombre d'années, jusqu'au moment où Laromiguière et Royer-Collard en démontrèrent l'insuffisance dans leur brillant enseignement de la Faculté des lettres de Paris [2],

---

1. *Le Citoyen français*, numéro du 19 fructidor an X.
2. L'enseignement de Laromiguière a duré de 1811 à 1813 ; celui de Royer-Collard de 1811 à 1814.

il en a été un des propagateurs les plus actifs et des champions les plus zélés. Peut-être aurait-il été amené par la rectitude naturelle de son jugement à les abandonner plus tôt, s'il ne les avait pas vues en butte aux sarcasmes et à l'aversion de celui qui fut pendant quatorze ans le maître absolu de la France. On raconte que, pendant une de ses réceptions hebdomadaires, Napoléon, passant près de Fontanes, lui dit de son ton le plus impérieux : « Fontanes, grand maître de l'Université, du positif! du monarchique! Pas de billevesées métaphysiques!... idéologiques », s'empressa-t-il d'ajouter en apercevant tout près de lui Destutt de Tracy.

François Thurot avait surtout du goût pour la grammaire générale, à laquelle il est resté fidèle même après la transformation de ses opinions philosophiques. En 1796, il accepta de la commission de l'instruction publique la mission de traduire dans notre langue l'*Hermès* de Jacques Harris, et il fit précéder sa traduction d'un *Discours préliminaire* qui, pour le temps où il a été écrit, fait beaucoup d'honneur à son érudition et à sa sagacité, et complète sous bien des rapports l'ouvrage anglais. Un an plus tard il fait sur le même sujet, au Lycée des étrangers, une suite de leçons auxquelles il est revenu dans son âge mûr avec une prédilection marquée, et que ses héritiers ont eu le bon esprit de recueillir dans ses *Œuvres posthumes* [1]. Enfin, même dans son ouvrage le plus accompli, celui où sa pensée a atteint son dernier développement, et qui a pour titre *De l'entendement et de la raison*, la grammaire générale tient encore une très grande place.

François Thurot, ainsi que la génération philosophique à laquelle il appartenait, avait-il tort d'attacher tant d'importance à la grammaire générale? Je ne le pense pas. Si dédaignée qu'elle soit aujourd'hui par la philosophie et par la philologie, la grammaire générale n'en reste pas moins une base indispensable de l'une et de l'autre. La philoso-

---

[1]. In-8°, Paris, 1837, librairie Hachette.

phie n'aura jamais qu'une connaissance incomplète des opérations et des lois de l'intelligence si elle ne les a pas observées dans leurs rapports avec la parole, qui n'est pas seulement l'expression, mais l'instrument nécessaire de la pensée. De son côté, la philologie se rendra difficilement compte de la formation des langues, ainsi que des ressemblances et des différences qui existent entre elles, si elle n'a pas une idée exacte des lois qui leur sont communes ou des formes d'expression qui représentent dans leur ensemble la structure générale de la parole humaine, ce qu'on pourrait appeler son organisme psychologique dont chaque langue en particulier et chaque famille de langues n'offre qu'une réalisation plus ou moins imparfaite.

C'est en 1811, quand il fut nommé professeur suppléant de philosophie à la Faculté des lettres de Paris [1], que François Thurot, sous l'influence de deux maîtres illustres, dut apporter à ses opinions philosophiques les plus graves modifications; mais ce changement ne s'aperçoit dans aucun de ses écrits, avant le discours qu'il prononça le 5 décembre 1818, en prenant possession de la chaire de Laromiguière. Ce discours, un peu plus développé sur quelques points, est devenu le *Discours préliminaire* placé en tête du texte *De l'entendement et de la raison*, qui n'a vu le jour qu'en 1830, quelques mois avant la mort de l'auteur, enlevé en 1832 par le choléra. Il est donc permis de supposer que ces deux ouvrages nous offrent l'expression définitive, ou du moins la dernière expression de la doctrine philosophique de Thurot. En voici le résumé fidèle.

La philosophie est une science de faits, et les faits dont elle s'occupe, ce sont ceux de l'esprit, de l'intelligence, du moi, et que nous connaissons par la conscience. Pas d'intelligence sans conscience, et la conscience ne s'applique

---

[1]. C'est le titre que lui donne Daunou dans la notice qu'il a publiée sur Thurot en 1833, sans nom d'auteur, et que nous voyons reproduite dans les *Mélanges*. On ne voit pas pourquoi M. Bouillet lui donne le titre de professeur adjoint.

pas seulement aux faits mis en lumière par elle, elle s'applique aussi au moi dans lequel ces faits se passent. Elle est l'intuition du rapport nécessaire qui existe entre un acte d'intelligence et un être intelligent. C'est cet être intelligent, aperçu par la conscience dans tout acte de la pensée, qui constitue notre moi individuel [1].

Nous voilà tout de suite bien loin de la fameuse proposition de Condillac : « Le moi est une collection de sensations. » Le moi nous est connu, non par la sensation, mais par la conscience, et ce que nous savons des corps et de leurs qualités, nous l'avons appris par la perception. A l'exemple de Royer-Collard et de l'école écossaise, vers laquelle à la fin de sa vie il pencha visiblement, Thurot établit une ligne de démarcation profonde entre la perception et la sensation. Tandis que la sensation se réduit à elle-même, la perception suppose une cause, une cause extérieure au moi et distincte de la sensation. Thurot reconnaît donc, dès ses premiers pas dans la nouvelle carrière ouverte devant lui, l'idée de cause ou ce que l'école éclectique a appelé le principe de causalité [2].

Il ne tarda pas non plus à reconnaître que les faits de conscience et les faits de l'organisme, qu'à l'exemple de Cabanis il avait autrefois confondus, sont des faits essentiellement différents, quoique liés les uns aux autres par de nombreux rapports. Il signale déjà cette différence dans le discours d'ouverture de son cours de 1818. Mais il y revient dans son livre *De l'entendement et de la raison* et dans un fragment très intéressant sur l'ouvrage de Broussais *De l'irritation et de la folie* [3]. On trouve dans ce dernier écrit le fond de la pensée que Jouffroy a développée quelques années plus tard, sur un ton beaucoup plus absolu, dans son fameux Mémoire sur la physiologie et la psychologie.

Cependant il ne faudrait pas croire que Thurot n'a rien

---

1. *De l'entendement et de la raison*, t. Ier, p. 17-36.
2. *Discours préliminaire*, p. LXXXVII.
3. *Mélanges*, p. 623 et suivantes.

conservé de l'enseignement de ses premiers maîtres. Il pense comme eux, surtout comme Destutt de Tracy, que le nom d'idéologie convient mieux à la science des faits de conscience que celui de psychologie, car nous ne savons rien de la nature de l'âme, que ce dernier nom suppose; tandis que tous les faits de conscience, dès que nous essayons de nous en rendre compte, se réduisent en définitive à des idées. Il y a aussi un principe de la philosophie du XVIII° siècle qui lui est cher. Il reste convaincu qu'il n'y a pas un seul fait de conscience, conséquemment pas une seule idée, qui ne soit accompagnée d'un certain mode de sensibilité, d'un certain degré de plaisir ou de peine. Seulement, ces plaisirs et ces peines sont de deux espèces : les uns se confondent avec la sensation ; les autres s'en distinguent et prennent le nom de sentiments. Ce sont les sentiments, non les sensations, qui accompagnent nos idées et s'y associent au point d'en être inséparables. On a donc eu raison de dire, en un sens, que penser, c'est sentir, mais il est faux que penser ne soit que sentir, ou qu'une idée ne soit qu'un sentiment [1].

Si le principe de la philosophie condillacienne est sauvé en apparence, en réalité il est sacrifié, et il l'est de deux manières : d'abord parce que la pensée ou l'intelligence n'est pas renfermée tout entière dans la sensibilité; ensuite parce que la sensibilité comprend deux ordres de faits très différents : les sensations et les sentiments. On comprendra toute la portée que cette distinction a dans l'esprit de Thurot quand on saura que les sentiments, pour lui, sont un principe d'activité auquel la sensation est étrangère. Il en reconnaît trois espèces : les sentiments physiques, c'est-à-dire les instincts qui président aux fonctions de la vie animale; les sentiments intellectuels qui provoquent les opérations de nos diverses facultés intellectuelles et sont aussi en partie provoqués par elles; enfin les sentiments moraux qui prennent leur origine dans la sympathie et

---

[1]. *De l'entendement et de la raison*, t. Ier, p. 35 et 36.

s'appliquent à nos relations avec nos semblables [1]. En regardant la sympathie comme la source de nos jugements sur les bonnes et les mauvaises actions, sur le mérite et le démérite des personnes, en un mot de la perception morale, Thurot reste fidèle à son principe, qu'il n'y a pas un acte ni une idée de notre intelligence qui ne soient étroitement unis à un fait de sensibilité. Mais on est autorisé à croire que le rôle qu'il donne à la sympathie et l'opposition qu'il établit entre les sentiments sympathiques et les sentiments personnels sont des emprunts faits à la *Théorie des sentiments moraux* d'Adam Smith, signalée à son attention par la traduction française de Mme de Grouchy, dont il a fait le sujet d'un de ses articles de critique [2].

Déjà fort éloigné des convictions philosophiques de ses premières années par sa théorie de la sensibilité et de l'intelligence, François Thurot s'en écarte encore davantage par sa théorie de la volonté. Ici il ne se sépare pas seulement de Destutt de Tracy, déjà plus rapproché de la vérité que Condillac, mais de Laromiguière. On se rappelle que, selon l'auteur des *Leçons de Philosophie*, la volonté est une faculté dérivée qui sort du désir et qui, à sa plus haute expression, quand elle prend le nom de liberté, n'est que le désir lui-même, affranchi de tout obstacle. Pour Thurot, la volonté est une faculté distincte, non un résultat soit de la sensibilité, soit de l'intelligence. Excitée par l'une, éclairée par l'autre, elle n'est ni l'une ni l'autre et se trouve, par l'action qu'elle exerce sur elles, supérieure à toutes les deux. Elle agit sur l'intelligence par l'attention qui n'est, à proprement parler, qu'un mode de la volonté. Deux de nos facultés intellectuelles, la mémoire et l'imagination, sont en grande partie son ouvrage [3]. Elle agit sur la sensibilité, sur les sentiments dont elle reçoit l'impulsion puisqu'elle est capable de leur résister. C'est ce pouvoir

---

1. *De l'entendement et de la raison, Discours préliminaire*, p. LXXXVII et t. II du texte.
2. *Mélanges*, p. 246.
3. *De l'entendement et de la raison*, t. II, p. 5 et suivantes.

même de la résistance qui constitue la liberté. « La liberté, selon les propres expressions de Thurot, consiste essentiellement dans le pouvoir que nous avons, en certains cas, de suspendre les actions qui dépendent de notre volonté ou de substituer la volonté de ne pas agir à la volonté d'agir [1]. » Qu'aurait dit Condillac, qu'aurait dit Laromiguière lui-même de cette définition?

La volonté, la sensibilité, l'entendement ou l'intelligence, voilà tout l'homme pour Thurot, comme pour les philosophes d'une nouvelle école qu'il considérait comme des adversaires. Mais puisque, dans le titre même de son œuvre principale, il établit une différence entre l'entendement et la raison, en quoi fait-il consister cette différence? L'entendement, c'est l'ensemble de nos facultés intellectuelles prises en quelque sorte dans leur état natif, considérées dans leurs développements et leurs manifestations spontanés, devenues l'objet d'une science de pure observation, d'une branche de l'histoire naturelle. La raison, c'est le nom qu'on donne à ces mêmes facultés lorsque, soumises aux règles de la méthode, à certaines lois qui dérivent de leur propre nature, elles sont dirigées vers la connaissance de la vérité et la bonne direction de la vie. Par conséquent, il n'y a dans la raison rien de plus que dans l'entendement. La raison n'est pas pour lui, comme pour l'école de M. Cousin, la faculté de connaître l'absolu, la faculté à laquelle nous devons les principes suprêmes de la vérité et de la connaissance.

Cependant, parmi ces principes, il en est quelques-uns qu'il reconnaît formellement. J'ai déjà dit que de la conscience qui accompagne toutes nos idées, il lui est impossible de séparer l'existence d'un être intelligent. C'est ce que, dans le langage de l'école, on appelle le principe de la substance. A ce premier principe il en joint un autre qui s'y rattache nécessairement : c'est que la substance reste la même sous la diversité infinie des phéno-

---

[1]. Même ouvrage, t. Ier, p. 129.

mènes. Ce principe est celui de l'identité, et c'est parce qu'il croit à l'unité et à l'identité du moi sous la diversité de ses modifications, qu'il donne son adhésion à un passage du livre d'Arnaud, *Des vraies et des fausses idées*, où l'existence de l'âme, considérée comme un être réel et identique, est formellement affirmée [1].

On se rappelle qu'en analysant le fait de la perception ou de la connaissance du monde extérieur, Thurot signale, sans le contester, le principe de causalité. Ce principe, qu'il appelle « le fondement et la loi de notre faculté intellectuelle [2] », lui sert à démontrer l'existence de Dieu. Mais ce n'est pas assez de concevoir Dieu comme la cause de l'univers, la foi que nous avons en son existence ne peut exercer sur nous une influence salutaire que si nous voyons en lui le législateur du monde moral, la providence de l'humanité aussi bien que celle de la nature. Pour arriver à cette conviction, Thurot s'adresse à l'idée du devoir qui n'est plus seulement pour lui, comme elle l'a été d'abord, une idée dérivée de la sympathie, mais un véritable principe. Sur ce même principe il fonde la croyance à l'immortalité de l'âme, sans laquelle la loi du devoir est dépourvue de sanction et le gouvernement du monde moral dépourvu de justice.

Cette philosophie a pour couronnement, je n'irai pas jusqu'à dire une doctrine religieuse bien définie, mais un sentiment religieux où le sentiment de l'infini vient s'ajouter à l'idée de la providence et à l'espérance d'une autre vie. La libre religion de Thurot est pleine de respect pour le christianisme et admet comme une nécessité les religions positives en général. Elle n'est hostile qu'à l'intolérance et à la domination sacerdotale. Elle ne pardonne pas à Bossuet d'avoir applaudi à la révocation de l'Édit de Nantes dans un temps et dans un pays qui ont tant fait pour l'honneur de l'esprit humain.

---

1. *De l'entendement et de la raison*, t. II, p. 37 et 38.
2. *Ibid.*, p. 209, 213-217.

J'ai dit que Thurot, à la fin de sa vie, penchait vers l'école écossaise. En effet, il a traduit les principaux ouvrages de Reid et la *Vie* de ce philosophe, écrite par Dugald Stewart [1]. Mais aucun des maîtres écossais n'a tenu un langage aussi affirmatif, aussi résolu que le sien sur les propositions qui font la base essentielle de la philosophie spiritualiste. Il y a une autre école qui a pris naissance sous ses yeux et à laquelle il semble se rattacher étroitement par le fond de ses idées : c'est l'école éclectique. Assurément son spiritualisme est plus accentué que celui de Jouffroy, qui s'est fait, à un certain moment, une situation si difficile par ses réserves sur la nature de l'âme. Il va même jusqu'à se vanter d'avoir pratiqué toute sa vie la méthode historique d'où l'éclectisme a pris son nom. « La vérité est, dit-il, que j'ai adopté les opinions de tous les philosophes anciens ou modernes qui, à ma connaissance, ont le mieux observé ou décrit les phénomènes de l'intelligence humaine, parce qu'il m'a semblé qu'en général ils n'avaient fait ou voulu faire que ce que j'entreprenais de faire moi-même [2]. »

Rien de plus juste que cette revendication de Thurot. Dans tous ses écrits, sans en excepter le discours préliminaire de sa traduction de l'*Hermès*, il éclaire ses propres théories par l'histoire et la discussion des opinions des philosophes qui l'ont précédé. C'est ainsi que, nommé en 1814 professeur de philosophie grecque au Collège de France, il fait connaître par son enseignement, par ses éditions et ses traductions les doctrines les plus importantes de Socrate, de Xénophon, de Platon, d'Aristote, d'Antisthène, d'Épicure, d'Épictète. Il ne se contente pas de répandre et d'expliquer leurs ouvrages quand ils en ont laissé ; il les rattache, dans ses introductions, à tout ce qui les a précédés et suivis. C'est ainsi encore que dans ses *Leçons de logique* il nous offre une

---

1. La traduction des ouvrages de Reid est restée inédite, mais celle de la *Vie* de ce philosophe a été publiée dans les *Œuvres posthumes* dont j'ai déjà parlé.

2. *De l'entendement et de la raison*, fragment cité dans les *Mélanges*, p. 631.

analyse et une critique de l'*Organum* d'Aristote. Lorsqu'il publie en 1821 une nouvelle édition de la traduction française des œuvres de Locke, il ne manque pas de placer en regard des opinions du philosophe anglais celles de Leibniz, son perpétuel contradicteur. Il veut, quand il ne choisit pas lui-même, que les autres puissent choisir. Il met en œuvre, sous les formes les plus diverses, le procédé que M. Cousin n'a cessé de recommander à ses disciples et de mettre en pratique pour son propre compte.

Pourquoi donc François Thurot s'est-il déclaré l'adversaire de l'éclectisme? Pour plusieurs raisons. D'abord parce que les éclectiques, particulièrement Cousin, le prenant de très haut avec Locke, Condillac, de Tracy, Cabanis, le blessaient profondément dans sa reconnaissance, dans ses attachements, dans les admirations et les convictions de sa jeunesse. Il ne cesse de protester contre la qualification de sensualistes infligée par la nouvelle école à ses anciens maîtres et à lui-même. Ne dirait-on pas, écrit-il quelque part, que nous avons passé notre vie à composer des traités de gastronomie ou des contes licencieux? Ce mot, déjà employé par Charles Villers, est en effet très mal composé et sonne mal à l'oreille; il ne dit pas ce qu'on lui fait dire. Il faudrait le remplacer par celui de sensationiste. Un autre motif de l'éloignement qu'éprouvait Thurot pour Cousin, c'est qu'il voyait dans l'adversaire infatigable de la philosophie du xviiie siècle un ennemi de la Révolution française, un auxiliaire de la réaction politique et religieuse qui, commencée sous l'Empire par Fontanes, fut continuée dans un autre sens sous la Restauration. C'est ce qu'il dit fort discrètement, mais très clairement, dans un article de critique [1] sur lequel je reviendrai tout à l'heure. Il supportait aussi avec impatience dans le chef de la nouvelle école l'admirateur et le traducteur de Platon, l'éditeur des œuvres de Proclus et le disciple de la philosophie allemande. Pour lui, à demi affranchi des préventions

---

1. *Mélanges*, p. 498-507.

du siècle précédent, il n'admirait Platon qu'avec d'amples restrictions. Dans la préface de sa traduction de l'*Apologie de Socrate*, il ose dire que le *Phédon* lui paraît « si rempli d'absurdités qu'il aurait craint de mettre sous les yeux de la jeunesse cet assemblage de raisonnements tous plus vicieux les uns que les autres [1] ». Voilà pourquoi il s'est borné à traduire la partie historique de ce dialogue. Proclus est encore plus mal traité. C'est un alexandrin, et pour Thurot tous les philosophes alexandrins furent des illuminés et des fanatiques. « Leurs systèmes extravagants dégradent à la fois la raison humaine et la philosophie [2]. » La philosophie allemande ne devait pas lui inspirer plus d'indulgence. Le kantisme, à l'en croire, a arrêté pour longtemps en Allemagne les progrès de la saine philosophie [3], et quant aux systèmes qui l'ont suivi, au moins ceux de Fichte et de Schelling, les seuls qu'il paraisse avoir connus, il les trouve inférieurs à celui de Locke, et il pense, non sans raison, que la méthode d'observation sera toujours plus profitable à la raison humaine que les audacieuses spéculations qui n'ont d'autres bases que le raisonnement et l'hypothèse.

Enfin ce qui dans la philosophie de Cousin choque par-dessus tout François Thurot, c'est moins le fond de cette philosophie que la forme souvent théologique, quelquefois mystique, presque toujours poétique et oratoire et absolument affirmative sous laquelle il est présenté. En lui parlant plus simplement on aurait, je n'en doute pas, réussi à lui faire comprendre que les idées de cause, de substance, d'identité, de devoir, d'infini qu'il plaçait au-dessus de toutes les autres, qui lui faisaient croire à l'existence de Dieu et qu'on ne peut répudier sans ébranler l'autorité de l'intelligence tout entière, nous sont données par une faculté supérieure, universelle, inébranlable, et par là même

---

1. *Mélanges*, p. 581.
2. *Discours préliminaire*, p. xvii.
3. *Mélanges*, p. 349.

impersonnelle. Mais la raison considérée comme le Verbe, comme le médiateur entre Dieu et l'homme, homme et Dieu tout ensemble; la triplicité phénoménale et la triplicité substantielle, révoltent son esprit amoureux de simplicité et de clarté, et son goût encore plus que son esprit. Dans l'article que je citais tout à l'heure, celui qui est consacré aux *Fragments philosophiques* de M. Cousin, il n'en parle pas moins avec une certaine admiration du chef de l'éclectisme. Il rend justice à son prodigieux talent; et s'il mêle un peu d'ironie à la critique de ses doctrines, c'est sans amertume et avec une courtoisie irréprochable.

On peut regarder Thurot comme un éclectique indépendant et un spiritualiste convaincu. Ce n'est pas seulement un esprit clairvoyant, armé d'une vaste érudition; c'est une âme élevée, à laquelle toutes les belles causes, celle de la liberté de son pays, celle de l'émancipation de la Grèce, celle des études classiques, inspirent une généreuse ardeur.

LA MORALE ANGLAISE

I

Depuis longtemps il n'a paru en France et, autant qu'il nous en souvient, à l'étranger un livre de philosophie plus remarquable que l'ouvrage qui a pour titre *la Morale anglaise* [1]. La solidité et la variété des connaissances qu'il atteste, la maturité d'esprit qui y règne, la vigueur soutenue de la discussion, l'art d'être complet sans se perdre dans les détails et sans qu'il y en ait un d'inutile pour les vues d'ensemble, le style sobre et ferme où l'imagination, d'ailleurs très riche, est mise au service du raisonnement, feraient difficilement supposer que c'est l'œuvre d'un jeune homme de vingt-trois ans, si l'auteur lui-même, par un sentiment de modestie, ne nous informait de son âge. Nous ne voudrions cependant pas laisser croire un seul instant que nous acceptons toutes les doctrines que le jeune philosophe professe en son propre nom, ou plutôt qu'il a empruntées avec un peu trop de complaisance à un maître à peine séparé de lui par quelques années. Dès à présent il nous paraît

1. *La Morale anglaise contemporaine, morale de l'utilité et de l'évolution*, par M. Guyau, ouvrage couronné par l'Académie des sciences morales et politiques. 1 volume in-8° de XII-420 pages, librairie Germer Baillière et Cⁱᵉ, Paris, 1879.

utile de faire des réserves contre quelques-unes de ses conclusions. Nous irions même jusqu'à prendre l'engagement de les combattre de toutes nos forces, si l'auteur, entraîné par la force de la vérité et redressé à son insu par la rectitude naturelle de son jugement, ne nous devait épargner la moitié de la tâche.

Le présent volume fait suite à celui que M. Guyau a publié en 1878 sous ce titre : *la Morale d'Épicure et ses rapports avec les doctrines contemporaines*. Il est sorti du même concours académique et répond à la même question. Cependant il peut être considéré, il forme véritablement un ouvrage distinct. La morale qui règne aujourd'hui presque sans partage en Angleterre et qui commence à trouver parmi nous de jeunes et ardents partisans, la morale utilitaire comme on l'appelle, se rattache sans doute très étroitement à celle qu'Épicure enseignait, il y a plus de deux mille ans, à la Grèce; elle n'a pas d'autres principes que ceux qui ont inspiré au XVIIe siècle les *Maximes* de La Rochefoucauld et au XVIIIe la doctrine de l'intérêt bien entendu de nos Encyclopédistes et de nos philosophes, particulièrement d'Helvétius. Cependant il est impossible de ne pas lui reconnaître une physionomie propre, originale et nationale. Elle a ses procédés de démonstration, entendus dans le sens de l'histoire naturelle, qui résultent d'une nouvelle psychologie, d'une nouvelle logique, et se compliquent d'une nouvelle théorie de la nature, ou du moins qui a des prétentions à la nouveauté : la théorie de l'évolution. Elle formerait, si elle était vraie, toute une science à part; ne l'étant pas, comme on pourra bientôt s'en convaincre, elle représente non pas un système, mais une école de hardis esprits, plus subtils que profonds, plus ingénieux que solides, plus élevés que leurs doctrines et chez qui la calme opiniâtreté des recherches tient lieu d'évidence. C'était donc un véritable service à rendre à l'histoire de la philosophie de notre temps de faire connaître exactement par une étude impartiale et sévère ces moralistes si différents de ceux que l'antiquité nous présente, de ceux que les temps modernes nous offrent ailleurs, occupés en apparence à poursuivre le même but et à défendre la même cause. Le service est encore plus grand, envers la morale et envers la philosophie tout entière, de les discuter un à un et de montrer ce qu'il y a d'illusion et de contradiction chez les interprètes d'une prétendue science qui veut passer pour positive. Cette double tâche a été remplie par M. Guyau avec un talent et une conscience qui défient toute critique. Sa manière d'exposer les systèmes peut être considérée comme un modèle. Il ne se contente pas de les réduire en propositions qui en contiennent exactement la substance : il remonte jusqu'à leur origine la plus éloignée et nous apprend comment s'enchaînent, comment s'expliquent les uns par les autres tous les éléments dont ils sont formés. Personne avant lui n'avait encore rendu compte avec le même degré de clarté de la morale de Bentham et de la philosophie générale de M. Herbert Spencer. Sa critique, sa discussion se ressent nécessairement de ce mode d'interprétation. Elle en est plus complète, plus pénétrante, plus maîtresse d'elle-même et l'on pourrait dire plus inexorable. Telle n'est pas cependant l'intention de l'auteur, car tous les systèmes ont à ses yeux leur utilité, aucun ne lui paraît dangereux. Ce n'est que pour les dogmes qu'il se montre sans indulgence et sans justice. « Tout dogme, dit-il, est foncièrement immoral en lui-même [1]. » Voilà une sentence qui ne méritait pas de trouver place dans un pareil livre, auquel d'ailleurs elle ne se rattache par aucun lien. Nous ne doutons pas que l'auteur, quand l'histoire des religions lui sera aussi familière que celle des systèmes philosophiques, ne soit amené à une opinion toute différente.

L'école anglaise est représentée par un groupe d'écrivains assez nombreux et qui ont tous un nom plus ou moins célèbre. Mais elle doit principalement son influence et l'éclat croissant dont elle jouit depuis un demi-siècle à Jérémie Bentham, à John Stuart Mill et à Herbert Spencer. Obligé de nous borner, nous nous attacherons uniquement à donner

---

[1]. Avant-propos, p. x.

une idée du travail analytique et critique que M. Guyau a consacré à chacun de ces trois philosophes, puis nous examinerons les conclusions qu'il oppose en son propre nom à celles de l'école anglaise, embrassée dans son ensemble.

Jérémie Bentham est le vrai fondateur de cette école. C'est lui qui a donné à la morale utilitaire les principes qu'elle professe encore aujourd'hui et qui lui a ouvert en grande partie la vaste carrière où elle continue de se mouvoir. La renommée qu'il lui a procurée dès l'origine n'est pas inférieure à celle dont elle est redevable à ses successeurs. Le monde ne pouvait voir sans étonnement une tentative qui avait pour but de fonder sur l'égoïsme la régénération de la société, la réforme des lois, surtout des lois pénales, et la paix universelle. Bentham était d'ailleurs l'homme tel qu'il voulait le refaire par son système. Cet apôtre du plaisir, ce législateur de l'intérêt, a consacré sa longue carrière [1] au bonheur du genre humain, sans distinction de race ni de nationalité. « Le plus grand bonheur du plus grand nombre », telle était sa devise empruntée à Priestley et qui est devenue, encore de son vivant, celle du Saint-Simonisme : « l'amélioration physique, morale et intellectuelle de la classe la plus nombreuse et la plus pauvre ». N'ayant pas réussi, comme il l'espérait, à faire pénétrer ses idées en France à la faveur de la Révolution, il s'adressa successivement à la Pologne, à la Russie, aux États-Unis d'Amérique. Enfin, n'ayant pu faire accepter les applications de sa morale, il se résigna à en développer la théorie, et c'est à cette œuvre qu'il consacra le reste de sa vie et son activité infatigable.

La nature, selon lui, a placé le genre humain sous l'empire de deux maîtres souverains : la peine et le plaisir. Nous leur devons toutes nos idées, nous leur rapportons tous nos jugements, toutes les déterminations de notre vie.... Ces sentiments éternels et irrésistibles doivent être la plus grande étude du moraliste et du législateur. Le plaisir,

---

[1]. Né à Londres en 1748, il est mort dans la même ville en 1832.

c'est le bien; la peine, c'est le mal. Le plaisir pris pour but de la vie et élevé à son *maximum*, voilà ce qui est l'utilité. L'utilité n'est donc pas seulement le souverain bien, comme disaient les anciens, il est le bien unique, il n'en existe et nous n'en concevons pas d'autre.

Bentham n'admet pas même la distinction universellement reconnue entre l'utile et l'agréable. Tout ce qui est agréable, il le regarde comme utile, à moins qu'il ne nous cause par ses suites plus de peine que de plaisir; et la peine aussi est utile quand elle peut devenir une source de sensations agréables, ou quand elle nous épargne une peine plus grande.

Toutes ces propositions qu'Épicure avait soutenues longtemps avant lui, Bentham les donne pour des axiomes. Il n'admet pas qu'on les discute, parce qu'on ne discute pas l'évidence. Toute morale qui invoque d'autres principes est un tissu d'allégations inintelligibles, adoptées de confiance sur la foi d'autrui, *ipse dixit*, et que Bentham appelle plaisamment l'*ipsedixitisme*. Cette morale de convention est précisément le contraire de la morale naturelle. Elle approuve ce qui est pour nous une source de peine, et ce qui tend à nous procurer du plaisir est l'objet de sa réprobation. Elle a pour dernier résultat l'ascétisme, le comble de la déraison, si nous en croyons le fondateur de la philosophie utilitaire.

Il y a aussi des moralistes qui prennent pour règle de nos actions ce qu'ils appellent le sens moral, le droit naturel, le sentiment. Mais sous toutes ces dénominations, lorsqu'on les soumet à l'analyse, on ne découvre, selon Bentham, que les sensations du plaisir et de la peine, que la sympathie ou l'antipathie, que les calculs de l'égoïsme ou de l'orgueil : toutes choses qui rentrent dans le domaine de l'intérêt, c'est-à-dire, en définitive, du plaisir. Ne parlez pas de devoir, « le mot même, dit Bentham, a quelque chose de désagréable et de répulsif ». D'ailleurs, quand les moralistes le prononcent devant nous, tout le monde pense à ses intérêts. Ne parlez pas de la conscience, elle n'est que l'opinion favorable ou défavorable que chacun se fait de sa propre conduite. Ainsi, avec la morale elle-même, c'est aussi la langue de la morale qui est à réformer complètement, et il n'y a pas jusqu'à son nom qu'on ne lui conseille d'abandonner. Elle s'appellera désormais la *déontologie*.

Qu'est-ce que la déontologie? C'est la science qui régularise l'égoïsme. Sa principale tâche consiste à nous apprendre, d'une part, que le désintéressement est une sottise; de l'autre, que tout acte immoral est un faux calcul de l'intérêt personnel. L'homme désintéressé, en se sacrifiant aux autres, s'écarte plus de la saine raison et en ce sens est plus blâmable que l'homme vicieux ou criminel qui sacrifie les autres à soi. Mais l'homme vicieux ou criminel se trompe aussi, quoique à un moindre degré, parce qu'il oublie que les plaisirs dont il est redevable au vice et au crime sont bien inférieurs aux peines qui les accompagnent.

Cela n'empêche pas la déontologie d'être une maîtresse de vertu et de bienveillance universelle, pourvu que ces mots soient entendus dans leur véritable sens, celui que leur donne la morale utilitaire. La vertu, ce n'est pas cette entité fictive, cet être de raison que poursuit la morale ascétique : c'est cette façon d'agir qui accroît autant que possible le nombre et l'intensité de nos plaisirs, qui diminue dans la même proportion le nombre et l'intensité de nos peines. C'est ce que Bentham appelle, dans son langage souvent barbare, *maximiser* les plaisirs et *minimiser* les peines. La vertu consiste uniquement à nous procurer, tout à la fois par un calcul de l'intelligence et par un effort de la volonté, ce double résultat; et ce résultat, quand nous sommes parvenus à nous l'assurer par l'habitude, n'est pas autre chose que le bonheur. La vertu se confond donc avec l'art d'être heureux : il serait plus juste de dire avec l'art de jouir.

Mais au nombre des plaisirs dont notre bonheur se compose se trouve celui de la sympathie, de l'affection que nous inspirons à nos semblables et de celle que nos semblables nous inspirent. Ce plaisir n'est pas moins égoïste que les plus vulgaires plaisirs des sens; car c'est pour nous que nous le recherchons et non pour les autres. Or on ne l'obtient qu'en montrant aux autres les mêmes sentiments, la même bienveillance que nous désirons qu'ils aient pour nous. La bienveillance se témoigne par des actes, par le sacrifice que nous faisons d'une certaine part de notre bonheur au bonheur d'autrui. Seulement il ne faut pas oublier que le but de ce sacrifice, c'est la jouissance qui en sera le fruit ou que nous espérons en tirer, et qui sera, selon nos calculs, supérieure à celle dont nous nous sommes privés. Ainsi donc, c'est par intérêt que nous sommes bienveillants ; et comme la sympathie, en s'étendant de proche en proche, peut embrasser la totalité du genre humain et descendre jusqu'aux animaux, l'égoïsme sera la base de la bienveillance universelle.

Ce n'est pas seulement par la bienveillance égoïste ou la sympathie intéressée que le bonheur de chacun est étroitement uni à celui des autres ou le bonheur individuel au bonheur général : c'est encore par un autre lien plus matériel et plus positif, celui qui existe entre les intérêts. A les considérer dans leur généralité, les intérêts sont les mêmes pour tous les membres de la société ; de sorte qu'en travaillant à mon propre bonheur je travaille à celui de mes semblables ; et réciproquement, quand je travaille au bonheur de mes semblables, c'est le mien qui sera le fruit de mes efforts. Quand je parle de mon bonheur, je ne puis donc entendre autre chose que la réalisation de la formule que nous avons citée en commençant : « le plus grand bonheur du plus grand nombre ».

Il est vraiment étrange de voir la morale de l'égoïsme et du plaisir aboutir à cette conclusion philanthropique. La surprise sera plus grande encore quand on connaîtra le moyen d'appréciation et de comparaison appliqué par Bentham aux diverses espèces de plaisirs que comporte la nature humaine. Il se garde bien de leur imposer un ordre hiérarchique. Il ne distingue pas entre les plaisirs des sens et les plaisirs de l'esprit, entre les plaisirs du corps et ceux de l'âme, estimant les uns et méprisant les autres.

Dans sa pensée, tous les plaisirs se valent et ne diffèrent entre eux que par la quantité, que par le plus et le moins de jouissance qu'ils représentent. Or la quantité s'évalue en nombres et s'exprime en chiffres, elle tombe sous les lois du calcul ou de l'arithmétique. Il y a donc une arithmétique des plaisirs, une arithmétique morale sans laquelle on ne comprend rien à la conduite de la vie et que Bentham nous présente comme une des parties les plus importantes de son système.

Pour savoir si un plaisir est plus ou moins grand qu'un autre, ou s'il est plus ou moins grand que la peine qui l'accompagne, il faudra les considérer et les comparer l'un à l'autre sous les aspects suivants : l'intensité, la durée, la certitude, la proximité. Il est évident qu'un plaisir intense, un plaisir durable, un plaisir certain, un plaisir prochain, vaudra mieux ou devra être compté plus qu'un plaisir superficiel, fugitif, incertain et éloigné. Mais ce n'est pas tout, il faudra aussi se demander si le plaisir ou la peine qu'on veut évaluer ont plus ou moins de pureté, plus ou moins de fécondité, plus ou moins d'étendue, c'est-à-dire si le plaisir est plus ou moins mélangé de peine et la peine de plaisir; s'ils sont plus ou moins propres à engendrer d'autres plaisirs et d'autres peines; enfin s'ils produisent plus ou moins d'effet hors de l'individu qui les éprouve. Toutes les peines et tous les plaisirs, si nous en croyons Bentham, nous présentent ces sept propriétés; et c'est par une comparaison qui passera successivement de l'une de ces propriétés à l'autre que les plaisirs et les peines seront évalués avec exactitude, que nous saurons s'il y a pour nous, à les rechercher, profit ou perte.

C'est dans cette arithmétique bien plus que dans les principes généraux qu'il faut chercher le caractère propre, nous n'osons pas dire l'originalité de la morale de Bentham. Mais ce serait mal connaître Bentham que de ne voir en lui que le moraliste. Il a fait entrer dans son système la législation, surtout la législation criminelle; c'est là qu'il a développé ses vues les plus profondes, les plus personnelles, et qu'il a déposé le germe de plusieurs réformes importantes, introduites après lui dans nos lois pénales, à l'honneur de l'humanité et de la justice.

Ainsi que l'exigent ses opinions sur la nature générale de l'homme, sur les mobiles de toutes nos actions et la source de toutes nos pensées, il nie l'existence d'un droit naturel et de certaines lois nécessaires, immuables, que l'homme apporterait avec lui en naissant et qui seraient écrits dans toutes les consciences. Aussi n'a-t-il pas assez de sarcasmes contre la Déclaration des droits de l'homme et du citoyen émanée de notre première Constituante. Il n'y voit qu'un sophisme, un sophisme anarchique. Pour lui il n'y a pas d'autres lois que celles que fait le législateur, pas d'autres droits que ceux que les lois mêmes ont créés, et à tous ces droits correspondent des obligations également créées par le législateur. Les premiers représentent les bénéfices de la société; les secondes en sont les charges. Les premiers sont des permissions ou l'autorisation de faire certaines choses; les secondes sont des interdictions. Et comme, pour les faire respecter les uns et les autres, il est nécessaire d'y attacher une sanction, c'est-à-dire une peine, toute loi se ramène à une loi pénale.

La loi est donc un mal par cette double raison qu'elle restreint les moyens d'action que nous tenons de la nature, et qu'elle inflige une souffrance à ceux qui refusent de lui obéir. Cela est vrai; mais le mal que fait la loi, qui est attaché à son existence même, est un mal nécessaire qu'il faut souffrir en vue d'un bien ou pour échapper à un mal plus grand, celui que les hommes se feraient les uns aux autres, s'ils avaient le pouvoir de faire tout ce qui leur plaît.

De là cette conséquence, qu'il faut légiférer le moins possible, qu'il faut renfermer la loi dans les limites où elle est absolument nécessaire, et elle n'est absolument nécessaire, dans son action purement coercitive, que pour empêcher les individus de se nuire les uns aux autres. Dans les cas, au contraire, où ils ne peuvent nuire qu'à eux-mêmes, on doit leur laisser le plus de liberté possible. C'est ainsi que, au nom du plaisir et de l'intérêt, Bentham arrive à défendre une des maximes les plus chères aux amis de la liberté.

Mais voici d'autres propositions qui, sans avoir la même généralité, ne sont pas moins dignes d'être remarquées. Puisque la loi est un moindre mal pour empêcher un mal plus grand, le mal qu'elle fait souffrir à titre de sanction ne doit jamais égaler celui qu'elle doit réprimer. La peine doit être efficace, mais ne doit jamais dépasser la mesure qui est nécessaire pour la rendre telle. C'est l'humanité introduite dans la législation pénale qui, selon la remarque de Rossi, a paru pendant de longs siècles rivaliser de cruauté avec le crime.

Afin de rendre exécutable cette règle de législation, Bentham a imaginé toute une science qu'il désigne sous le nom de *pathologie mentale*. Elle consiste à étudier les diverses circonstances qui agissent sur la sensibilité humaine et ont le pouvoir de l'accroître ou de la diminuer. On arrivera par ce moyen à varier la peine suivant l'effet qu'elle doit produire sur le coupable; car, selon notre réformateur, il n'est rien de plus faux que cet adage : « Les mêmes peines pour les mêmes délits ». Il y a des châtiments qui glissent sur certaines âmes, tandis qu'ils pénètrent profondément dans quelques autres. C'est manquer à la justice que de les traiter de la même manière. Or les circonstances qui agissent sur notre sensibilité sont de plusieurs espèces. Il en est de fort importantes, mais qu'il est difficile de saisir : par exemple le tempérament, la santé, la force, la fermeté d'âme, les habitudes, le développement de l'intelligence, etc. Il en est d'autres de moindre influence, tels que l'âge, le sexe, le rang, l'éducation, la profession, le climat, la race. Celles-là, il est facile de les constater, et la législation pénale, surtout la justice, qui en est l'interprète, est obligée d'en tenir compte. Toutes ces idées se résument dans celle des circonstances atténuantes, acceptée par nos lois et consacrée par nos mœurs.

Si la peine doit être proportionnée à la sensibilité présumée du coupable, elle doit l'être, à plus forte raison, à la gravité du délit. Or la gravité du délit doit se mesurer, selon Bentham, non sur la perversité de l'intention, mais sur la gravité et l'étendue du dommage causé. Il y a le dommage de premier ordre : c'est celui qui atteint directement la personne lésée et qui s'étend à sa famille, à ses amis. Il y a le dommage de second ordre : c'est l'inquiétude que répand le crime dans le sein de la société et le danger qui naît du mauvais exemple. Il y a enfin le dommage de troisième ordre : c'est le découragement, l'inertie morale qui gagne la société en présence du crime resté impuni. Tous ces dommages seront pris en considération dans le choix du châtiment destiné à les prévenir.

Malgré le caractère pénal qu'il leur attribue dans tous les cas, Bentham ne croit pas que les lois aient uniquement pour but de réprimer les actes nuisibles à la société : il pense qu'elles doivent aussi provoquer ceux qui lui sont utiles. Les actes utiles sont ceux qui contribuent plus ou moins directement au bonheur social. Or, selon Bentham, qui applique à toutes les questions sa méthode arithmétique, le bonheur social se compose de quatre éléments : la subsistance, l'abondance, l'égalité, la sûreté. Comment fera le législateur pour assurer la jouissance de ces biens au pays sur lequel s'exerce son autorité ? Il considérera que la subsistance et la sûreté représentent le nécessaire, que l'égalité et l'abondance sont le superflu : par conséquent il mettra tous ses soins à procurer d'abord les deux premières.

La sûreté est l'objet principal des lois. Sans les lois, elle n'existerait à aucun degré ni pour la vie ni pour la propriété des membres de la société. Il suffit qu'elle existe pour que la subsistance d'un peuple soit garantie d'une manière générale ; car la subsistance est fournie par le travail, et le travail est proportionné à la sûreté des travailleurs, laquelle comprend aussi leur liberté. Cependant Bentham ne se contente pas de ce moyen général et indirect de pourvoir à la subsistance de la population d'un État. Il désire qu'on s'occupe de l'extinction de la misère, et il pense que la voie la plus sûre pour y arriver, c'est la charité légale ou, pour l'appeler du nom qu'elle porte en Angleterre, le taxe des pauvres, élevée au niveau et répartie en proportion des besoins. Quoique le mot d'équité n'ait aucun sens dans son système, Bentham s'efforce de démontrer que cette taxe est équitable. « Le titre de l'indigent comme indigent est plus fort, dit-il, que le titre de propriétaire d'un superflu comme propriétaire. » En d'autres termes : le droit de l'indigent à être secouru est supérieur au droit de propriété quand le propriétaire possède plus que le nécessaire. Au reste, la propriété, selon Bentham, est une pure création de la loi qui ne se justifie et ne s'explique que par l'intérêt social. Donc la loi peut, en vue de ce même intérêt, être considérée d'un autre point de vue.

Une fois qu'il aura pourvu à la subsistance et à la sûreté de l'État, le législateur s'occupera à lui procurer aussi l'abondance et l'égalité. L'abondance comprend le luxe, et le luxe est indispensable au bonheur des nations; car pour avoir le nécessaire il faut posséder le superflu. Mais les lois n'ont pas le pouvoir de créer directement cet élément du bonheur public. Il est la conséquence indirecte de la protection accordée au travail, des garanties laissées à la propriété et des désirs naturels de l'homme qui grandissent avec sa puissance et son bien-être. Quant à l'égalité, elle n'est pas autre chose pour Bentham que l'égalité des biens. Entendue dans ce sens, elle est désirable. Mais comment l'établir? une nouvelle distribution des biens produit les plus grands dangers pour la sûreté publique. Le communisme est la destruction du travail et de la bienveillance mutuelle des hommes. N'ayant rien à perdre ni rien à acquérir, les hommes s'endormiront dans une lâche oisiveté et n'auront pas plus le désir que le pouvoir de se rendre utiles les uns aux autres. Cependant, avec le temps, avec la liberté de l'industrie et du commerce, avec les progrès de l'agriculture, avec l'abolition des monopoles et des substitutions et quelques autres mesures législatives, on verra les grandes propriétés se subdiviser peu à peu, un plus grand nombre d'hommes participer à une modeste aisance et les sociétés se rapprocher de plus en plus de l'égalité des biens.

Tel est, dans ses éléments les plus essentiels, le système de Bentham, que les philosophes dont nous allons nous occuper n'ont eu qu'à développer sur plusieurs points et à corriger sur quelques autres, pour en tirer la morale utilitaire aujourd'hui professée avec tant d'éclat en Angleterre et devenue l'objet d'une préoccupation sérieuse dans d'autres pays.

Élevé par son père, James Mill, à considérer la doctrine de Bentham comme l'expression la plus complète de la science morale, John Stuart Mill, dès qu'il osa la juger par lui-même, ne tarda pas à s'apercevoir qu'elle contenait à la fois des exagérations et des lacunes, et il se chargea de les faire disparaître par des réformes importantes. Il commença par lui donner une méthode; car l'arithmétique morale dont nous avons parlé n'est pas une méthode, mais un procédé. Bentham affirme les propositions d'où dérivent toutes ses idées; il ne dit pas comment son esprit y a été conduit ni pourquoi il les tient pour vraies. John Stuart Mill sent le besoin de résoudre ce problème, qui est précisément celui de la méthode. Il n'y a, selon lui, en philosophie et par conséquent en morale, que deux écoles que la méthode sépare et qui, séparées sur ce point, le sont sur tout le reste. D'après l'école intuitive, les principes sur lesquels repose notre connaissance du vrai et du bien sont des propositions évidentes par elles-mêmes, évidentes *a priori*, dont il ne reste qu'à faire sortir les conséquences par voie de déduction. D'après l'école inductive, le bien et le mal, le vrai et le faux sont des matières d'observation et d'expérience. En un mot, il n'y a que des faits et pas de principes. Constatés par l'observation, les faits sont généralisés et érigés en lois par l'induction. C'est pour la méthode d'induction que Stuart Mill se prononce.

Au nom de la méthode inductive, il nie la liberté, que

Bentham nie aussi, mais sans en donner la raison. La volonté, selon Stuart Mill, n'est pas libre, car nous ne voulons que ce que nous désirons, la volonté est fille du désir, et le désir se confond avec le plaisir. On désire une chose parce qu'on la trouve agréable; une autre nous inspire de l'aversion parce qu'on la trouve pénible. Toute volonté, en même temps qu'elle tombe sous la loi du déterminisme, est donc nécessairement égoïste, intéressée, personnelle comme le plaisir. Mais dans le plaisir personnel lui-même et dans les désirs dont il est l'objet, il y a un élément qui dépasse l'égoïsme : « c'est le désir d'être en harmonie avec nos semblables. » Cela veut dire, comme Bentham avait déjà essayé de nous le persuader, que le véritable égoïsme consiste à n'être point égoïste. Mais au sentiment vague et essentiellement variable de la sympathie, dont s'était contenté son prédécesseur et son maitre, Stuart Mill substitue le sentiment général et constant de la sociabilité. « L'état de société, dit-il, est en même temps si naturel, si nécessaire et si habituel à l'homme, que, à moins de circonstances rares et d'un effort d'isolement volontaire, il ne se considère jamais que comme un membre d'un corps, et cette association s'affermit de plus en plus à mesure que l'humanité s'éloigne de l'état d'indépendance sauvage. Par conséquent, toute condition essentielle à un état de société fait chaque jour plus inséparablement partie de la conception qu'a chaque individu de l'état de choses au milieu duquel il est né et qui est la destinée de l'homme [1].

L'opinion de Stuart Mill, telle qu'elle ressort de ces lignes, c'est que l'homme n'est pas seulement uni à la société de ses semblables par un désir naturel ou par un penchant impérieux de sa sensibilité, mais que son intelligence même ne conçoit pour lui d'existence possible que celle qui s'accorde avec les conditions nécessaires de l'ordre social. Voilà, il faut en convenir, un effet étrange de notre incurable égoïsme et un miracle inattendu de l'association des

---

[1]. Passage cité par M. Guyau, p. 77-78

idées, le *deus ex machina* de l'école empirique en général et de Stuart Mill en particulier. Mais bien d'autres surprises nous sont réservées.

L'idée de société implique l'idée d'égalité, et l'égalité suppose le respect mutuel des intérêts. « La société entre égaux ne peut exister que si les intérêts de chacun sont également respectés. » La société entre égaux n'existe pas encore, mais elle existera, à ce que Stuart Mill nous assure, et l'effet qui lui est propre se réalisera de lui-même. Les hommes en viendront à ne pas regarder comme possible un état de choses où l'on ne tient pas compte, c'est-à-dire où l'on ne pratique pas le respect des intérêts d'autrui.

Pourquoi s'arrêteraient-ils à respecter les intérêts d'autrui? Il faudra bien qu'ils coopèrent aux intérêts les uns des autres, puisque c'est une des conditions de l'état social que personne n'y puisse vivre dans un isolement absolu. Cette coopération les amènera naturellement à croire que le bien d'autrui est pour l'individu une chose « dont il est naturel et nécessaire qu'il s'occupe comme de toute condition physique de notre existence ».

Il n'arrive pas toujours que le bien d'autrui soit étroitement uni au mien; mais il suffit qu'il le soit souvent pour que mon esprit ne puisse plus l'en séparer et que, par l'association des idées, devenue bientôt une habitude, une seconde nature, le bien individuel se confonde dans ma pensée avec le bien général. Par cette même puissance de l'association des idées qui, développée par l'habitude et par l'éducation, deviendra irrésistible et tiendra lieu de la conscience morale de l'école intuitive, nous sommes entraînés encore plus loin, nous poursuivrons le bonheur général même indépendamment et aux dépens de notre bonheur individuel; et par le bonheur général il faut entendre non seulement le bonheur du genre humain, mais, autant que la nature des choses le permet, celui de tous les êtres capables de sentir. « Le critérium de la morale utilitaire, dit Stuart Mill, n'est pas le plus grand bonheur de l'agent, mais la plus grande somme du bonheur général [1]. »

Stuart Mill admet enfin qu'on désire et qu'on recherche la vertu. « Le désir de la vertu, dit-il, est un fait moins universel, mais aussi authentique que le désir du bonheur. » Il ajoute qu'il faut désirer la vertu avec désintéressement, pour elle-même, comme une chose désirable en soi. Après avoir rendu cet hommage significatif à la morale du devoir, Stuart Mill, avec une subtilité digne des sophistes de la Grèce, le fait passer au compte de la morale utilitaire. Ceux qui aiment la vertu avec désintéressement, l'aiment, selon lui, « non comme un moyen pour arriver au bonheur, mais comme une portion de leur bonheur [2] » ; s'ils l'aiment comme une portion de leur bonheur, ils l'aiment pour eux et non pour elle-même, leur amour cesse d'être désintéressé.

Nous savons maintenant jusqu'où s'étend, selon les idées de Stuart Mill, ce bonheur soi-disant personnel qui, commençant par l'individu, finit par embrasser le genre humain et la totalité des êtres vivants ; mais nous ignorons encore de quoi il se compose, de quels éléments il est formé. On se rappelle que Bentham n'y fait entrer qu'un élément unique, le plaisir, et que cet élément unique n'est envisagé par lui que sous un seul aspect, celui de la quantité. Stuart Mill croit aussi que le plaisir est, en quelque sorte, la matière dont le bonheur est fait ; mais, en y laissant subsister la quantité, il y ajoute la qualité. Il reconnaît plusieurs sortes de plaisirs dont les unes sont plus désirables et plus précieuses que les autres. Mais sur quelle base se fondera cette distinction ? Par quel principe, à quantité égale, ou abstraction faite de la quantité, se justifiera notre préférence. Voici la réponse de Stuart Mill : « Lorsque de deux plaisirs il en est un auquel tous ceux ou presque tous ceux qui ont l'expérience des deux donnent une préférence marquée sans y être poussés par aucun sentiment d'obligation morale, celui-là est le plaisir le plus désirable. »

---

1. Paroles citées par M. Guyau, p. 96.
2. Paroles citées par M. Guyau, p. 86.

Cela revient à dire que le plaisir préférable est celui que préfère le plus grand nombre de personnes expérimentées. Stuart Mill ne pouvait se contenter d'une explication pareille, que son maître Bentham aurait certainement fait rentrer dans l'*ipsedixitisme*. Il s'efforce donc de la compléter de la manière suivante. Lorsque de deux plaisirs qu'on a également éprouvés et qu'on peut comparer entre eux, il y en a un que les personnes capables de faire cette comparaison placent tellement au-dessus de l'autre qu'elles ne voudraient pas l'échanger contre n'importe quelle abondance de l'autre plaisir, il faut bien admettre dans le plaisir préféré une supériorité réelle, une supériorité qui est dans la qualité et non dans la quantité. On peut même ajouter, pour rendre cette supériorité plus manifeste, que le plaisir préféré apporte avec lui une plus grande somme de peine que le plaisir dédaigné.

Mais comment concilier avec le bonheur, fin suprême de notre existence, ces appréciations qui nous portent à préférer une moindre somme de plaisir à une somme de plaisir plus grande et une plus grande somme de peine à une quantité de peine beaucoup moindre? Pour résoudre cette difficulté, Stuart Mill a recours à la distinction qu'il établit entre le contentement et le bonheur. Le contentement n'est que la satisfaction de certaines facultés. Le bonheur, c'est la satisfaction de toutes les facultés ou des facultés les plus hautes, quand elles ne peuvent pas toutes être satisfaites en même temps. Or quels sont les êtres chez lesquels toutes les facultés sont aisément satisfaites et dont le bonheur, par conséquent, est le plus complet? Ce sont les êtres inférieurs, parce qu'ils ont peu de facultés. Chez les êtres supérieurs, au contraire, qui ont beaucoup de facultés et des facultés de valeur très inégale, le bonheur est presque toujours accompagné de mécontentement, parce que toutes les facultés dont ils sont doués ne peuvent être satisfaites au même degré. C'est pourtant ce bonheur mêlé de peine, ce bonheur des mécontents qui est de beaucoup le plus désirable. « Mieux vaut être, dit Stuart Mill, un homme mécontent qu'un cochon satisfait ; mieux vaut être un Socrate mécontent qu'un imbécile satisfait. Si l'imbécile et le cochon pensent différemment, c'est qu'ils ne connaissent que le côté de la question qui les regarde [1]. »

Cette distinction entre le contentement et le bonheur, entre le bonheur des êtres inférieurs et celui des êtres supérieurs, ne répond pas à la difficulté que nous avons indiquée tout à l'heure : elle ne fait que l'étendre et l'aggraver. Pourquoi préférons-nous le bonheur mêlé de peine des êtres supérieurs au bonheur sans mélange, au bonheur paisible et borné des êtres inférieurs ? Cette préférence, selon Stuart Mill, ou, ce qui est la même chose, cette répugnance à déchoir, ne s'explique que par le sentiment de la dignité, sentiment que possèdent tous les êtres humains et dont le développement est proportionné à leurs facultés les plus élevées.

Tel est le prix qu'attache Stuart Mill à la dignité humaine que lorsqu'il faut choisir entre elle et le bonheur, soit notre bonheur personnel, soit celui des autres, c'est le bonheur qu'il nous conseille de sacrifier. « J'admets pleinement cette vérité, dit-il, que la culture d'une noblesse idéale de volonté et de conduite est pour les êtres humains individuels une fin à laquelle doit céder, en cas de conflit, la recherche de leur propre bonheur ou de celui des autres. » La contradiction serait flagrante entre le principe de la morale utilitaire et l'application qu'il reçoit ici, si Stuart Mill n'avait soin de nous apprendre que c'est le bonheur individuel ou celui de quelques individus qu'il sacrifie au sentiment de la dignité, mais que le bonheur général y trouve son compte, parce que la noblesse du caractère contribue plus que toute autre chose à la félicité de la vie humaine. Il n'en est pas moins vrai que cette perfection idéale à laquelle il veut que s'élèvent les âmes appartient plus à la morale du devoir, à ce qu'il appelle la morale intuitive, qu'à la morale de l'intérêt.

---

1. Voir M. Guyau, p. 89.

A la loi du désintéressement et du sacrifice, ou, pour l'appeler de son vrai nom, à la loi du devoir, Stuart Mill reconnait aussi une fonction purement morale, qui n'est autre chose que le remords. « La sanction interne du devoir, dit-il [1], c'est un sentiment de notre âme, une douleur plus ou moins intense accompagnant la violation du devoir et, chez les natures morales bien dirigées, s'élevant dans les cas les plus graves au point de les faire reculer devant cette violation comme devant une impossibilité. »

Ce n'est point par là que la moralité humaine commence, mais c'est par là qu'elle peut finir. Ce que nous craignons d'abord, c'est le châtiment que nous attire une action mauvaise, c'est le danger de perdre la sympathie de nos semblables. Mais l'aversion qui s'attache à toute action de cette nature peut à la longue se détacher de l'idée de châtiment et devenir une *détestation désintéressée* du mal dont la force et la spontanéité égalent celles de l'instinct.

Que manque-t-il encore à cette liste de toutes les qualités et perfections qu'engendre par miracle la morale de l'intérêt? Nous y avons déjà vu figurer la vertu; Stuart Mill ne craint pas d'y ajouter l'héroïsme et le martyre. « Le héros ou le martyr doit, dit-il, volontairement se passer de bonheur pour l'amour de quelque chose qu'il place au-dessus de son bonheur individuel. » Le héros et le martyr peuvent donc, même ils doivent exister dans son système; mais il faut que leur abnégation ait un but et ce but ne peut être que le bonheur général. Quand la cause pour laquelle ils se sacrifient est différente, le héros et le martyr, selon les expressions de Stuart Mill, ne méritent pas plus d'être admirés que l'ascète debout sur sa colonne [2]. Comment! notre vie n'a pas d'autre fin que la petite part de bonheur dont nous pouvons jouir ici-bas, et c'est pour le bonheur des autres qu'on nous conseille, qu'on nous ordonne presque de la sacrifier! Cette inconséquence n'a pas échappé à Stuart Mill

---

1. Voyez *la Morale anglaise*, p. 103.
2. *Ibid.*, p. 111.

et il s'efforce de l'atténuer en disant que le sacrifice qui nous est demandé n'est nécessaire que dans une société imparfaite comme la nôtre. Il sera inutile dans l'avenir, quand la société sera mieux organisée. Que nous importe? Il n'en est pas moins inexplicable et injustifiable pour la morale utilitaire.

Stuart Mill, dans sa morale, nous offre constamment le spectacle d'un esprit naturellement élevé, d'une âme généreuse qui, par l'effet de l'éducation beaucoup plus que par un choix réfléchi, a été engagé dès sa jeunesse dans un système borné et desséchant. L'âme proteste contre le système sans avoir la force de s'en affranchir et, alors même qu'elle l'abandonne au fond, elle en conserve encore le langage et les formules essentielles. Nous en trouvons la preuve dans tout ce qui précède, mais particulièrement dans ces lignes[1] : « Pour être heureux, il n'est qu'un seul moyen, qui consiste à prendre pour but de la vie, non pas le bonheur, mais quelque fin étrangère au bonheur. Que votre intelligence, votre analyse, votre examen de conscience s'absorbe dans cette recherche, et vous respirerez le bonheur avec l'air sans le remarquer, sans y penser, sans demander à l'imagination de le figurer par anticipation, et aussi sans le mettre en fuite par une fatale manie de le mettre en question. »

On sait que Stuart Mill ne s'est pas moins occupé de politique et de législation que de psychologie et de morale. La politique et la législation constituent pour lui un art, l'*art social*, dont le but est de conduire les hommes réunis en société, de conduire les peuples vers la plus grande somme de bonheur que la nature humaine puisse atteindre. Le sentiment de la justice est le principal ressort dont il devra faire usage.

Mais qu'est-ce que la justice pour Stuart Mill? En répondant à cette question il nous laisse apercevoir de nouveau la lutte qui existe dans son esprit entre le principe de l'in-

---

[1]. Elles sont tirées de l'*Autobiographie* de Stuart Mill et citées par M. Guyau, p. 115.

térêt et la vague conception d'un principe supérieur. La justice, d'après lui, est la conformité à la loi ou *à ce qui devrait être la loi.* Il admet donc implicitement une loi intérieure au-dessus de la loi positive. Arrivant à la définition de la loi elle-même, il fait consister son essence dans la sanction, c'est-à-dire dans la pénalité. « Nous ne disons qu'une chose est mal que lorsque nous entendons que celui qui la fait devrait être puni d'une façon ou d'une autre. » Ce sont ses propres expressions [1]. Mais n'admet-il qu'une pénalité matérielle ou légale? Non, il admet aussi une pénalité morale, à savoir le remords, dont nous parlions tout à l'heure, et la désapprobation de l'opinion publique, qui supplée au silence ou à l'impuissance de la loi.

Essayant d'expliquer l'idée de la justice ainsi ramenée à la sanction pénale ou au désir de punir, Stuart Mill en trouve l'origine, non seulement dans les sentiments égoïstes de l'homme, mais dans les instincts de l'animal. L'homme est naturellement porté à repousser une agression et à punir l'agresseur. Puis il étend ce sentiment à ses semblables par sympathie. Voyant un autre homme attaqué, il a également le désir de repousser et de punir l'agression, comme s'il s'agissait de lui-même. L'instinct des animaux produit les mêmes effets. Les animaux repoussent l'agression et la châtient non seulement quand il s'agit d'eux, mais quand il s'agit d'un autre animal de leur espèce. Le chien éprouve cet instinct en faveur de l'homme, qu'il défend et qu'il venge au péril de sa vie. Que cet instinct animal, que ce sentiment égoïste de la défense personnelle et la sympathie de l'homme pour son semblable soient développés et comme transfigurés par le sentiment social, qu'ils s'étendent de proche en proche jusqu'à embrasser le genre humain, qu'ils soient consacrés par l'autorité de la loi et se manifestent par la puissance du châtiment : ils seront cette vertu désintéressée, absolument obligatoire, presque divine, qui s'appelle la justice. Il y a des moments où Stuart Mill parle de

---

1. Voyez *la Morale anglaise,* p. 119.

la justice presque dans les mêmes termes que Platon, représentant les châtiments infligés en son nom comme un bienfait, non seulement pour la société qu'elle protège, mais pour le coupable qu'elle a frappé. Il n'en soutient pas moins que son but unique, c'est d'être utile, c'est d'assurer le bonheur général.

Mais la justice, c'est-à-dire la loi, ne suffit pas pour atteindre ce but suprême; il faut y joindre l'organisation politique et la puissance de l'éducation. La société sera constituée de telle sorte que les intérêts de chacun seront en harmonie complète avec les intérêts de tous, que le bonheur individuel se confondra avec le bonheur général; et par un système d'éducation fondé à la fois sur l'économie politique et la morale utilitaire, on formera les intelligences à ne plus concevoir, les volontés à ne plus poursuivre d'autre fin que cette félicité de chacun contenue dans celle de tous. Grâce à l'emploi simultané de ces deux moyens, la condition de l'homme sera singulièrement améliorée. On verra la pauvreté disparaître, la maladie diminuer, les vicissitudes de la fortune se réduire presque à rien. Les principales causes de nos souffrances seront peu à peu conjurées.

Ce n'est pas tout. La moralité s'accroîtra dans les mêmes proportions que le bien-être. Le dévouement de l'homme pour le bonheur universel de ses semblables tiendra lieu de religion. « Je crois, dit Stuart Mill, qu'il est possible de donner au service du genre humain, — même sans le secours d'une croyance en une providence, — et le pouvoir psychologique et l'application sociale d'une religion, et cela en le laissant s'emparer de la vie humaine et colorer toute pensée, tout sentiment et toute action de telle manière que le plus grand ascendant exercé jamais par aucune religion n'en soit que le type et l'avant-goût [1]. »

C'est précisément cet idéal qu'Auguste Comte a voulu réaliser en fondant une nouvelle religion où l'humanité tient la place de Dieu. On sait comment il a réussi.

---

[1]. Voyez *la Morale anglaise*, p. 132.

II

La morale utilitaire, en passant de Bentham à Stuart Mill, a déjà reçu de telles modifications qu'il n'est pas toujours facile d'y retrouver la pensée de son fondateur. En passant de Stuart Mill à Herbert Spencer, elle subit une transformation encore plus profonde. Elle s'unit si étroitement à la théorie de l'évolution qu'elle ne semble former avec elle qu'un seul et même système. On peut dire que Stuart Mill, en soutenant que nos sentiments moraux sont en grande partie le fruit de l'hérédité, avait admis la théorie de l'évolution dans une mesure circonscrite. Mais il était réservé à Herbert Spencer de l'étendre à toute la nature et d'en faire la condition même de l'existence, la loi universelle de tous les êtres, par conséquent la loi de l'humanité. Cette loi, il ne l'a pas empruntée à Darwin, comme on est disposé à le croire sur la réputation que celui-ci a conquise dans notre pays. C'est Darwin, au contraire, qui l'a empruntée à Herbert Spencer, son guide et son maitre avoué dans les questions de morale. Les deux philosophes, quand on les compare entre eux, soit dans leurs méthodes, soit dans leurs idées, sont d'ailleurs loin de se ressembler. La méthode de Darwin, celle qu'il suit réellement ou qu'il a la prétention de suivre alors même qu'il la remplace par l'hypothèse, c'est la méthode qu'emploie l'histoire naturelle, c'est-à-dire la méthode expérimentale. La méthode d'Herbert Spencer comme on pourra bientôt s'en assurer, c'est la méthode synthétique, la méthode *a priori* qui procède du tout à la partie, de l'unité à la multiplicité, de l'absolu au relatif; c'est la méthode que Hegel et Spinoza ont mise en usage dans l'intérêt de deux systèmes tout différents. Pour Darwin, la loi de l'évolution ne s'étend pas au delà de la nature animale; c'est dans l'animalité qu'il croit reconnaître, sous leur première forme, les instincts et les habitudes qui distinguent aujourd'hui l'espèce humaine, sans en excepter ceux que nous comprenons sous le nom de conscience et sur lesquels se fonde la distinction du bien et du mal moral. Selon Herbert Spencer, c'est la nature entière qui subit la loi de l'évolution, et non seulement la nature physique, animée ou inanimée, mais la nature morale et intellectuelle. Rien n'est excepté de son empire, ni la matière, ni l'esprit, ni le ciel, ni les astres, ni les animaux, ni les hommes, ni la science, ni l'art, ni par conséquent la morale. La morale ici n'est plus une science inductive telle que la comprend Stuart Mill, c'est une déduction ou une science de raisonnement pur, qu'il faut faire sortir, en manière de conclusion, de la science universelle. On doit avoir toute confiance en M. Guyau lorsqu'il expose la philosophie d'Herbert Spencer. Dans une lettre remarquable que nous avons sous les yeux, le philosophe anglais va jusqu'à dire à son jeune interprète : « Il est naturel que je vous sois plus particulièrement reconnaissant de l'aperçu que vous avez tracé de mes vues personnelles : autant que j'en puis juger à une première lecture, elle me semble admirable. Je n'avais pas l'idée qu'avec les ouvrages que j'ai déjà publiés et les passages accessoires qu'ils renferment sur les principes de la morale, il fût possible de reconstruire d'une manière si complète la théorie générale en la considérant sous chacun de ses aspects. Je puis dire, en vérité, sans aucune espèce de flatterie (ce qui est entièrement étranger à mon caractère), que vous avez mieux fait cette esquisse que je n'aurais, je crois, pu la faire moi-même[1]. »

---

[1] I am of course more especially indebted to you for the outline

Le principe sur lequel repose tout le système de Herbert Spencer, c'est l'idée de la force ayant pour attribut nécessaire la permanence. Si la force n'existait pas, rien n'existerait, puisque tous les phénomènes sont produits par elle, et, si la force n'était point permanente, nous ne pourrions pas la concevoir, elle serait inaccessible à la pensée, car la pensée n'est possible que par la permanence de la conscience. Dire que la permanence est nécessaire à la pensée, c'est dire qu'elle est nécessaire en soi, qu'elle est absolument nécessaire; par conséquent, que la force est permanente.

Si l'on veut bien analyser cette proposition, on y trouvera non pas un seul principe, mais deux principes différents, dont l'un appartient à Hegel et l'autre à Spinoza. Cette force permanente, qu'il faut admettre avant toute chose, et sans laquelle rien n'existe et rien n'est possible, n'est-ce pas la *cause en soi* du spinozisme, la cause éternelle, identique de toute existence? car il serait difficile de trouver une différence entre la permanence et l'identité. Et quand, de la nécessité qu'il aperçoit dans la pensée, le philosophe anglais fait une nécessité réelle, absolue, il reproduit à son insu ou autrement la maxime hégélienne : « Tout ce qui est rationnel est réel, et tout ce qui est réel est rationnel. » Ces deux principes, que Herbert Spencer s'est vainement flatté de confondre en un seul, se font sentir, tantôt à la fois, tantôt séparément, dans toutes les parties essentielles de sa philosophie. Nous en trouvons un premier exemple dans l'idée même de l'évolution.

Qu'est-ce, en effet, que l'évolution, si l'on prend ce mot,

you have given of my own views. This, so far as I can judge from a first perusal of it, seems to me admirable. I had no idea that it was possible from the works I have already written and the incidental passages concerning moral principles wich they contain, for any to piece together so complete a statement of the general theory under its several aspects. I can, indeed, say without any approach to flattery (wich is wholly alien to my nature) that you have made this sketch better than I believe I could have done it myself.

non dans le sens particulier qu'y attachent les naturalistes, mais dans l'acception générale, à vrai dire métaphysique, que lui donne Herbert Spencer? La force, selon Herbert Spencer, étant permanente, ou ne pouvant ni commencer ni finir, toute manifestation nouvelle d'une force, ou toute force qui nous paraît nouvelle, que nous avons vu commencer, doit être considérée comme un effet, comme une transformation d'une force préexistante. C'est cette transformation de forces identiques dans une série d'effets plus ou moins transitoires, qu'on appelle l'évolution. L'évolution n'est donc pas autre chose que ce que dans le système de Hegel on appelle le *procès*, le *processus*. Seulement, tandis que Hegel, plus conséquent avec lui-même, ne reconnaît qu'un seul principe d'où découlent, d'où *procèdent* à la fois l'être et la pensée ; tandis que Spinoza n'admet qu'une seule cause en soi, Herbert Spencer suppose toujours l'existence de plusieurs forces, d'une multitude de forces également permanentes, c'est-à-dire également identiques, également nécessaires ; et voilà ce qui fait que sa philosophie, quelque valeur que présentent en elles-mêmes plusieurs de ses propositions, repose sur une base tout à la fois arbitraire et contradictoire. Il est arbitraire, quand on veut tout ramener à des faits essentiellement variables, d'affirmer que le principe de ces faits demeure identique, permanent, nécessaire. Il est contradictoire de supposer plusieurs causes nécessaires.

Herbert Spencer ne se contente pas de dire, sans alléguer même une apparence de preuve, que le monde est le produit de plusieurs forces ; il affirme de la même manière que ces forces sont opposées les unes aux autres, et c'est précisément parce que chacune d'elles se trouve en lutte avec des forces adverses, qu'elle est dans la nécessité d'agir, de se mouvoir, de se transformer. Ainsi s'explique la grande loi, la loi universelle de l'évolution. Ici encore nous reconnaissons sans grande peine l'influence, ou tout au moins l'intervention inconsciente de la méthode hégélienne : c'est l'antithèse après la thèse.

Enfin, voici le troisième terme de la dialectique de Hegel, c'est-à-dire la synthèse. Toutes ces forces adverses qui par leur antagonisme perpétuel se poussent mutuellement à l'action, à l'évolution, aboutissent cependant à un mouvement harmonieux, rythmique, qui embrasse à la fois le monde moral et le monde physique, la société et la nature. Le monde entier, dans l'opinion d'Herbert Spencer, n'est qu'un rythme, selon les paroles d'Héraclite : « Le monde est un feu divin qui s'allume et s'éteint en mesure ». Le rythme lui-même se compose de deux mouvements généraux auxquels tous les autres, de quelque nature qu'ils puissent être, restent subordonnés. Ces deux mouvements sont l'évolution et la dissolution, le progrès et la décadence.

Nous connaissons le mécanisme par lequel Herbert Spencer, après l'avoir créé de toutes pièces, essaye d'expliquer l'univers ou, comme disaient les anciens, la nature des choses, *naturam rerum*. Il est temps que nous le voyions entrer en fonction.

Au premier, nous voulons dire au plus bas degré de l'échelle mobile et vivante qui nous représente l'évolution universelle, nous trouvons les forces physiques, particulièrement la lumière et la chaleur, qui ont leur source dans le soleil, ou qui doivent être considérées comme un rayonnement solaire. Les forces physiques se transforment en forces vitales : animaux, végétaux; et les forces vitales, par une nouvelle transformation, deviennent des forces sociales, c'est-à-dire les instincts et les sentiments, la totalité des éléments dont se compose la vie de la société et ce que nous appelons la vie morale.

Les combinaisons produites par la loi d'évolution nous offrent toutes ce caractère, qu'elles tendent de plus en plus vers l'individualité ou, pour conserver l'expression dont se sert le philosophe anglais, vers l'individuation. L'individuation est d'autant plus complète qu'on s'éloigne davantage du point de départ et qu'on parcourt un plus grand nombre de transformations. Elle manque totalement aux forces physiques, elle apparait peu à peu dans les différents degrés de la vie et de l'échelle animale ; c'est dans l'homme qu'elle atteint la plus haute expression ; elle se manifeste chez lui par la conscience, mais plus encore par la loi morale.

Qu'est-ce donc que la loi morale dans le système de Herbert Spencer ? « Ce que nous appelons, dit-il, la loi morale, la loi de la liberté dans l'égalité, est la loi sous laquelle l'individuation devient parfaite [1]. » Et comment l'individuation deviendra-t-elle parfaite ? Si les conditions extérieures qui sont indispensables à son développement sont scrupuleusement respectées. « Quand chaque homme unira dans son cœur à un amour actif pour la liberté des sentiments actifs de sympathie pour ses semblables, alors les limites à l'individualité qui subsistent encore, entraves légales ou violences privées, s'effaceront ; personne ne sera plus empêché de se développer ; car, tout en soutenant ses propres droits, chacun respectera les droits des autres. La loi n'imposera plus de restrictions ni de charges : elles seraient à la fois inutiles et impossibles [2]. »

La moralité consiste donc à n'apporter aucune entrave, aucune limite au développement de l'individualité. Le plus haut degré de moralité est inséparable du plus haut degré d'individualité, et la moralité de l'individu ne peut exister sans celle de la société. La moralité parfaite, l'individuation parfaite et la vie parfaite seront réalisées en même temps, mais elles ne le seront que dans l'homme parfait ou, comme l'appelle Herbert Spencer, *l'homme définitif*.

La terre verra-t-elle jamais ce prodige? Oui, certainement, nous répond Herbert Spencer, parce que la loi d'évolution ne connait pas d'obstacle ; parce que le progrès est une nécessité comme le développement de l'embryon ou l'éclosion d'une fleur. La fleur dont l'éclosion est réservée à l'avenir, c'est l'homme parfait, c'est la société parfaite.

---

1. Citation de M. Guyau, p. 171.
2. *Ibid.*, p. 172.

Cette perfection, d'ailleurs, n'a rien de mystique ni d'idéal. Elle consiste dans le développement des organes aussi bien que des sentiments et de l'intelligence. Elle ne dépasse pas le terme vers lequel la loi de l'évolution conduit toute la nature et qu'on remarque surtout dans la nature animale : l'adaptation des êtres au milieu dans lequel ils sont appelés à vivre. « Les modifications que l'humanité a subies, dit M. Spencer, et celles qu'elle subit de nos jours, résultent de la loi fondamentale de la nature organique, et, pourvu que la race humaine ne périsse point et que la constitution des choses reste la même, ces modifications doivent aboutir à la perfection. Il est sûr que ce que nous appelons le mal et l'immoralité doit disparaître; il est sûr que l'homme doit devenir parfait [1]. »

Ce n'est pas seulement la loi générale de l'évolution qui nous oblige à compter sur cette transformation finale de l'espèce humaine, mais aussi la condition d'harmonie sous laquelle cette loi s'accomplit, c'est-à-dire le rythme. Le rythme qui préside à l'évolution de l'humanité ne nous a offert jusqu'à présent que de brusques oscillations. C'est tantôt l'individu qui l'emporte et tantôt la société. Ce sont des alternatives de révolution et de réaction, de guerre et de paix, à travers lesquelles nous avançons avec lenteur et avec peine. Mais peu à peu l'équilibre s'établit entre ces forces opposées comme entre les plateaux d'une balance. L'individu et la société se feront contrepoids sans se gêner l'un l'autre, tout au contraire, en se prêtant un harmonieux concours. Ils s'avanceront tous deux par une marche régulière « vers une époque de liberté et d'égalité où les sentiments des hommes, étant adaptés aux conditions d'existence de notre espèce, leurs désirs obéiront spontanément à la grande loi économique de l'offre et de la demande qui prend alors le nom de justice [2] ».

---

1. Passage cité par M. Guyau, p. 173.
2. *Ibid.*, p. 174.

A ces considérations sur les lois générales qui gouvernent l'humanité et sur le terme final de sa marche à travers les siècles, vient se joindre une analyse psychologique du cœur humain, c'est-à-dire des sentiments qui déterminent nos actions et qui constituent les éléments de notre vie morale. Ces sentiments n'ont pas toujours existé chez l'homme, ils sont le produit des expressions recueillies successivement par plusieurs générations, conservées par l'hérédité. Ils se divisent en trois classes : les sentiments égoïstes ou, pour parler la langue d'Herbert Spencer, *égoïstiques*, qui se rapportent à l'individu ; les sentiments *altruistes*, qui se rapportent à nos semblables et à la société prise en masse ; enfin les sentiments *ego-altruistes*, qui forment une classe intermédiaire entre les deux premières. Les sentiments altruistes, étant ceux qui s'adaptent le mieux aux conditions les plus essentielles de l'ordre social, finiront, à la longue, par l'emporter sur tous les autres, sans toutefois les remplacer. Au premier rang des sentiments de cette espèce se placent la générosité, la pitié, l'amour de la justice qui n'est que l'amour de la liberté personnelle, éveillé en nous par la puissance de la sympathie au profit de la société, quand nous voyons la liberté des autres en butte à quelque restriction ou à quelque violence. Cela même nous fait comprendre l'utilité et le rôle indispensable des sentiments égoïstes. En même temps qu'ils pourvoient à notre propre bien-être, ils nous intéressent à celui de nos semblables. Celui qui a beaucoup souffert est plein de pitié pour les autres. De même celui qui a été blessé dans sa liberté sera apte à comprendre les règles de la justice qui ne sont que les conditions de la liberté générale, identique elle-même au bonheur et à la moralité du genre humain.

Transmis par l'hérédité, devenus de plus en plus impérieux par les expériences accumulées d'une longue suite de siècles, les sentiments dont se compose la moralité des hommes et les idées qui y répondent acquerront une puissance irrésistible. Ils nous feront l'effet tout à la fois d'un instinct et d'une science innée, et c'est précisément ce double caractère qui leur a valu le nom d'intuition. L'intuition morale existe donc, mais non pas au sens des philosophes de la vieille école, comme une faculté éternelle et immuable; elle est le fruit de l'expérience et du temps et doit rester subordonnée aux démonstrations de la science.

La morale n'est donc ni une institution divine ni une institution humaine, mais un résultat des forces et des lois de la nature. Dès lors il est impossible qu'elle n'ait pas une sanction aussi naturelle que ses principes. Cette sanction se présente sous deux aspects, dont l'un regarde les individus et l'autre les nations. L'individu qui ne se conformera pas aux règles de conduite d'où dépendent à la fois son propre bonheur et celui de la société, trouvera son châtiment dans une souffrance intérieure assez semblable au remords. Cette souffrance, M. Spencer la fait consister dans la contradiction qui existera entre l'acte condamnable et l'intuition morale, devenue pour nous, comme nous le disions tout à l'heure, une impulsion impérieuse. Pour les nations, le châtiment sera plus terrible encore. Celles qui entreront en révolte contre les lois qui ne sont pas autre chose, après tout, que les conditions mêmes de leur durée, sont nécessairement condamnées à disparaître. Seulement, on peut demander à M. Spencer comment il se fait que, l'évolution étant une loi irrésistible, la conscience humaine étant un effet fatal de l'hérédité, il y ait des individus et des peuples capables de lui résister.

Ainsi que Stuart Mill, Herbert Spencer ne sépare pas la morale de la politique. Le gouvernement, selon lui, est un mal nécessaire, mais un mal qui va en diminuant. Plus le sens moral se développera chez les hommes, moins le gouvernement sera nécessaire, car il n'est que l'ensemble des moyens qui font obstacle aux penchants antisociaux. A mesure que ces penchants disparaîtront, les mesures coercitives perdront leur raison d'être; ce qui revient à dire que le respect de l'autorité décline dans la proportion où s'accroît le respect des droits de l'individu.

Le meilleur des gouvernements a été jusqu'à présent le gouvernement parlementaire, parce que c'est celui qui protège le plus efficacement la liberté, qui s'accorde le mieux avec les règles de la justice et qui accepte le moins des attributions étrangères à son rôle naturel. Le gouvernement parlementaire disparaîtra néanmoins à l'époque où la conscience morale, ou l'instruction morale comme nous l'avons appelée tout à l'heure, sera assez forte pour rendre inutiles les institutions coercitives. Quel est le gouvernement qui le remplacera? Quel sera le gouvernement définitif des sociétés humaines? Evidemment celui qui contiendra le *minimum* d'autorité et le *maximum* de liberté. Il n'y a que la démocratie pure qui réponde à cet idéal; non pas la démocratie que l'histoire nous fait connaître et qui nous montre la minorité opprimée par la majorité, mais une démocratie nouvelle où la nation tout entière, devenue le vrai corps délibérant, la véritable assemblée nationale, fera exécuter sa volonté par des délégués soumis à un mandat impératif. Nous ne pouvons pas, au degré de civilisation ou d'évolution où nous sommes arrivés, nous faire une idée exacte de cette organisation politique. Mais nous craignons qu'elle ne laisse peu de place à la liberté individuelle qui est précisément la cause de son avènement et la raison de son existence. Il est vrai que l'homme sera parfait quand son règne sera arrivé, et comment la perfection n'aurait-elle point pour effet de mettre d'accord toutes les volontés et toutes les intelligences? Voilà un beau rêve qu'on n'aurait pas attendu d'un apôtre du positivisme. Il nous rappelle l'hypothèse de Jean-Jacques Rousseau : un peuple de dieux se gouvernant démocratiquement.

Les trois systèmes que nous venons d'analyser, quoique différents sur plusieurs points, peuvent être regardés cependant comme trois états successifs de la même pensée, ou comme trois sphères concentriques, enveloppées l'une dans l'autre. Le système de Bentham, le plus borné de tous, mais aussi le plus conséquent et par là même le plus faux, est absorbé par celui de Stuart Mill, qui, par les efforts qu'il fait pour étendre la partie de la morale utilitaire et la mettre d'accord avec tous les sentiments du cœur humain, ne réussit qu'à lui faire violence, qu'à lui imposer des principes et des résultats pris d'ailleurs. Enfin le système de Stuart Mill est absorbé à son tour par celui de M. Herbert Spencer qui, pour rendre le principe de la morale utilitaire aussi compréhensif que possible, confond l'utile avec le nécessaire, et fait du nécessaire la loi du monde moral aussi bien que du monde physique, le premier n'étant qu'une simple transformation du dernier.

Quel que soit le talent dont M. Guyau a fait preuve dans l'exposition de ces différentes doctrines qui représentent aujourd'hui avec le plus d'autorité et d'éclat, non seulement la morale, mais la philosophie anglaise, il y en a peut-être plus encore dans les critiques auxquelles il les soumet. C'est là que la souplesse et la vigueur de son esprit se découvrent le mieux, et qu'il trouve le plus d'occasions de tirer parti de la richesse et de la variété de ses connaissances. Ne pouvant pas rapporter, même en les ramenant à leur expression la plus sommaire, tous les arguments qu'il oppose aux défenseurs de la morale de l'intérêt, nous nous en tiendrons aux plus importants, en les rapportant, à son exemple, aux trois points suivants :

1° Aucun des systèmes sur lesquels se fonde la morale utilitaire ne peut nous dire en quoi consiste et à quel critérium on reconnaît ce bonheur dont ils font l'unique fin de l'homme, l'unique but de ses actions et de ses désirs;

2° Aucun de ces systèmes n'offre à l'homme une règle de conduite propre à le diriger dans la vie, un principe auquel il soit tenu d'obéir, un principe d'obligation morale;

3° Aucun de ces systèmes, en supposant qu'il existe une règle comme celle dont nous venons de parler, ne peut lui offrir une sanction.

Pour ce qui est du bonheur, nous nous rappelons que Bentham le fait consister dans les plaisirs, et que les plaisirs eux-mêmes, égaux par tout le reste, ne se distinguent les uns des autres, n'ont de valeur que par la quantité. En conséquence, il en fait une matière de calcul, il les soumet aux lois de l'arithmétique, de la dynamique et de la statistique. M. Guyau démontre, avec une grande abondance de preuves et une rare délicatesse d'observation, qu'aucune de ces lois ne leur est applicable. Comment évaluer en chiffres, comment ramener à une somme composée d'unités homogènes, les différentes espèces de plaisirs qu'éprouve la nature humaine : plaisirs des sens, plaisirs du cœur, plaisirs de l'esprit, plaisirs esthétiques, plaisirs attachés aux relations sociales, amitié, estime, admiration, enthousiasme, satisfaction de conscience? Loin que les opérations de l'arithmétique puissent servir à des plaisirs d'espèces différentes, elles ne trouvent pas même leur emploi pour des plaisirs de même espèce. Il n'est pas vrai, par exemple, que deux petits plaisirs en valent un grand, pas plus qu'il n'est vrai que deux ou plusieurs poèmes médiocres valent un poème de génie.

Les rapports des plaisirs et des peines sont encore plus difficiles à exprimer en nombre, sont plus difficiles à chiffrer que les rapports des plaisirs composés entre eux; et cependant cela est absolument nécessaire dans la doctrine de Bentham, puisque de chaque plaisir qui nous est offert il faut déduire la peine qu'il traîne à sa suite. La peine est un genre à part qu'on ne peut défalquer par une soustraction d'un autre genre qui est le plaisir. Un plaisir coupable vous tente, vous prévoyez le remords, car le remords existe d'une certaine façon dans le système de Bentham ; comment de ces deux choses de nature si différente ferez-vous deux quantités de même espèce et direz-vous que l'une est plus grande ou plus petite que l'autre?

La dynamique des plaisirs donne lieu aux mêmes objections que cette arithmétique imaginaire. Dans l'opinion, sinon de Bentham, du moins d'un certain nombre de philosophes contemporains partisans de la morale utilitaire, tout plaisir et toute peine se ramènent à une sensation, et toute sensation a sa cause dans un mouvement physiologique. Une sensation, d'après cette théorie, ne serait que la réaction de la force sentante à l'égard de la force sentie et, comme tout autre mouvement, tomberait sous les lois de la dynamique, par conséquent sous les lois du calcul. M. Guyau, avec beaucoup de raison, conteste cette assimilation du plaisir et de la peine à un rapport de deux forces, l'une intérieure et l'autre extérieure. Les plaisirs et les peines qui ont un caractère purement moral sont difficiles à expliquer par l'intervention d'une force extérieure : c'est en nous-mêmes, c'est dans notre seule conscience qu'ils ont leur origine et leur cause ; dès que nous leur attribuons une cause différente, ils cessent d'exister pour nous et rentrent dans la classe des phénomènes organiques. La sensation elle-même refuse de se prêter aux évaluations du calcul. Les éléments multiples dont elle est formée, les sensations confuses dont elle est l'assemblage, comme les sons indistincts qui entrent dans le bruit de la mer, la dérobent à toutes les formules mathématiques, et elle ne leur échappe pas moins par son extrême mobilité, par la variété presque infinie qu'elle emprunte aux circonstances extérieures et à notre propre activité. La force de l'habitude, l'exaltation de la passion, l'ardeur de la foi, la tension de l'esprit vont quelquefois jusqu'à supprimer la douleur ou à la réduire à des proportions imperceptibles, tandis que la lâcheté et la faiblesse en doublent l'intensité.

C'est surtout à la statistique appliquée à la morale du bonheur que M. Guyau reproche de se repaître d'illusions. La statistique procède par moyennes, tandis que les plaisirs et les peines sont essentiellement personnels. Les moyennes, auxquelles les statisticiens attachent tant d'importance, sont de pures abstractions, de pures conventions sans réalité. Il peut se faire qu'il n'y ait pas un seul individu dans lequel ces moyennes se réalisent. Il n'y a pas à tenir plus compte des probabilités dont la statistique fait usage pour combattre le vice et recommander, sinon les vertus, au moins la modération et la prudence. Les plaisirs du vice sont immédiats, sont certains; les peines qui les suivent quelquefois ne sont que probables; comment cette probabilité prévaudra-t-elle contre la certitude? Cependant cette chance des peines à venir est le seul frein que la morale de l'intérêt puisse opposer aux passions les plus criminelles, lesquelles ne seraient plus criminelles si elles pouvaient se satisfaire impunément.

Stuart Mill, en tenant compte de la qualité des plaisirs aussi bien que de leur quantité, nous donne certainement une idée plus haute du bonheur que Bentham. Mais il reste à savoir si la qualité des plaisirs n'est pas plutôt un élément de moralité que de bonheur, par conséquent si elle ne change pas la base même de la morale utilitaire. C'est précisément contre cette objection que vient se heurter le système de Stuart Mill. « Aucune personne, dit ce philosophe, ayant du cœur et de la conscience ne se décide à être égoïste et vil. » Mais avoir horreur de l'égoïsme et de la bassesse, ce n'est pas un calcul d'intérêt, c'est le vice qui est flétri au nom de la loi morale. Il en est de même des plaisirs intellectuels. Pourquoi un homme, selon la remarque de Stuart Mill, qui est arrivé à un degré assez élevé d'intelligence, ne voudrait-il à aucun prix en descendre? Ce n'est pas seulement parce que les plaisirs intellectuels sont supérieurs à tous les autres, mais aussi parce que l'intelligence est une condition de moralité et de liberté. Sans doute, l'intelligence ne suffit pas pour nous donner la moralité; mais la moralité, si on la considère dans l'humanité en général, ne peut se passer de l'intelligence. Comment remplir des devoirs qu'on ignore? Comment s'efforcer de réaliser en soi l'idéal de l'homme, si cet idéal nous est étranger? Les plaisirs esthétiques donnent lieu à la même réflexion. Le sentiment du beau est dans une relation étroite avec le sentiment du bien. Le sentiment de l'admiration est uni au sentiment du respect. Le beau et le bien, considérés d'un point de vue supérieur, non seulement s'unissent, mais se confondent.

Pour expliquer la répugnance que nous inspirent les plaisirs bas et vulgaires qui nous font descendre à nos propres yeux et aux yeux de nos semblables, Stuart Mill invoque le sentiment de dignité « que possèdent, dit-il, tous les êtres humains sous une forme ou sous une autre ». Qu'est-ce que ce sentiment, sinon celui de la valeur morale qui appartient à la personne humaine, de la valeur qu'elle emprunte à sa liberté et à sa conscience. La morale utilitaire n'admet rien de semblable. Tous les plaisirs, quand on ne cherche que le plaisir, ont exactement la même valeur.

Essentiellement égoïste dans son principe et dans son but, la morale utilitaire se flatte cependant d'enseigner l'amour du prochain, le dévouement au bonheur général de la société, les sentiments désintéressés qui en sont la condition, toutes choses qu'il désigne par le vilain mot d'*altruisme*. Mais cette prétention est mal justifiée. Le bonheur de l'individu, dit Stuart Mill, étant un bien pour l'individu, le bonheur général est un bien pour tous les individus; par conséquent, c'est le bonheur général qu'il faut rechercher et que recherchent réellement les hommes. Ce raisonnement manque absolument de justesse ; car, d'une part, il n'est pas vrai que le bonheur de l'individu, non de l'individu en général, mais de tel ou tel individu, soit inséparable du bonheur général. D'une autre part, le désir général du bonheur qu'on observe chez les hommes n'est pas la même chose que le désir du bonheur général.

Mais admettons que ce soit la même chose, supposons un instant que le bonheur de la société soit réellement la fin suprême de l'individu: par quels moyens, par l'application de quelles lois, de quelles règles, nous sera-t-il donné de la réaliser? Si ces lois sont universelles, invariables et nécessaires, nous voilà en face des lois éternelles de la morale, nous sommes obligés de répudier le positivisme et la morale utilitaire. Ces lois, au contraire, sont-elles variables et susceptibles de changer avec les individus, de sorte que chaque individu ait non seulement les siennes, mais qu'il puisse les remplacer par d'autres suivant les circonstances, nous demanderons alors comment ces règles mobiles et contradictoires pourront produire un résultat constant et identique. Stuart Mill lui-même est obligé de reconnaître que les règles à suivre pour travailler au bonheur commun n'ont rien de fixe. « Un praticien sage, dit-il, ne considère ces règles de conduite que comme provisoires [1]. »

Selon M. Herbert Spencer, nous ne choisissons pas les lois qui sont appelées à diriger notre vie, nous n'en sommes pas les auteurs plus ou moins volontaires; elles nous sont imposées par la nature des choses; elles sont nécessaires comme tout ce qui est dans la nature; elles sont déduites des lois générales de l'univers et, une fois connues, il faut que nous les observions comme nécessaires, et non comme les conditions de notre bonheur. Le bonheur est une conséquence qui s'en dégage d'elle-même.

Tout étant nécessité, il faut distinguer deux espèces de nécessités : les unes intérieures, les autres extérieures. L'équilibre parfait entre ces deux sortes de nécessités, voilà ce qui constitue le bonheur suprême de l'individu; l'équilibre parfait entre tous les désirs individuels, voilà ce qui fait le bonheur social. Lorsque par la sympathie les hommes se seront identifiés au point que les conditions nécessaires à l'existence et au bonheur de chacun d'eux seront considérées comme les conditions nécessaires à l'existence et au bonheur de tous, ils seront tous parfaitement heureux.

Si l'on veut remonter jusqu'aux causes de ce double effet, on les découvrira dans les lois de la vie. Les lois de la vie étant invariables et universelles, on en déduira des règles de conduite également invariables et universelles. On arrivera ainsi à se faire une idée de la bonté absolue, dont les effets s'étendront, non seulement sur les hommes, mais sur tous les êtres vivants.

La plus grande objection qu'on puisse élever contre cette théorie du bonheur, c'est qu'elle ressemble à un conte des *Mille et une Nuits*, elle est absolument chimérique. C'est déjà bien assez de rêver le bonheur du genre humain en y comprenant tous les individus et toutes les races, sans y ajouter

---

1. Passage cité par M. Guyau, p. 255.

le bonheur universel des bêtes et, qui sait? peut-être des plantes. Comment un homme, et même une nation, peuvent-ils se flatter de contribuer au bonheur de toute la nature? Enfin, puisque le progrès consiste, selon M. Herbert Spencer, à développer de plus en plus chez l'homme l'individualité, comment subira-t-il le joug de ce fatalisme universel?

Ainsi la morale utilitaire, qui a pour unique but de rendre l'homme heureux, est incapable de nous dire ce que c'est que le bonheur, à quels signes on le reconnaît et à quelles conditions on peut l'obtenir. Nous allons montrer qu'elle n'a pas mieux réussi à trouver un principe d'obligation morale et de sanction morale.

III

Aucun des trois systèmes qui représentent avec le plus d'autorité la morale utilitaire, ne nous offre ce qui doit être considéré comme le but suprême et la raison d'être de toute morale, une règle propre à diriger toutes nos actions volontaires et la volonté elle-même, une loi obligatoire pour tous, un principe d'obligation que tous sont forcés de reconnaitre et de mettre en pratique au moins dans leurs relations sociales.

Ce n'est pas dans le système de Bentham que nous rencontrerons un pareil principe. Le plaisir peut être désirable, et il est généralement désiré, il n'oblige pas. On n'est pas coupable de le négliger, on n'est pas coupable envers les autres de le négliger pour soi, on n'est' pas vertueux pour l'avoir recherché et rencontré. D'ailleurs, chacun prend son plaisir où il le trouve; ni les plaisirs ni les peines ne sont les mêmes pour tous les hommes, d'où il résulte qu'ils ont des opinions différentes sur les actions qui les produisent et qu'ils sont amenés à se conduire d'après des règles différentes. Cette difficulté n'effraye pas l'esprit résolu de Bentham, non qu'il soit aveuglé au point de s'imaginer que la société puisse subsister sans l'harmonie des volontés et des actions; mais cette harmonie qu'il refuse de demander à l'universalité des lois de la raison et de la conscience, il se flatte de la trouver dans l'accord des intérêts, dans la coercition exercée au nom des lois et dans la puissance magique de la sympathie. M. Guyau démontre que l'ordre social ne peut reposer sur aucune de ces bases.

L'accord des intérêts, tel que le comprend et le constate l'économie politique, est un état général dont les effets ne sont aperçus par les membres de la société que d'une manière indirecte. Il ne détruit pas l'opposition qui existe et qui éclate directement entre les intérêts particuliers. Ainsi, il est vrai, au point de vue de la société tout entière, que le capital est nécessaire au travail, et s'il venait à manquer, les conséquences de cette lacune descendraient jusqu'à moi. Mais, en ne tenant compte que de mon bien-être personnel, je trouve qu'il y a un avantage non moins évident et plus immédiat à m'approprier, si je puis le faire sans danger, le capital de mon voisin. La caisse d'une maison de commerce profite certainement à tous les employés de la maison; mais au caissier qui l'emporte et la garde pour lui seul, après s'être assuré l'impunité, elle profite bien davantage. Pourquoi cette considération ne le déciderait-elle pas et ne forcerait-elle pas les autres à lui donner raison, puisque l'intérêt est la seule règle de nos actions. Il est d'ailleurs à remarquer que, sur cette grande question de l'harmonie des intérêts, les économistes sont loin de s'entendre. Aux harmonies économiques que reconnaissent, il faut l'avouer, le plus grand nombre d'entre eux, les autres opposent les contradictions économiques.

Impuissant à se défendre par la raison, même s'il l'avait avec lui, contre les intérêts particuliers, l'intérêt commun, selon la doctrine de Bentham, se défendra par la force. L'intérêt commun, n'est-ce pas celui du grand nombre, sinon celui de tous? Et le grand nombre n'est-il pas toujours en mesure de faire prévaloir sa volonté sur celles que lui opposent des particuliers isolés ou des associations privées? C'est à cela que doivent servir les lois, les tribunaux, la police, la force armée, en un mot la coercition légale. Mais tous ces moyens, comme l'histoire nous l'apprend, peuvent aussi bien être employés au profit de quelques-uns et même au profit d'un seul que dans l'intérêt de la majorité; ils peuvent être et ont été souvent des instruments d'oppression et de tyrannie, aussi bien que de protection et de sécurité publique. La coercition légale, si elle n'est pas dominée et dirigée par un principe moral, si elle n'est pas au service de la justice, si elle n'est pas éclairée par l'idée du droit, n'est que la contrainte matérielle, l'organisation de la force. C'est une société peu sûre, celle qui est placée uniquement sous la protection de la force; les gardiens d'une telle société ne sont pas moins à craindre que ceux qu'ils ont pour tâche de surveiller et de réprimer.

Reste le troisième moyen imaginé par Bentham et par tous les philosophes de l'école utilitaire pour accorder les intérêts particuliers avec l'intérêt général et ramener toutes les volontés à une règle commune; nous voulons parler de la sympathie. Mais la sympathie n'est nullement propre à jouer ce rôle. Il y a des âmes sur lesquelles elle n'a pas de prise et d'autres où elle en a peu, où elle reste enfermée dans les limites les plus étroites. Puis, ce n'est pas un moyen de la développer que d'enseigner une morale uniquement fondée sur l'intérêt, fût-ce l'intérêt du grand nombre. Dans les natures saines, elle ne va pas sans estime, et comment estimer ceux qui n'obéissent qu'aux maximes de la morale utilitaire, ceux qui se trouvent prêts à toute action d'où il y a un profit à retirer. Il y a des natures différentes où, devant certains actes manifestement contraires à la justice, la sympathie, se détournant de la victime, se prononce en faveur du coupable. Comment tirer un principe d'obligation, une règle de conduite invariable et générale, d'un sentiment aussi mobile, aussi fugitif et aussi personnel? Pour des absents, pour des inconnus, pour la société ou le genre humain pris en masse, la sympathie sera encore d'un moindre secours et l'emportera difficilement sur l'intérêt. La crainte n'offre pas plus de garantie, car un avantage certain, immédiat, passera toujours avant la crainte d'un châtiment éventuel et éloigné. La crainte ne remplace pas le remords, et il n'y a pas de remords s'il n'y a pas de différence entre le bien et le mal.

Il n'y a donc pas de principe d'obligation dans le système de Bentham. Celui de Stuart Mill n'est pas plus heureux, car ce n'est point, comme on nous l'assure, l'association des idées qui comblera le vide que nous venons de signaler chez l'auteur de la *Déontologie*. Voici par quel raisonnement Stuart Mill croit résoudre la difficulté. Quelque opposition qui existe en général entre les intérêts des hommes, il leur arrive pourtant quelquefois, il leur arrive même souvent de s'accorder entre eux et de nous montrer notre bien particulier inséparable du bien général. Il n'en faut pas davantage pour qu'ils s'unissent de même dans notre pensée, et cette union, cette association qu'ils formeront dans notre pensée sera plus complète, plus générale, plus constante que celle qu'ils nous présentent dans la réalité ; car, dans la réalité, elle est accidentelle et temporaire ; dans la pensée, elle revêtira un caractère invariable et universel, elle embrassera tous les temps et tous les lieux. De la pensée elle passera dans l'action, elle me fera croire qu'il est impossible de m'occuper de mes intérêts sans m'occuper en même temps de ceux des autres, elle s'imposera à moi comme une obligation inévitable, comme une nécessité morale, analogue à la nécessité physique et douée d'une égale puissance.

Mais une nécessité physique ou une nécessité morale qui lui ressemble, ce n'est pas la même chose qu'une loi obligatoire. Celle-ci s'adresse à la liberté et ne peut se concevoir sans elle. La nécessité la supprime et ne peut coexister avec elle. L'association des idées ne peut d'ailleurs tenir la place ni de l'une ni de l'autre. Ayant conscience de la manière dont elle se forme, et sachant bien qu'elle ne s'applique qu'à un certain nombre de cas et non pas à tous, nous n'y voyons rien de nécessaire. Par la même raison, il nous est impossible d'en faire une règle absolue de nos actions. Comment nous croirions-nous obligés d'obéir à une règle qui ne répond à rien de réel ou de constant dans la nature et que notre esprit pourrait remplacer par un autre en recueillant des observations plus nombreuses et plus exactes? En vain Stuart Mill s'efforce-t-il de rattacher à l'association des idées le remords et la satisfaction de conscience, nous montrant dans le premier la souffrance que nous éprouvons à nous en écarter et dans la seconde le plaisir qui nous est réservé quand nous y conformons notre conduite. Le remords et la satisfaction de conscience ne s'expliquent et ne subsistent qu'avec la loi immuable du devoir. Ayant leur origine dans l'association des idées, ils s'évanouiraient avec l'association elle-même, une fois que nous aurions acquis la preuve qu'elle nous trompe en identifiant l'intérêt particulier avec l'intérêt général; ils seraient inconnus à celui qui n'aurait jamais cru à cette identité.

A l'association des idées, dont, malgré tous les raisonnements, il ne peut se dissimuler l'impuissance, Stuart Mill s'efforce de donner pour fondement la réalité. L'union des intérêts se fera nécessairement dans notre pensée, quand elle existera de fait dans une société organisée de telle sorte que le bonheur de chacun de ses membres se confondra avec celui de tous. Cette organisation est possible, selon Stuart Mill, et non seulement elle est possible, elle est assurée dans l'avenir. On peut se demander d'abord comment, avec ce principe de la morale utilitaire que chacun ne suit et ne doit suivre que son plaisir, on arrivera à cette organisation idéale où tous les efforts et tous les désirs convergeront vers un même but, où les intérêts particuliers seront tous confondus avec l'intérêt commun. Mais voici une autre objection qui, passant par-dessus les difficultés d'exécution, nous montre la supposition elle-même absolument incompréhensible. Quelle que soit la perfection des institutions de l'avenir, elles n'empêcheront pas l'individu d'avoir son existence propre, ses conditions particulières de satisfaction, de bien-être, et des intérêts distincts de ceux de l'État. A la divergence inévitable de ces deux sortes d'intérêts vient se joindre l'antagonisme plus ou moins prononcé qui existe entre les individus.

Quoi qu'on puisse faire pour les soustraire au besoin et à la dépendance, ils seront inégaux en richesse et en pouvoir. Les moins favorisés sous ce dernier rapport voudront s'approprier la part de ceux qui le sont davantage, ou en concevront le désir, même s'ils renoncent à le réaliser. Aucune organisation sociale ne pourra prévenir ou effacer des inégalités qui prennent leur source dans la nature. « L'absolu bonheur, dit avec raison M. Guyau, peut seul ne rien envier aux autres bonheurs, l'absolue richesse peut seule ne rien emprunter aux autres richesses. Mais qui ne voit que, en perfectionnant les relations établies entre les hommes, on ne pourra qu'augmenter indéfiniment leur bien-être sans produire et réaliser ce bonheur absolu, ce souverain bien que cherchait la philosophie antique et que l'école anglaise moderne est encore réduite à chercher [1]. »

Cet amour de l'intérêt commun qu'aucune organisation nouvelle de la société ne peut substituer absolument à l'amour de l'intérêt personnel, pouvons-nous l'espérer de l'éducation? L'éducation, si nous en croyons Stuart Mill, peut être considérée comme une organisation de l'individu, elle a sur lui une action toute-puissante, elle peut lui donner une manière de penser et de sentir qui ne lui permette, en aucun cas, de séparer son propre bonheur de celui de la société tout entière. Illusion de l'esprit de système! Le but de l'éducation est de développer les facultés que la nature nous a données; elle n'en peut pas créer qui n'existent pas. Mieux elle aura rempli sa tâche, plus la personnalité humaine sera complète, et moins elle supportera d'être un instrument au service d'une forme particulière de l'association. C'est précisément à cette dernière condition que le socialisme cherche à nous réduire, et c'est ce qui en fait l'immoralité. A la place de l'homme, il substitue un automate qui, privé de conscience et de liberté, est absolument étranger à toute obligation.

1. Page 304.

Quant à faire de l'intérêt public une religion, ce serait un miracle contre la religion qu'Auguste Comte s'est vainement flatté d'accomplir, et que Stuart Mill, non moins vainement, attend d'un avenir plus ou moins prochain. Il n'y a pas de religion sans morale, ni de morale sans devoir. La foi est autre chose que la faculté de jouir et que la jouissance elle-même, soit en nous, soit chez les autres.

Herbert Spencer, de même que Stuart Mill, regarde comme un effet de l'association des idées l'identité que nous établissons entre notre utilité propre et l'utilité générale, et la disposition intérieure, l'impulsion qui nous porte à agir toujours en vue de l'utilité générale. Mais cette disposition, ainsi que l'association des idées, où elle prend sa source, ne se forment pas en un jour et ne s'arrêtent pas au point où elles sont arrivées de notre temps. En traversant les générations humaines qui nous ont précédés, elles se sont fortifiées par l'hérédité et transformées par l'évolution. Elles sont devenues non seulement une faculté de l'esprit, ce que nous appelons la conscience ou l'intuition morale, mais un organe particulier, « l'organe moral », qui a son siège dans le cerveau et qui, semblable aux organes des sens, souffre quand on lui fait violence, jouit quand il est satisfait. Ce sont ces douleurs et ces plaisirs, ces sensations d'une espèce particulière, matérielles cependant comme toutes les autres, que nous désignons sous les noms de remords et de satisfaction de conscience. Cette conformation organique et héréditaire nous incite à agir d'une certaine façon, que nous prenons pour la moralité, pour la justice, pour l'intérêt général, comme l'oiseau construit son nid d'après un type imprimé dans son cerveau. Aucune expérience personnelle ne justifie ce type de la vie sur lequel se règlent nos actions ; de plus, il se modifie et se transforme avec le temps, avec les générations qui s'écoulent ; il n'est pas fixé comme celui du nid de l'oiseau ; c'est une image changeante à laquelle ne répond aucune réalité actuelle, on pourrait dire une pure hallucination. Mais à cette hallucination, nous ne sommes pas libres de résister, et nous n'avons aucun mérite de lui céder. La liberté ne peut subsister avec elle.

Que dans un système où la liberté n'existe pas, où la moralité, confondue avec l'organisme, n'est qu'une illusion héréditaire, il n'y ait pas de place pour une loi obligatoire, cela est de toute évidence ; mais l'illusion même qu'on lui a substituée ne peut en aucune façon se maintenir. Comment, en effet, résisterait-elle à la science qui nous montre quelle est son origine et comment nous sommes ses jouets, c'est-à-dire à la science qui en fait le fondement de l'ordre social, à la science telle que la comprend M. Herbert Spencer, et à la morale utilitaire en général? Sachant que c'est une illusion de confondre notre intérêt personnel avec l'intérêt général, nous saurons les séparer à l'avenir, et c'est l'intérêt général que nous sacrifierons à notre intérêt personnel. En mettant notre esprit à l'abri de cette erreur, nous ferons disparaître aussi de notre cerveau l'organe qui en est le siège, puisque, d'après les opinions du philosophe anglais, toute modification introduite dans nos idées amène une modification correspondante dans le système nerveux et dans l'encéphale. Devenus plus clairvoyants, nous serons plus sains d'âme et de corps, nous serons guéris de la maladie de la vertu, nous n'aurons plus à craindre cette crise cérébrale, cette sensation douloureuse qui s'appelle le remords. Il n'y aura plus que les ignorants qui s'offriront en holocauste au salut de l'État et du genre humain. Nous voilà bien loin, comme on voit, du rêve qui nous promet l'homme définitif. Le système qui a produit ce rêve est, par la logique de ses propres principes, condamné à le répudier.

Quelque opinion qu'on ait sur la manière dont se forment en nous les idées de moralité et d'obligation, il y a pourtant des obligations nécessaires, il y a des lois dont personne ne peut être affranchi : ce sont celles qui protègent la paix et l'existence de la société. A ces lois il faut une sanction, et les interprètes de la morale utilitaire n'ont pas manqué de le reconnaître ; ils trouvent légitime que celui qui a violé les conditions de l'ordre social subisse un châtiment proportionné au tort qu'il a fait à ses concitoyens. Mais c'est là une étrange inconséquence. Le châtiment suppose la responsabilité, la responsabilité est inséparable de la liberté, et ni l'une ni l'autre ne sont admises par les philosophes dont nous nous occupons. On ne punit pas un aliéné, quoi qu'il ait pu faire, parce qu'on ne le croit pas responsable. Sans la responsabilité, le châtiment perd son nom, il n'est plus qu'un accident qui n'a rien de commun avec la moralité ou avec l'idée d'obligation légale ; c'est un mal qui suit une certaine action, et si l'action nous paraît mauvaise, ce n'est pas parce qu'elle est criminelle ou nuisible aux autres, c'est parce qu'elle est nuisible à nous-mêmes, c'est à cause du mal qui l'accompagne. Ce n'est pas une raison pour que nous nous en abstenions, car, pour s'en abstenir, il faudrait être libre.

Aussi ne peut-on assez s'étonner de la façon dont Stuart Mill essaye de justifier la sanction pénale des lois. La pénalité, selon lui, a pour but le bien de l'individu, autant que celui de la société, puisque le second contient le premier. Nous avons déjà vu que cette proposition était très contestable ; mais admettons qu'elle soit vraie dans un sens général, elle n'en sera pas moins inapplicable à la pénalité ; car, le bien de l'individu n'étant autre chose, d'après les principes de la morale utilitaire, que la somme des plaisirs qu'il peut éprouver, il faudra dire que c'est pour son plaisir qu'on le condamne à l'amende, à la prison, à la mort. La sanction pénale des lois, dans les doctrines de Bentham, de Stuart Mill et de M. Herbert Spencer, ne se justifie pas mieux par l'intérêt de la société. Comment servirait-elle à l'intérêt public, puisqu'elle n'exerce aucune influence sur nos actions ? L'homme n'étant pas libre, toutes les actions sont soumises à un déterminisme inflexible. Sollicité par deux désirs, c'est le désir le plus fort qui l'emporte invariablement, et les désirs eux-mêmes sont des impulsions de l'organisme. Le législateur pourra-t-il changer l'état de notre cerveau ? Stuart Mill dit lui-même qu'on est irresponsable envers la société, « lorsqu'on subit l'empire d'un motif si violent, qu'aucune crainte de châtiment ne peut avoir d'effet [1] ». Puis il ajoute : « Si l'on peut constater ces raisons impérieuses, elles constituent des causes d'immunité; mais si le criminel était dans un état où la crainte du châtiment pouvait agir sur lui, il n'y a pas d'objection métaphysique qui puisse lui faire trouver son châtiment injuste. »

Ainsi donc, la question à résoudre pour les juges n'est pas une question de morale, encore moins de métaphysique, mais de mécanique. Il s'agit de savoir si le désir qui a provoqué l'action interdite par la loi criminelle était plus ou moins fort que la crainte du châtiment. Dans le premier cas, l'auteur de l'action (je n'ose pas dire le coupable) serait absous; dans le second, il serait condamné. Mais comment résoudre un pareil problème? Comment mesurer la force relative d'un désir et même d'une crainte? Le plus sûr, c'est d'absoudre, à moins que les juges eux-mêmes ne soient incités par la crainte, plus forte encore que le désir de l'équité, à prendre le parti contraire. Voilà une singulière façon de rendre la justice et une société étrangement gardée!

Après avoir mis en lumière l'insuffisance et les contradictions des systèmes qui représentent aujourd'hui la philosophie morale en Angleterre, M. Guyau oppose ses propres idées à celles qu'il a exposées et combattues, et examine pour son compte la question dont dépend la morale tout entière, celle de la liberté. C'est cette dernière partie de son livre, sur laquelle nous avons fait des réserves dès le commencement, qu'il nous reste à faire connaître et à juger.

A l'exemple de M. Fouillée et par les mêmes raisons, M. Guyau nous représente la liberté, non comme un fait ou comme une réalité, mais comme une idée; non comme

1. Passage cité par M. Guyau, p. 334.

une cause effective, mais comme une cause finale de nos actions ; ou, pour parler plus clairement, nous ne sommes pas libres, mais nous nous efforçons de le devenir avec l'humanité, avec la nature entière, parce que nous avons l'idée de la liberté et que, ayant cette idée, nous nous appliquons à la réaliser dans notre vie, elle devient pour nous le but, l'idéal dont nous approchons de plus en plus sans y atteindre ; car comment se flatter d'atteindre à la perfection ?

Dans cette théorie, que nous avons essayé de ramener à son expression la plus simple et la plus claire, on remarquera d'abord avec quelque surprise qu'il ne s'agit pas seulement de la liberté de l'homme, mais de celle de l'univers entier et de chacun des êtres qui y sont compris. On se représente difficilement la liberté de l'univers ; mais M. Guyau nous dit que la liberté n'est qu'une idée, et une idée qui ne se réalisera jamais, ou dont la réalisation, sans cesse poursuivie, ne sera jamais complète. S'il en est ainsi, la liberté n'appartient pas plus à l'homme qu'à la nature, pas plus à Dieu qu'à l'homme ; car si Dieu est libre, il l'est réellement et non pas idéalement. Admettons, cependant, qu'il y a des degrés dans la liberté et que l'homme, à mesure qu'il approche de l'idéal que la liberté lui présente, devient de plus en plus libre ; alors se présente une autre objection : la liberté ne sera plus seulement une idée, elle sera une réalité. Ce n'est pas encore la dernière difficulté qu'entraîne après elle cette manière de voir. Comment l'homme approchera-t-il peu à peu de la liberté idéale, cause finale de toutes ses actions, et se rendra-t-il en réalité de plus en plus libre ? Si c'est par un libre usage de sa volonté et de toutes ses facultés, il possède déjà la liberté qu'il désire, il la possède intégralement, il n'a plus à l'acquérir : si c'est involontairement, par l'enchaînement fatal des phénomènes qui se passent en lui et hors de lui, la liberté sera l'effet de la nécessité, ou, si l'on aime mieux l'appeler ainsi, du déterminisme ; il y aura deux choses contradictoires dont l'une aura produit l'autre, et c'est la moindre des deux qui aura produit la plus grande, c'est à celle qui est aveugle et irresponsable qu'il faudra faire remonter toute œuvre de moralité et d'intelligence.

Nous n'avons pas à discuter ici les arguments que M. Guyau emprunte à la scolastique pour les opposer au libre arbitre; mais voici un fait qui ne parait guère susceptible d'être révoqué en doute. S'il y a quelque chose de personnel au monde, c'est assurément la liberté, car elle est la personnalité même. Sans elle, au-dessous d'elle, on trouve dans la nature l'individualité, les différents degrés de la vie, même un commencement d'intelligence, mais rien qui ressemble à une personne, à un moi qui se sait responsable devant sa propre conscience avant de l'être aux yeux de ses semblables. Eh bien! selon M. Guyau, la liberté n'appartient pas plus à l'homme qu'à n'importe quel autre être, elle appartient en particulier et en commun à tous les êtres; elle est le principe et la fin de l'univers. « Si nous pouvions, écrit-il [1], pénétrer au fond des choses, qui sait si nous ne serions pas étonnés de n'y plus découvrir la même diversité, les mêmes oppositions qu'au dehors? La liberté, loi universelle, redeviendrait ainsi cause universelle; elle serait tout ensemble, en un sens supérieur, le principe et le terme de l'action. A ce large point de vue, en effet, causalité et finalité ne font plus qu'un, et comme la morale repose sur ces deux idées, la morale ne se trouverait-elle pas fondée par là même? Elle prendrait pour but de réaliser l'idéal absolu de liberté, d'union et d'harmonie que tous les êtres portent en eux, parfois à leur insu, et qui constitue pour chacun la perfection finale à laquelle ils aspirent d'une façon consciente ou inconsciente. »

Nous retrouverons plus tard les idées de M. Guyau sur la morale de l'avenir, qu'il semble nous annoncer, comme on nous annonçait, il y a quelques années, la musique de l'avenir. Nous ne voulons nous occuper en ce moment que

---

[1]. Page 371.

de cette liberté dont il apporte la promesse à tous les êtres de la nature, à la nature elle-même prise dans son ensemble. Si je ne puis faire vers la liberté un seul pas sans être suivi et accompagné de l'univers entier, ou si l'univers entier, s'avançant vers la liberté, m'entraîne nécessairement à sa suite, comme la mer dans son mouvement de flux et de reflux entraîne chacun de ses flots, il est clair que la liberté n'existe pas pour moi. Elle n'existe pas davantage si elle consiste en un certain état, un état de ma volonté, que je ne puis conserver qu'à la condition que toute la nature le partage et le conserve avec moi. Ce que vous appelez la liberté absolue ne sera alors que l'absolue dépendance. Enfin, comment imaginer que l'idéal de liberté que chaque être, dites-vous, porte en soi, soit le même que celui qui est dans ma propre conscience? Les animaux, les plantes, les astres, les atomes du règne minéral seront-ils libres un jour comme nous le sommes nous-mêmes ou comme nous sommes destinés à le devenir d'après votre système? Admettons, selon la définition qu'on nous en donne, que liberté soit synonyme de perfection, on ne sera pas plus avancé, on ne comprendra pas que la perfection de l'univers et celle des corps animés ou inanimés dont il est l'assemblage, soient identiques à celle d'une âme qui réfléchit, qui aime et qui veut.

Pour donner une apparence de raison à cette façon de concevoir soit la liberté, soit la perfection, il faut se déclarer en faveur de l'évolution, non seulement de l'évolution appliquée aux espèces vivantes, comme celle que Darwin s'efforce de soutenir, mais de l'évolution universelle, comme la comprend M. Herbert Spencer, et d'une évolution plus étendue encore s'il est possible. C'est aussi le parti que prend M. Guyau. Il y a toutefois, à l'en croire, une différence essentielle entre l'opinion qu'il s'est faite sur ce sujet et la théorie évolutionniste, telle que l'admettent les moralistes anglais de l'école utilitaire. D'après ces derniers, la variabilité et la transformation des espèces démontrent l'absence d'un idéal moral dans l'espèce humaine, et cette base, à laquelle on donnait autrefois tant d'importance, étant enlevée à la morale, ils la remplacent par l'intérêt. D'après son propre système, l'idéal moral existerait déjà dans la nature animale et ne ferait que se développer dans l'homme; de sorte que, au lieu d'être en opposition avec l'évolution, il en serait, en quelque sorte, la raison; il en serait, comme on l'a déjà dit de la liberté, la cause et la fin. Ici nous ne pouvons mieux faire que de laisser l'auteur s'expliquer lui-même :

« Si on arrive, dit-il, à démontrer, comme cela est à peu près certain, que l'homme descend des animaux, il ne s'ensuivra pas qu'il soit à jamais livré au fatalisme de l'intérêt; car on pourra encore supposer que le germe de la liberté et de la moralité existe jusque dans les animaux, comme il existe chez les sauvages les plus voisins de la brute, comme il existait chez nos pères, les hommes primitifs. Si l'homme des âges tertiaire et quaternaire était probablement plus près de l'animal que le dernier des sauvages d'à présent, sa morale devait ressembler fort à celle que pratique le loup ou le renard [1]. »

Mais ce n'est là qu'un début relativement timide; voici des lignes plus hardies : « Maintenant, si l'on ne veut pas mettre un abime entre le reste des êtres et l'humanité, si l'on ne veut pas faire de celle-ci comme un petit monde sans entrée et sans issue, si l'on veut expliquer rationnellement l'origine de l'homme et relier la race humaine aux autres races vivantes, pourquoi ne pas relier aussi à l'esprit humain cet esprit encore ignorant de lui-même qui agite intérieurement la nature? Pourquoi fermer la nature à toute volonté du mieux, à toute moralité? Pourquoi défendre aux autres êtres, si infimes qu'ils soient, d'avoir quelque ouverture sur l'idéal? S'ils portent déjà en eux par avance la grande humanité dont ils sont les ancêtres, ils doivent en avoir aussi, à quelque degré, les aspirations et les désirs. Ainsi dorment dans le noir charbon la lumière

[1]. Pages 374-375.

et la chaleur du soleil jusqu'au jour où, ramené à la surface de la terre, il se transformera, il nous donnera sa chaleur et sa lumière, il communiquera le mouvement et comme la vie à tous nos mécanismes [1]. »

Il ne s'agit pas seulement, comme on voit, des transformations successives de la matière animale, mais d'une alchimie universelle d'où doit sortir, d'où sort constamment la transmutation de tous les êtres, et le résultat de cette transmutation, c'est la nature entière pénétrée et comme soulevée par l'idée de la moralité. « Qui sait, dit l'auteur, si pour que l'homme puisse faire un pas vers son idée morale, il ne faut pas que le monde entier marche et se meuve avec lui [2]. »

C'est la théorie de l'évolution aussi complète qu'on peut l'imaginer, embrassant les idées aussi bien que les organismes, la totalité des forces de la matière aussi bien que les êtres vivants. Mais nous demandons en quoi cette théorie diffère de celle de M. Herbert Spencer, si vivement, si habilement réfutée par M. Guyau, sinon dans ses prémisses métaphysiques, du moins dans ses conséquences psychologiques et morales. Dans l'une et dans l'autre, l'humanité ne se sépare de l'animalité que par des différences de degré, non de nature, ou par une inégalité de développement, que le mouvement général de l'univers efface tous les jours : et le même rapprochement se trouve établi entre le règne animal et les règnes inférieurs, entre la vie et l'activité des forces purement physiques et chimiques. Dans l'une et dans l'autre, la liberté de fait, la liberté vivante, celle qui fait la responsabilité de la personne humaine et lui assigne son rang dans l'ordre social, comme dans l'ordre naturel, est absolument supprimée, et il ne reste à sa place qu'un nom vide de sens, une idée insaisissable à l'esprit, une abstraction qui échappe à toute délimitation précise. Enfin, dans l'une et dans l'autre, nous

1. Page 375.
2. Page 376.

ne craignons pas de le dire, la loi du devoir disparait, tout principe d'obligation est détruit et la morale se confond avec l'histoire naturelle ou avec la physique générale. M. Herbert Spencer a le courage d'accepter cette conséquence de son système; à la morale du devoir, il substitue celle de l'intérêt, tout en cherchant à idéaliser l'intérêt et à lui donner la portée du plus absolu dévouement. Le prenant à son origine, dans les appétits les plus bas et les plus féroces de l'animalité, il l'élève par degrés, le transfigure, si l'on peut ainsi dire, jusqu'à ce qu'il en ait tiré, Dieu sait au prix de quelles inconséquences! la moralité la plus accomplie, celle qui existera en action chez l'homme parfait ou l'homme définitif. M. Guyau suit une marche opposée. Plaçant tout d'abord l'idéal moral sur les plus hauts sommets de la pensée, au milieu d'impénétrables nuages, il le fait descendre jusqu'aux derniers échelons de l'existence, revêtant les formes du mécanisme physique et de l'instinct bestial avant de monter jusqu'à l'homme, et, dans l'homme même, passant par tous les excès de l'égoïsme et de la force avant de devenir le sentiment ou l'idée de moralité. Mais qu'est-ce que nous gagnons à cela? En quoi consiste précisément cet idéal moral que mettait déjà en pratique, si nous en croyons M. Guyau, l'homme tertiaire et quaternaire en vivant à la manière du renard et du loup? En quoi consiste cet idéal moral que nous voyons déjà en grande partie réalisé dans le triomphe et le règne de la force? M. Guyau, en acceptant comme une vérité démontrée l'hypothèse de l'évolution, qui, même dans les limites de l'histoire naturelle, est condamnée par des savants de la plus grande autorité, accepte aussi ce qu'on a appelé la loi de sélection et l'encadre dans son propre système. « La loi de sélection naturelle, si brutale au premier abord, sert pourtant elle-même à la réalisation graduelle de cet idéal (l'idée morale) ici-bas. D'après la loi qui domine toute la nature animale, c'est le plus fort qui se fait une place, s'ouvre une voie, et par là ouvre la voie même où la nature doit marcher; c'est du côté de la plus grande force que la nature se dirige sans cesse. Mais la force autrefois avait réellement pour elle les meilleures raisons ; être fort, n'est-ce pas être, au point de vue de l'espèce, au point de vue de la nature, le meilleur [1] ? »

Il est incontestable qu'un animal fort et bien constitué vaut mieux qu'un animal faible et mal venu de la même espèce, qu'un taureau vigoureux est préférable pour le troupeau à un autre qui n'a pas cet avantage ; mais personne ne s'avisera de dire que le premier soit plus élevé en moralité que le second. C'est de moralité qu'il s'agit ici, et non des conditions physiologiques de la vie.

La moralité évidemment suppose la morale, la pratique habituelle des lois supérieures qui, commandant à notre volonté, en supposent la connaissance. Or, qu'est-ce que M. Guyau fait de la morale, après l'avoir si vaillamment défendue contre l'empirisme et l'évolutionnisme anglais ? Il en fait la proie de l'évolution, il en fait la matière d'une transformation indéfinie et indéfinissable qui ne laisse subsister dans la conscience aucune règle d'action absolument certaine, aucun principe immuable. Il reproche aux spiritualistes d'avoir reconnu, de continuer de reconnaître de tels principes. « Ils ont le tort, dit-il, de s'en tenir aux vieilles thèses de l'immuable morale [2]. » Mais quoi donc ! est-ce qu'il arrivera un moment où, par la vertu de l'idéalisme, le vol, le meurtre, l'adultère cesseront d'être criminels ; où la maxime de ne pas faire à autrui ce que nous ne voudrions pas qu'on nous fît cessera d'être vraie ; où la justice, la charité, l'honneur, l'amour de la patrie et de l'humanité seront condamnés comme des vertus stériles ou chimériques, comme les erreurs d'une génération encore à demi plongée dans le sommeil de l'enfance ?

Telle n'est pas assurément la pensée de M. Guyau ; c'est la pensée contraire qui le dirige et l'inspire ; aucun degré de moralité et de perfection n'est assez élevé pour le satis-

---

1. Page 376.
2. Page 380.

faire; mais il a le tort de confondre l'évolution avec le progrès. Ce sont deux idées bien différentes : le progrès a un but et a des principes, l'évolution n'en a pas. On avance quand on sait d'où l'on part et où il faut arriver. On arrive quand on le veut fortement et quand on suit la bonne route, par conséquent quand il y a une bonne route et que nous la connaissons. Rien de tout cela dans l'évolution : ni principes, puisque tout change perpétuellement; ni but, puisque le point qu'on veut atteindre change comme le reste, en même temps qu'il recule sans cesse devant nous; ni route à suivre, parce qu'il n'y en a pas dans la confusion universelle, au milieu d'un océan sans rivages, *sine littore pontus*, et au-dessus duquel ne brille pas une seule étoile fixe.

Un autre tort de M. Guyau, celui qui l'a précipité dans la théorie de l'évolution et dans cet idéalisme nuageux que nous lui avons tant de fois reproché, c'est d'avoir méconnu la liberté, c'est de lui avoir retiré ce qu'elle a d'humain, d'effectif, de personnel, pour mettre à sa place une abstraction, une idée à laquelle ne répond et ne répondra jamais aucune réalité. Mais cette erreur capitale, qui a tout l'air d'être une erreur d'emprunt, est à la fin rétractée de la manière la plus formelle, sous la pression de la logique et du bon sens. On ne saurait rendre à la libre volonté de l'homme un hommage plus significatif que celui que renferment ces lignes :

« Le seul idéal vraiment certain, invariable, qui ne pourrait ni me tromper, ni me fuir, serait celui que je porterais en moi et dont la réalisation dépendrait de moi, rien que de moi; le véritable idéal, ce serait la libre et bonne volonté. Celui-là, selon la morale idéaliste, je n'ai point à attendre qu'il se réalise par la nécessité des choses; je n'ai point à attendre qu'il naisse du lent travail de la nature et de l'accumulation des siècles; que je veuille et il sera [1]. »

Ce passage est complété par celui-ci où la faculté de vou-

---

[1]. Page 408.

loir et de ne pas vouloir, d'agir ou de ne pas agir, ce que tout le monde appelle le libre arbitre, est revendiquée avec force contre les sceptiques et les empiriques : « Mais douter de sa volonté même, en lui refusant toute initiative, toute force propre; nier qu'on puisse faire jamais vers le bien un mouvement qui ne soit fatal de tout point, qu'on puisse jamais faire un pas vers autrui sans être mû par égoïsme conscient ou inconscient; se mettre ainsi dans l'impuissance logique de dire en face de l'injustice : je ne veux pas; en face de la justice : je veux et je voudrai toujours; ce serait là se supprimer véritablement soi-même, s'atteindre à la fois dans son essence et dans sa dignité [1]. » Nous voilà bien loin de cette liberté qui est partout et nulle part, qu'il faut poursuivre toujours et qu'on n'atteindra jamais, et qui cependant meut toute la nature. Mais alors pourquoi accuser l'école spiritualiste de ne rien comprendre ni à la liberté ni à la morale? L'école spiritualiste n'a jamais dit autre chose.

Cette conclusion est digne du livre qui restera certainement comme un modèle d'exposition et de critique philosophiques. On n'a rien écrit jusqu'ici sur la morale anglaise et la morale utilitaire en général de plus complet, de plus attachant et de plus instructif. On ne sera pas tenté de recommencer la tâche accomplie par M. Guyau, et ceux qui la recommenceront seront obligés de compter avec lui.

---

1. Page 410.

UN PHILOSOPHE CHRÉTIEN

AU DIX-NEUVIÈME SIÈCLE

Nous ne pouvons nous empêcher, avant de rendre compte de l'important volume publié par M. de Pressensé [1], de faire quelques observations sur le titre dont il est revêtu. Quel sens faut-il attacher à ces deux mots isolés : les origines ? De quelles origines est-il question ? car toute chose, tout ordre d'existence a les siennes qui ne doivent pas se confondre avec celles d'un autre. S'il y a des origines communes à tous les êtres et à tous les faits, et si l'on a voulu précisément parler de celles-là, il était indispensable de les distinguer des origines particulières. L'auteur a si bien senti l'obscurité et l'insuffisance de son titre qu'il le fait suivre de tout un commentaire. Les *origines*, pour lui, ce sont les quatre problèmes dont il entreprend de chercher la solution : le problème de la connaissance, le problème cosmologique, le problème anthropologique, l'origine de la morale et de la religion. Ce commentaire lui-même n'est pas irréprochable sous le rapport de la clarté; car,

---

1. *Les Origines.* — Le problème de la connaissance ; le problème cosmologique ; le problème anthropologique ; l'origine de la morale et de la religion, par E. de Pressensé. 1 volume in-8° de xv-560 pages, librairie Fischbacher. Paris, 1883.

des quatre problèmes que nous venons d'annoncer, les trois premiers ne sont pas précisément des problèmes d'origine. Mais il y a une autre difficulté dont on est frappé dès le début de ce livre et qu'il n'est pas sans utilité de signaler, parce qu'elle résulte d'un défaut d'ordre et de méthode. On ne comprend guère comment le problème ou, pour appeler les choses par leur nom, comment l'étude de la connaissance, l'étude de l'intelligence humaine, peut se séparer de l'étude de l'homme et surtout de l'étude des idées sur lesquelles reposent la morale et la croyance à l'existence de Dieu. Aussi M. de Pressensé n'a-t-il pu éviter, dans les trois dernières parties de son livre, de répéter souvent ce qu'il avait déjà dit dans la première. Combien Bossuet a été mieux avisé quand il a appelé tout simplement le plus important de ses ouvrages de philosophie : *De la connaissance de Dieu et de soi-même !* Au fond, c'est le traité de Bossuet et également celui de Fénelon sur *l'Existence de Dieu* que M. de Pressensé a voulu refaire, en se plaçant en face des systèmes de notre temps, comme les deux grands évêques du xviie siècle se placèrent en face des adversaires les plus accrédités de leurs principes métaphysiques et religieux.

Comprises de cette façon, *les Origines* de M. de Pressensé sont une œuvre de la plus grande valeur. A part la dernière partie, sur laquelle nous avons, au seul point de vue de la critique philosophique, beaucoup de réserves à faire, elles nous offrent le résumé le plus complet, le plus substantiel, le plus exact, de tous les arguments que la philosophie, éclairée par la science, par la science expérimentale de notre époque, puisse opposer aux différents systèmes qui tendent à supprimer ou à reléguer dans le domaine de l'inconnaissable les principes et les existences d'ordre moral ou métaphysique. C'est dire que l'originalité n'en est pas la qualité dominante. L'auteur est le premier à le reconnaître. Avec une sincérité parfaite qui n'a rien de commun avec les affectations d'une fausse modestie, il déclare dans sa préface que le seul but qu'il se soit proposé était de donner comme le bulletin de la bataille engagée aujourd'hui entre la philosophie spiritualiste et la science athée. Mais la philosophie n'est pas tenue d'être originale. Il vaut mieux qu'elle soit vraie, dirait-on, si toute vérité, qui n'est pas mathématiquement démontrée ou constatée par l'observation des sens, n'était matière à contestation. Mais c'est beaucoup qu'elle soit judicieuse, impartiale, conséquente avec elle-même, non moins bien informée des doctrines qu'elle combat que de celles qu'elle veut soutenir. Aucune de ces qualités ne manque à M. de Pressensé, et il n'a rien épargné pour les acquérir. Amis, adversaires ou alliés, étrangers ou nationaux, déjà anciens ou nés d'hier, tous les écrits publiés sur les questions qu'il traite, il les a non seulement lus, mais étudiés, il les résume ou les analyse avec conscience. Quoiqu'il ait ses auteurs préférés, au nombre desquels le philosophe religieux, M. Secrétan, paraît tenir le premier rang, il accepte de toute main ce qu'il croit être la vérité. Quant aux systèmes qui ne sont à ses yeux qu'autant de formes de l'erreur, il les discute avec gravité, avec toute la force dont il dispose, mais sans jamais se départir à l'égard des personnes des ménagements conseillés par la bienveillance. On peut même dire que l'expression de ce sentiment est poussée par M. de Pressensé jusqu'à l'abus. A l'entendre, tous les écrivains dont il se prépare à réfuter les opinions sont des hommes remarquables, des esprits du premier ordre, qui ont laissé dans la science des traces lumineuses, et leurs opinions elles-mêmes, celles que tout à l'heure on verra réduites à néant, sont de profondes et puissantes conceptions. Un tel langage, à la longue, devient fastidieux; il ressemble plus aux compliments sans conséquence qui trouvent leur place dans une conversation de salon qu'aux appréciations sincères qu'on s'attend à rencontrer dans un livre sérieux. Cependant ce genre d'exagération vaut encore mieux que l'excès contraire.

Nous ne suivrons pas M. de Pressensé dans les combats, selon nous victorieux, qu'il livre successivement, en traitant de l'origine et de la nature de nos connaissances, au positivisme français, au positivisme anglais, au positivisme allemand ou du moins à cette nouvelle psychologie allemande qui fait du moi la conclusion d'un raisonnement inconscient, du raisonnement lui-même une opération purement mécanique et de tous les phénomènes de l'esprit de simples phénomènes physiologiques, dont la durée ou le passage à travers notre existence s'évalue en secondes, en quinzièmes, en dix-neuvièmes, en trois-centièmes de seconde; nous aimons mieux montrer par quelle voie, après avoir traversé toutes ces ombres, il croit pouvoir rentrer et nous ramener avec lui dans la réalité. Il y a là une pensée heureuse et saine qui lui appartient. Le plus sûr moyen, selon lui, de reconquérir la réalité sur ce nominalisme contemporain qui s'appelle le positivisme ou l'associationnisme, c'est l'union de la morale de Kant avec la psychologie de Maine de Biran. L'idée du devoir, telle que Kant la comprend, suppose l'action, puisqu'elle la règle et la commande par une loi absolue. C'est l'action elle-même, aperçue directement par la conscience et non pas seulement supposée, qui fait la base des observations de Maine de Biran. Or l'action, c'est ce qu'il y a de plus réel en nous et dans les êtres en général, c'est l'être pris dans son essence. C'est aussi la raison établie dans son autorité; car, une fois sûrs de l'action, et d'une action personnelle, d'une action libre comme celle du moi, nous le sommes aussi que l'idée de cause n'est pas une forme vide de la pensée ou une pure catégorie, mais qu'elle représente une force, un être réel, puisqu'il agit, et avec l'idée vraie d'un tel être nous avons l'idée non moins vraie de la substance, de l'unité, de l'extériorité, de l'infini : en un mot, de toutes les existences, ou de l'existence sous tous ses modes et dans tous ses attributs. M. de Pressensé, avec toute l'école spiritualiste de notre temps, principalement avec l'école de Maine de Biran, complétée par la raison pratique de Kant, établit très péremptoirement que, réduit à la sensation toute seule, ou à la conscience de la sensation, à des perceptions purement subjectives, à des idées qui ne seraient que des formes vides de la pensée, l'esprit humain ne connaîtrait ni lui-même, ni les corps, ni le monde moral, ni le monde physique, ni les lois qui les régissent, ni la raison d'où émanent ces lois, ni rien de ce qui agit, de ce qui dure ou simplement de ce qui est.

Mais s'il est vrai que toute certitude repose sur les mêmes fondements, à savoir : l'idée du devoir et l'idée de causalité, puisée directement dans notre activité libre et personnelle, d'où vient la différence profonde qu'établit M. de Pressensé entre la certitude morale et toute autre espèce de certitude, la certitude métaphysique par exemple? Celle-ci, nous ne l'avons pas sans qu'on puisse nous en demander compte ; mais celle-là, la certitude morale, nous sommes responsables de ne pas l'avoir. Il est impossible, en effet, de prêter un autre sens à ces paroles : « Quand nous parlons de la vraie certitude morale, nous entendons celle qui est tout ensemble une théorie et une pratique, qui est une vue et une vie du divin, si l'on peut ainsi dire. Celle-là, selon nous, sera possible à quiconque aura voulu faire l'usage légitime de ses facultés morales. D'un autre côté, malgré tout notre respect pour la liberté des opinions, nous sommes obligé de voir dans la négation de la vérité morale une déviation du vouloir [1]. »

Ainsi donc, ce n'est pas assez de distinguer entre la certitude morale et les autres sortes de certitude, mais dans la certitude morale elle-même il y a une différence à faire entre la vraie certitude morale et celle qui n'est pas la vraie. Quiconque n'a pas la vraie n'est pas seulement un aveugle ou un myope, c'est en propres termes un coupable, puisqu'il n'a pas voulu faire ce qu'il pouvait et ce qu'il devait. « Nous maintenons, ajoute M. de Pressensé dans une note [2], que le premier devoir est bien de croire au devoir, lequel est le fond même de la conscience. »

1. *Les Origines*, p. 118 et 119.
2. *Ibid.*, p. 125.

Les deux propositions sont insoutenables, mais la dernière beaucoup plus que la première. On démontre dans tous les traités de logique qu'il n'y a pas de milieu entre la certitude et ce qui n'est pas elle. Elle existe ou elle n'existe pas, et du moment qu'elle existe, elle est la vraie. Quant à dire que le premier devoir est de croire au devoir, et qu'on est coupable ou qu'il y a *déviation du vouloir* à ne pas y croire, c'est une assertion contre laquelle proteste l'histoire aussi bien que le sentiment de la plus vulgaire équité. Ni Spinoza, ni Leibniz, ni peut-être Malebranche ne comprennent le devoir de la même manière que M. de Pressensé, c'est-à-dire tel que Kant le comprenait. Dira-t-on que c'est parce qu'ils ne l'ont pas voulu, et que, ne l'ayant pas voulu, ils ont été criminels? Si Pascal n'a pas nié le devoir, à coup sûr il a nié le libre arbitre sans lequel le devoir n'existe pas, et ce que nous disons de Pascal s'applique à un grand nombre de philosophes et de théologiens de ces trois ou quatre derniers siècles. Ils seront donc tous enveloppés dans la même condamnation? Et quand on ne rencontrerait devant soi que des utilitaires comme Bentham et John Stuart Mill, des positivistes tels que Littré et M. Auguste Comte, cela suffirait pour convaincre de fausseté la proposition de M. de Pressensé et celle que soutenait avant lui, en l'aggravant encore, M. Ollé Laprune dans son livre *De la certitude morale*.

Après avoir expliqué la nature et les lois de la connaissance, M. de Pressensé aborde la question de l'origine des existences, de l'origine de l'univers, ou ce qu'il appelle très improprement, comme nous l'avons déjà dit, et d'une manière très vague, le problème cosmologique. Il s'agit de démontrer l'existence de Dieu par les phénomènes de la nature et surtout par les lois qui régissent ces phénomènes. Ici, pour éviter les lieux communs et ne pas recommencer sans profit pour la cause spiritualiste une œuvre déjà tant de fois accomplie, il y avait une double tâche à accomplir : il y avait à tenir compte de toutes les découvertes de la science contemporaine et à se montrer au courant des plus récentes théories de la physique, de la chimie, de la physiologie, de l'histoire naturelle. Il y avait aussi à réfuter les systèmes nouveaux ou les systèmes anciens qui, par de nouveaux arguments, par de nouvelles observations ou une nouvelle interprétation de la nature, concluent à la négation de Dieu. M. de Pressensé, à ce qu'il nous semble, a donné satisfaction à ces deux exigences de son sujet. Qu'il soit toujours dans la stricte vérité quand il s'appuie sur la science, quand il analyse ou interprète les ouvrages de ses plus illustres représentants, nous n'oserions pas l'affirmer; mais nous ne craignons pas de dire que, dans la réfutation des systèmes athées, quelque nom qu'ils portent, ou placés sur la pente de l'athéisme, il montre la même solidité que dans la réfutation de ceux qui, en supprimant le moi, en détruisant l'unité de la conscience, en confondant la raison avec la sensation, détruisent les fondements de toute certitude.

Si le matérialisme est ancien, aussi ancien que le système de Démocrite, il s'est fréquemment renouvelé dans sa forme et dans ses moyens de défense. M. de Pressensé ne néglige pas de nous faire connaître ces tentatives de rénovation et d'en montrer l'impuissance. Quelles qu'elles soient, elles ne peuvent empêcher que la matière, quand on veut la réduire à son principe ou à son élément constitutif, ne soit inaccessible à notre esprit. Elle n'est quelque chose de réel que lorsqu'on lui substitue l'idée de force par laquelle nous nous représentons une existence immatérielle. Le plus grand philosophe de l'antiquité, qui est en même temps le fondateur de l'histoire naturelle, Aristote, fait de la matière une simple possibilité d'être qui ne fait place à la réalité que par l'intervention de la forme, c'est-à-dire par l'intervention d'une idée ou d'un acte de l'intelligence.

Le matérialisme proprement dit, celui qui ose revendiquer son vieux nom ou les noms équivalents d'atomisme et d'organicisme, est moins fréquent aujourd'hui et joue un rôle moins important dans les discussions scientifiques et philosophiques de nos jours que le transformisme. Aussi est-ce à l'exposition et à la réfutation de ce dernier système que M. de Pressensé a apporté le plus de soin.

Il distingue avec raison entre le darwinisme et le transformisme universel tel que le conçoit Herbert Spencer. La transformation ou l'évolution, selon Darwin, ne s'applique qu'à l'histoire naturelle, et peut à la rigueur se concilier avec l'idée de finalité, par conséquent avec l'idée d'une cause intelligente, avec l'idée de Dieu. Gardant sur l'origine de la vie et celle des êtres en général un silence prudent, le naturaliste anglais ne s'occupe que des êtres chez lesquels la vie existe déjà et se transmet sous des conditions déterminées; il ne s'occupe que des espèces dont se composent le monde végétal et le monde animal. Rien n'empêche de croire que dans leur ensemble elles procèdent d'une cause intelligente. Darwin n'a jamais dit le contraire. Rien n'empêche de croire qu'elles se développent suivant les lois que cette cause leur a imposées, ou, ce qui est la même chose, suivant un plan, en vue d'une fin préconçue. Le nom même de l'évolution, quand on y attache un sens précis, le fait supposer; car évolution est synonyme de développement, de marche ascendante, de mouvement vers un mieux; et le mieux ne se conçoit pas sans le bien, sans un but à atteindre, sans une fin. Ce n'est point par un effet du hasard que les êtres vivants se rapprochent de cette fin qui leur est assignée d'avance par le plan général de la nature. Donc ils y sont conduits soit par une intelligence supérieure, soit par celle qui leur a été départie, soit par un instinct créé en eux. Ni la fameuse loi de la concurrence pour l'existence, ni la sélection sexuelle, ni l'hérédité ne sont en opposition avec ce rôle supérieur d'une pensée directrice. La concurrence pour l'existence donne l'avantage à la force; mais la force n'est pas la seule condition du perfectionnement des espèces. La sélection sexuelle, si elle n'est pas subordonnée à un instinct sûr, à une loi providentielle, ne donne pas de meilleurs résultats. Enfin l'hérédité, comme le fait de la génération dont elle dépend, est elle-même un mystère qui ne comporte pas la seule intervention des lois aveugles de la matière. On en peut dire autant de toutes les autres hypothèses qui, dans le darwinisme, viennent se grouper autour de l'hypothèse principale : elles laissent la porte ouverte à la croyance en Dieu.

Tel n'est pas le transformisme universel, ou, comme on l'appelle encore, le transformisme-moniste dont Herbert Spencer est le créateur. D'après ce système, tous les êtres ou, pour parler plus exactement, tous les modes et toutes les formes de l'existence ne sont que des transformations, des évolutions successives de la force. La force est unique, et rien ne peut la qualifier qu'elle-même. Elle n'est ni matérielle ni spirituelle, elle est la force. Les seules lois auxquelles elle obéisse sont celles de la mécanique, celles du mouvement. L'univers et l'homme, l'individu et la société, la vie, l'activité, la sensibilité et la pensée ne sont que des mouvements transformés. Au XVIII° siècle, Condillac en a fait des sensations transformées, et l'on ne sait vraiment lequel des deux, d'Herbert Spencer ou de Condillac, s'est montré le plus chimérique et le plus arbitraire, avec cette différence que le philosophe français n'a jamais approché de l'exceptionnel orgueil du philosophe anglais.

Ce qu'il y a d'absolument arbitraire dans la philosophie d'Herbert Spencer, nous croyons l'avoir montré précédemment ; mais il n'est peut-être pas superflu de revenir en quelques mots sur ce sujet. Nous demanderons donc pourquoi, au sommet et au commencement des choses, M. Herbert Spencer ne reconnait que la force, pourquoi cette force est unique, pourquoi elle est éternelle, pourquoi elle passe éternellement de la diffusion à la concentration et de la concentration à la diffusion, de l'homogène au divers et du divers à l'homogène? Aucune idée première de la raison, aucun axiome de logique, de géométrie ou de mécanique ne nous rend compte de cela. Pourquoi l'homogène, qui n'a rien en soi qui le fasse sortir de lui-même, admettrait-il des différences? Pourquoi ces différences, une fois qu'elles existent, on ne sait pourquoi ni comment, s'effaceraientelles, pour rentrer dans l'homogénéité? La loi de ségrégation, la loi de coordination, la loi d'adaptation au milieu, la loi du rythme et surtout ce tourbillon final au sein duquel doit s'abîmer l'univers pour ne plus renaître, ce sont d'autres inventions non moins difficiles à justifier. On parle aujourd'hui avec un dédain profond des entités de Duns Scot. En quoi donc celles d'Herbert Spencer leur sont-elles supérieures? Les diffus et pesants ouvrages dont elles forment la matière sont d'une lecture aussi fastidieuse et, quand on les a lus, laissent autant de vide et de confusion dans l'esprit que les douze volumes in-folio du Docteur Subtil.

Ce n'est pas ce qu'il y a d'arbitraire dans le système de Herbert Spencer qui a le plus frappé M. de Pressensé, mais l'impuissance et la stérilité de son principe. Avec la force toute seule on n'obtient que des effets mécaniques; on n'explique pas l'organisation, la vie, l'instinct, l'intelligence et la volonté, surtout la volonté libre. L'hérédité, à laquelle le philosophe anglais fait jouer un rôle si important, est propre à transmettre des idées, des facultés qui existent déjà en germe; elle ne les crée pas, et même la puissance de transmission est limitée. Comment la force toute seule, une force unique, pourrait-elle produire la diversité infinie que nous présentent la nature vivante et la nature intelligente, quand elle ne suffit pas à nous rendre compte de la diversité des phénomènes du monde physique?

Après les pages substantielles qu'il consacre au chef de l'école anglaise, M. de Pressensé s'est cru obligé de faire aussi la critique des systèmes de Hegel, de Schopenhauer et de M. de Hartmann, l'auteur de la *Philosophie de l'inconscient*. Mais Hegel n'a plus guère de partisans et ne pourrait guère d'ailleurs être séparé de Schelling et même de Spinoza. M. de Hartmann et Schopenhauer sont des individualités isolées au milieu de la philosophie de notre siècle. On pouvait à la rigueur les passer sous silence; mais du moment qu'on les mettait en cause, il fallait leur faire leur procès d'une manière plus complète. Nous ne croyons donc pas qu'il y ait lieu de nous arrêter aux objections que leur adresse M. de Pressensé, et nous arrivons à la troisième partie de son livre, celle où il examine le problème anthropologique.

Le problème anthropologique, c'est le problème qui concerne l'homme ; mais sous quel rapport l'homme sera-t-il ici considéré? On a déjà parlé de ses facultés intellectuelles quand on a traité de l'origine et de la nature de ses connaissances. On s'occupera de ses facultés morales et d'une classe très importante de ses idées et de ses sentiments lorsqu'on fera connaître, dans la dernière partie du livre, l'origine de la morale et de la religion. Quelle est donc la part de l'anthropologie? Tout ce que l'auteur s'est plu à y faire entrer avec les questions d'histoire naturelle qui, d'après l'usage établi, en font la matière habituelle. Il fait ressortir d'abord, en très bons termes, nous nous hâtons de le dire, la beauté physique de l'homme. Puis vient un résumé de psychologie, une théorie des facultés de l'âme et de leurs rapports avec l'organisme, ou, pour nous servir d'une expression plus généralement employée depuis Cabanis, des rapports du physique et du moral. A cette théorie se rattache la discussion de certaines doctrines physiologiques de nos jours, qui identifient les phénomènes de l'esprit avec les fonctions du cerveau et qui ont la prétention de localiser dans les diverses parties de cet organe nos sentiments, nos pensées et jusqu'aux actes de notre volonté. M. de Pressensé n'ignore rien et ne dissimule rien des plus récentes expériences que l'on cite en faveur de cette thèse. Mais à toutes les expériences externes, dont le champ est d'ailleurs très limité, de l'aveu même de ceux qui les ont faites [1], M. de Pressensé oppose l'expérience interne et irrécusable de la conscience. Aucune vibration des nerfs ou du fluide nerveux, s'il existe quelque chose de pareil, aucun mouve-

---

[1] « Il est jusqu'ici complètement impossible, dit M. Luys dans son ouvrage sur le cerveau, d'avoir des données précises sur la constitution réelle et la situation topographique du champ de l'activité intellectuelle proprement dite. » Voir *les Origines*, p. 262.

ment cérébral ne peut tenir la place de la sensation, de la perception, de la volonté et des autres faits dont la conscience nous donne une connaissance non seulement certaine, mais complète. C'est ce que M. Francisque Bouillier a parfaitement démontré dans son livre *De la vraie conscience.*

Revenant sur la théorie de l'évolution, qu'il a déjà combattue au nom de la philosophie et qu'il conteste aussi, avec d'illustres savants, au nom de l'histoire naturelle, M. de Pressensé soutient qu'alors même qu'elle serait vraie pour les espèces inférieures, l'homme, en raison de ses facultés intellectuelles, en serait excepté, parce qu'il n'y a aucune analogie entre ses facultés et l'animal qui en approche le plus. De là une comparaison entre l'homme et l'animal faisant suite à celle de l'âme et du corps ou de l'esprit et du cerveau.

Un chapitre particulier, et non le moins intéressant, est consacré au langage ou, pour mieux dire, à la parole, cette ligne de démarcation entre l'homme et l'animal qui n'a jamais été et ne sera jamais franchie ; car l'homme n'est homme que parce qu'il parle, il ne parle que parce qu'il pense, et il ne pense que parce qu'il a reçu en partage la raison. C'est ce qu'ont très bien compris les anciens de l'âge le plus reculé, puisque la voix articulée est pour eux l'attribut distinctif de l'espèce humaine, μέροπoι ἄνθρωποι. Il est évident que la question de la parole est étroitement liée à celle de l'intelligence ou de la connaissance ; mais, puisqu'elle n'a pas été traitée à sa place naturelle, il vaut mieux qu'elle le soit ici que de ne l'être pas du tout.

M. de Pressensé ne partage pas les préjugés qui ont cours chez certains philosophes religieux au sujet de l'origine de la parole. Il ne croit pas, avec de Maistre, avec de Bonald, avec Rosmini, avec Gioberti et quantité d'autres, que la parole soit d'institution divine ou d'origine surnaturelle. Mais il ne pense pas non plus avec Rousseau (il aurait dû dire avec Condillac, puisque Rousseau se dément lui-même) qu'elle soit de pure convention [1]. Il la considère

---

1. Rousseau, disant que « la parole lui paraît nécessaire à l'institution

comme une faculté naturelle, mais soumise, ainsi que toutes les facultés humaines, à des conditions de développement. C'est le livre de M. Max Müller sur la science du langage qui fait presque tous les frais des considérations que M. de Pressensé nous présente sur ce sujet. Nous pensons qu'il y aurait eu avantage, pour la cause qu'il veut défendre et pour l'intérêt de la question, à tenir compte aussi des observations de Maine de Biran et de la théorie à la fois si originale et si profonde de Saint-Martin.

Après l'être intelligent et l'être parlant, M. de Pressensé nous montre dans l'homme l'être sociable. Il a compris qu'il ne s'agit plus de défendre contre Jean-Jacques Rousseau la sociabilité humaine, mais d'en discerner le véritable caractère, de la distinguer de certaines dispositions analogues qu'on rencontre aussi chez les espèces inférieures à la nôtre. Depuis quelque temps nous entendons beaucoup parler de sociétés animales. On n'en connaît d'autres que les fourmis et les abeilles, si fréquemment citées par les moralistes et les poètes de l'antiquité. On leur attribue des qualités, on peut même dire des vertus surprenantes, et l'on veut que les sociétés humaines ne soient qu'une évolution, sinon une variété de ces communautés formées par les seules propriétés de la matière organisée. M. de Pressensé nous fait mesurer la distance qui les sépare les unes des autres. Les sociétés animales, de même que les individus dont elles se composent, ne vont pas au delà de la sensation et de l'instinct. Elles ne désirent que les choses et ne sont capables que des actes qui sont utiles à leur conservation collective. Aussi, quelque intelligence qu'on leur attribue, si merveilleux que soit dans ses effets l'instinct qui les dirige, elles restent toujours semblables à elles-mêmes. Ni les abeilles, ni les fourmis, ni les castors ne changent rien à leurs constructions respectives. La société humaine, au contraire, si on la considère dans sa généralité, ne cesse

de la parole », montre combien il trouve insoutenable l'idée d'en faire une pure convention.

d'avancer, de se transformer, d'aspirer au mieux, même si elle ne le trouve pas, d'aller de la barbarie à la civilisation, de l'ignorance à la science, tout au moins à une science relative, et d'être cet homme qui, selon les expressions de Pascal, subsiste toujours et apprend continuellement. D'où vient cette différence? De ce que les individus dont se compose la société humaine possèdent la raison et la liberté. M. de Pressensé ne nie pas que la société humaine ne soit soumise, comme les sociétés animales, à des conditions organiques et à des conditions physiques; mais ce qui la distingue ou ce qui fait qu'elle est humaine, c'est qu'elle obéit à des lois morales; et ces lois, elle ne les observe pas sans les connaître, comme font les sociétés animales des lois qui leur sont propres, elle les découvre en elle-même à la lumière de son intelligence grandissante; à les observer elle met sa dignité et sa perfection.

On voit que M. de Pressensé ne pense pas, comme Rousseau et comme Hobbes, que la société soit née d'une convention, qu'elle soit le résultat d'un contrat qu'auraient fait entre eux des hommes incapables de s'entendre tout à la fois parce qu'ils étaient muets et qu'ayant vécu isolés les uns des autres ils n'avaient aucune idée de mutuelles obligations; mais il fait encore une trop grande part, nous dirons une part dangereuse, au principe qui a inspiré le *Contrat social*. Il prétend que la société n'est réellement fondée, qu'elle n'est vraiment humaine qu'en s'élevant de la sociabilité toute naturelle et toute instinctive au consentement mutuel par l'effet duquel chacun de ses membres est un être libre qui doit faire acte de liberté. En résumé, et pour nous servir ici encore de ses propres expressions, « la société humaine doit reposer sur le consentement de ses membres [1] ».

Quoi! de tous ses membres? Il faut que tous les membres de la société donnent leur approbation et leur adhésion aux lois civiles qui distinguent entre le mien et le tien, aux lois

---

[1]. Page 331.

pénales qui châtient la violation de ces lois, aux pouvoirs publics qui sont chargés de les appliquer et de les faire respecter? N'est-ce pas comme si l'on disait que, dans une société, dans l'État qui n'est que la société organisée, il sera nécessaire, pour punir le vol, le meurtre, le viol et les autres crimes, que tous les individus y aient consenti et aient reconnu les juges, les magistrats, les autorités qui ont pour tâche de procurer cette punition. Ce n'est pas là une théorie sociale, c'est la théorie de l'anarchie. La société n'est pas une institution purement politique, susceptible de revêtir plusieurs formes. Elle a pour but essentiel de faire respecter les droits naturels, qu'il serait plus juste d'appeler les droits nécessaires de la personne humaine, la vie, la liberté individuelle, la propriété, la liberté de conscience, etc. Or ces droits sont indépendants du suffrage universel, ils emportent avec eux, ils contiennent en eux un droit de contrainte contre tous ceux qui les violent. Les pouvoirs publics qui les font respecter n'ont pas besoin d'être reconnus des malfaiteurs qui les attaquent ou les outragent. Si M. de Pressensé a voulu dire qu'une société idéale serait celle où ces mêmes droits seraient proclamés et respectés par tout le monde, nous sommes de son avis; mais nous ajouterons qu'une société pareille ne serait pas une société humaine. Du moins, elle n'aurait besoin ni de lois, ni de magistrats, ni de constitution politique; elle nous représenterait, selon l'expression de saint Augustin, la *cité de Dieu*. Si pourtant elle devait se réaliser sur la terre, ce serait dans les temps apocalyptiques où l'*homme définitif* d'Herbert Spencer y aurait paru.

Ces considérations sur les conditions de la société humaine, auxquelles se mêlent des idées encore plus générales sur l'humanité, nous introduisent tout naturellement dans la quatrième et dernière partie du livre de M. de Pressensé. Les sujets qui y sont traités ne sont pas moins variés peut-être ni soumis à un plan plus régulier que ceux de la partie soi-disant anthropologique; il y est question de l'art, du sentiment du beau, de l'état sauvage, de l'homme des cavernes et de celui des habitations lacustres; mais la morale et la religion en font la matière principale. Encore faut-il remarquer que, sur la morale, dont on nous a expliqué précédemment le principe et dont on nous a montré, à propos de la société et de l'humanité, les applications les plus importantes, il ne restait rien de très essentiel à dire. Les différents systèmes dont nous trouvons ici une critique trop rapide pour être profonde, ceux d'Épicure, de Bentham, de John Stuart Mill, d'Herbert Spencer, ont été réfutés d'avance, autant du moins qu'ils devaient et qu'ils pouvaient l'être dans une œuvre aussi générale. Il n'y a donc que la religion, nous voulons dire la philosophie de la religion, telle que M. de Pressensé la comprend et la définit, qui nous fournisse la matière de quelques réflexions.

Il n'est pas étonnant que pour lui la philosophie de la religion ne soit en grande partie que la justification de la religion même, de la religion chrétienne et des dogmes chrétiens. « Le mot de l'énigme religieux, dit-il [1], n'est pas *évolution*, mais *rédemption*. » La rédemption suppose le péché originel, et ni l'un ni l'autre de ces dogmes ne se conçoit sans la révélation. « Révélation, rédemption, c'est tout un, » à ce qu'assure encore l'auteur des *Origines* [2]. Nous nous garderons de toucher à ces délicates questions; mais nous pouvons bien demander compte à M. de Pressensé de certaines propositions sur lesquelles la critique historique et la critique philosophique conservent la plénitude de leurs droits.

Voici en quels termes il définit la religion : « Pour tout dire, la religion, c'est la vie pour Dieu, avec Dieu, en Dieu [3]. » — « Vouloir faire sa part à Dieu, c'est lui refuser ce qui lui revient, je veux dire l'homme lui-même, l'homme tout entier qui, sans mutiler son existence, sans éteindre ou rapetisser une seule de ses facultés, doit vivre en lui, de

1. Page 460.
2. Page 464.
3. Page 449.

lui, pour lui, et n'est religieux qu'à ce titre [1]. » Cette définition n'est pas celle de la religion, c'est celle du mysticisme, et nous défions quiconque la prend au sérieux et se décide à la mettre en pratique de vivre autrement que de la vie contemplative, comme les solitaires de la Thébaïde. Il n'aura ni famille, ni patrie, ni profession. Il aura horreur surtout des professions qui s'appliquent directement aux intérêts de ce monde. Il ne sera ni commerçant, ni industriel, ni financier, ni soldat, ni avocat, au moins en matière civile. Il est difficile d'imaginer que ce saint homme soit notaire ou avoué, car qui se figure un notaire vivant tout entier avec Dieu et en Dieu? Cela sera bien plus difficile à un gardien de la paix et à un commissaire de police ou à un commissaire-priseur. Que le mysticisme soit souvent mêlé à la religion et la porte à ce degré d'exaltation qui fait les saints ou les fanatiques, on ne saurait le contester; mais la religion n'est pas nécessairement mystique. Il y a des classes de la société, il y a des nations entières qui passent à juste titre pour profondément religieuses, et qui cependant sont étrangères au mysticisme. Parmi ces nations, on compte dans l'antiquité les Romains et les Juifs, et chez les modernes la plupart des nations protestantes. Assurément on n'accusera pas les Suisses, les Anglais, les populations de l'Amérique du Nord de pécher par un excès de mysticité. D'un autre côté ne peut-on pas dire qu'il y a une sorte de mysticisme, le mysticisme bouddhique par exemple, celui de certains gnostiques et de plusieurs sectes du moyen âge, qui est dépourvu d'un véritable fonds religieux?

Une autre opinion de M. de Pressensé qui ne nous parait pas moins contestable, c'est que le monothéisme, chez tous les peuples et toutes les races du monde, même les plus sauvages, a précédé le polythéisme, à plus forte raison le fétichisme. « Nous croyons fermement, dit-il [2], que le monothéisme est en réalité la croyance primitive de l'humanité. »

---

1. Page 449.
2. Page 491.

Et quelles preuves en donne-t-il? D'abord une preuve de raisonnement. Le sentiment du divin, dont on trouve la manifestation jusque dans les cultes les plus informes, ne pouvant être autre chose, selon M. de Pressensé, que le sentiment de l'infini, de l'absolu, implique nécessairement le monothéisme. A ce raisonnement métaphysique viennent se joindre les récits des voyageurs, recueillis et commentés par certains érudits, sur les croyances religieuses des Nègres, des Zoulous, des Ashantis, des Bassoutos, des Peaux-Rouges, etc. C'est ce qu'on nous donne pour une preuve de fait. Mais aucune de ces deux prétendues preuves n'est acceptable. Il y a loin du vague sentiment qu'a le sauvage d'une certaine puissance surnaturelle, quoique visible, qui domine particulièrement sa tribu, à l'idée, nous dirons même au sentiment de la divinité, à l'idée ou au sentiment de l'infini. Il y a moins loin, mais il y a encore une énorme distance entre les dieux particuliers, les dieux de la race ou de la cité, les dieux du fleuve, de la montagne, de la forêt, qu'adore le polythéiste, et les dieux supérieurs de la terre, de la mer, du ciel, de la lumière, des ténèbres, et surtout un roi des dieux, maître du monde. Nous voyons, par l'histoire de la mythologie grecque, avec quelle peine la puissance de Jupiter s'est substituée à celle des dieux antérieurs et inférieurs. La Bible, quand on la lit sans prévention et sans parti pris, nous offre à peu près le même spectacle. Les Élohim, c'est-à-dire les dieux pris dans leur ensemble, la puissance des dieux, ont précédé dans le gouvernement du monde l'autorité de Jéhovah. Jéhovah lui-même, avant que les grands prophètes en eussent fait le père de toutes les nations et la providence de l'univers, était le patrimoine d'une famille, le dieu d'Abraham, d'Isaac et de Jacob, puis le dieu et le roi du peuple d'Israël. Quant aux récits des voyageurs sur les idées religieuses des tribus sauvages de l'Afrique et de l'Amérique, nous prenons la liberté de ne les compter pour rien. Ce n'est pas que nous ayons des doutes sur la sincérité des auteurs de ces récits, mais il a pu arriver, ou qu'ils ne comprissent pas exactement les sentiments, les pensées, les vagues traditions des races incultes qu'ils interrogeaient dans des langues à peine formées, ou que les hommes qui leur répondaient au nom de ces races ne leur eussent pas dit la vérité et eussent cherché, après une certaine initiation aux idées chrétiennes, à se faire valoir auprès de leurs hôtes civilisés. On remarquera que depuis bien longtemps les savants les plus profonds, après les avoir scrutés dans tous les sens, ne sont pas encore parvenus à se mettre d'accord sur le sens des textes bibliques et évangéliques, à plus forte raison sur le sens des Védas, des Soutras, du Zend Avesta, et l'on voudrait que nous connaissions à fond la théologie des Bassoutos, des Ashantis, des Nègres et des Zoulous, laquelle ne repose sur aucun monument, n'a aucune fixité et peut à peine se communiquer par la parole humaine ! Nous nous déclarons absolument incapable d'un tel degré de confiance.

Nous signalerons enfin un troisième point sur lequel il est difficile de s'entendre avec M. de Pressensé. Il prétend que la généralité du genre humain, sans en excepter les peuples fétichistes et sauvages, a cru à l'immortalité spirituelle de l'âme, ou du moins à ce qu'on pourrait appeler une immortalité morale, c'est-à-dire à la rémunération du bien et du mal dans une existence supérieure à notre existence terrestre, avant de se représenter la vie à venir comme une continuation imparfaite et comme une image affaiblie de la vie présente. Toute l'histoire des croyances religieuses, de celles que nous connaissons le mieux, des seules peut-être que nous connaissions bien, proteste contre cette assertion. Nous voyons que, chez les Égyptiens, si fortement pénétrés de la croyance à une autre vie, on entourait le mort, dans sa dernière demeure, de tous les objets ou de la représentation de tous les objets dont il avait coutume de se servir durant sa vie. Chez les Grecs, l'existence à laquelle l'homme était réservé après avoir quitté la surface de la terre, la vie qui l'attendait dans les lieux souterrains sur lesquels régnaient Pluton et Proserpine, était estimée très inférieure à celle qu'il menait à la clarté du jour. On se rappelle les paroles prononcées par l'ombre d'Achille. Il vaut mieux être garçon de labour au service d'un pauvre fermier que de régner sur l'empire entier des morts. Il n'en était pas autrement chez les Hébreux, avant une époque assez rapprochée de la naissance du christianisme pendant laquelle le dogme de la vie future s'était épuré et spiritualisé comme la croyance à l'existence de Dieu. Le Psalmiste demande à Jéhovah qu'il le laisse vivre, parce que, dit-il, les morts et les habitants de la tombe ne louent pas Dieu. Qu'est-ce à dire? ce poète si religieux, si ardent dans sa foi, niait-il la vie future? En aucune manière; mais il la comprenait autrement qu'on ne l'a fait plus tard.

Quand Saül se présente chez la pythonisse pour l'interroger sur l'issue de la bataille qu'il va livrer, celle-ci lui demande : « Qui veux-tu que je fasse monter? » Et elle fait *monter* l'ombre de Samuel, elle ne la fait pas descendre du ciel, du séjour des élus. Et que dit Samuel? Est-ce qu'il annonce à Saül un châtiment qui le plongera dans l'abîme, tandis que lui, le prophète, l'interprète de Jéhovah, il retournera dans le ciel auprès de son maitre? Non, il dit au roi d'Israël : « Demain, toi et tes fils vous serez avec moi. » La résurrection des corps, admise par les Égyptiens, les Perses et les Juifs, est encore un moyen de faire ressembler la vie à venir à la vie présente.

Voilà bien des critiques que nous adressons à M. de Pressensé et sur des points qui ne sont pas de médiocre importance. Mais son livre est de force à les supporter. Si, comme l'auteur lui-même a la modestie et la franchise d'en convenir, il n'est pas appelé à faire avancer la science, il contribuera certainement à la conserver et à la propager. Il nous présente un rapport lumineux et complet sur l'état de la discussion engagée depuis bientôt un demi-siècle entre la philosophie spiritualiste et la science positive. Il sera lu avec attention et consulté avec fruit par quiconque voudra connaitre exactement ou continuer un débat qui ne parait pas sur le point de finir, si toutefois il est destiné à prendre fin.

UN RÉVOLUTIONNAIRE EN MORALE

Il y a plus d'un an que le volume de M. Fouillée sur les systèmes de morale [1] est publié, et il y a bien plus longtemps qu'il a paru, par fragments, dans la *Revue des Deux Mondes*. Si je n'avais écouté que l'intérêt presque passionné avec lequel je l'ai lu et une sorte d'engagement que j'avais pris envers l'auteur, j'aurais mis plus d'empressement à en rendre compte. Mais on n'est pas pressé, dans une question aussi importante que celle des fondements de la morale, de se montrer en désaccord avec un homme de la valeur et de la renommée de M. Fouillée, sans compter qu'on en souffre réellement. M. Fouillée n'est pas seulement un philosophe à qui les systèmes anciens et modernes ont livré tous leurs secrets, et qui, en les jugeant avec une souveraine indépendance, réussit en quelque façon à les créer une seconde fois : c'est un esprit sévère qui, n'ignorant rien des plus récentes conquêtes des sciences, voudrait imposer leur méthode à la discussion des problèmes philosophiques ; c'est un dialecticien qui pousse l'argumentation jusqu'à ses plus extrêmes rigueurs et n'en néglige aucune finesse, je n'irai pas jusqu'à

---

[1]. *Critique des systèmes de morale contemporains*, par Alfred Fouillée. 1 volume in-8° ; librairie Germer Baillière. Paris, 1883.

dire aucun artifice, car, jusque dans ses excès, il est toujours convaincu, toujours sincère ; c'est un brillant écrivain qui, si hostile qu'il soit à la métaphysique, ne l'est point à l'éloquence et exprime souvent avec chaleur ou avec grâce les idées qui semblent le moins se prêter aux élans de l'imagination et du cœur ; enfin, ce qui vaut peut-être encore mieux que le reste, c'est une âme ardente et tendre, passionnée pour le bien de l'humanité, pleine d'espérance pour son avenir, qui, lorsqu'elle arrive en face des conclusions désolantes du positivisme, n'hésite pas à s'élancer de parti pris, au mépris de ses propres doutes, dans la sphère de l'idéal. Toutes ces qualités se trouvent réunies dans le livre dont je suis occupé, et cependant je m'impose le devoir de le combattre, parce que, si l'auteur, comme on peut déjà le supposer d'après ce que je viens de dire, laisse subsister les règles essentielles de la morale, il en ébranle profondément les bases ; j'irai jusqu'à soutenir qu'il les détruit tout à fait en s'attaquant de toutes les forces de son talent, avec tous les stratagèmes de sa savante argumentation, à ces deux choses sans lesquelles il n'y a pas de moralité possible, et l'idée même de la morale est une idée contradictoire : le devoir et la liberté.

A en juger par son titre et par l'idée générale que nous en donne la préface, la *Critique des systèmes de morale contemporains* ne serait que la moitié de la tâche que l'auteur s'est proposée. Voulant fonder une morale de tout point nouvelle, comme Descartes a cru fonder une nouvelle métaphysique et Bacon une nouvelle philosophie, il a dû commencer, comme ses deux illustres prédécesseurs, par déblayer le terrain en renversant tous les systèmes antérieurs au sien. Plus tard, très prochainement peut-être, dans un autre volume, il nous fera connaître sa doctrine personnelle, celle qu'il destine à prendre la place des doctrines détruites ou détrônées par ses mains. Ce sera, si l'on peut parler ainsi, la morale de l'avenir. Mais nous n'avons pas besoin d'attendre qu'elle soit terminée pour savoir quels en seront les principes. M. Fouillée les expose et même les développe avec autant de clarté que de franchise, en même temps qu'il attaque les principes reconnus par ses devanciers et ses contemporains. Je les reproduirai d'après lui avec toute l'exactitude dont je suis capable; mais je crois pouvoir assurer dès à présent qu'ils ne sont pas de nature à faire courir un sérieux danger à la vieille morale qui suppose le libre arbitre et des obligations communes à tous les hommes.

Les systèmes que M. Fouillée fait comparaitre devant lui comme autant d'expressions différentes, mais d'expressions passagères de la science morale de notre temps, sont les suivants : la morale évolutionniste ou naturaliste de l'école anglaise; le positivisme français ou, pour l'appeler de son vrai nom, la morale de M. Littré; la morale indépendante; la morale de Kant, à laquelle se rattache celle du criticisme moderne ou de l'école critique française; la morale pessimiste, la morale spiritualiste, le mysticisme esthétique qui ne sépare pas l'idée du bien de l'idée du beau, c'est-à-dire la doctrine que M. Ravaisson a esquissée dans quelques pages à la fin de son Rapport sur l'état de la philosophie en France; enfin le mysticisme théologique tel que M. Secrétan le conçoit en prenant pour base le péché originel et la grâce. Tous ces systèmes, M. Fouillée prend à cœur de les faire connaitre avant de les juger, et l'analyse qu'il en donne est de tout point admirable. C'est l'exactitude et la clarté portées à leur plus haut degré. C'est une étude approfondie, non seulement des œuvres principales, mais de toutes les œuvres de chacun des écrivains qu'il passe en revue. C'est l'art difficile de discerner dans cette masse de livres, au milieu de ces discussions souvent passionnées ou obscures, ce qui en est le point culminant, ce qui en exprime l'esprit et en marque le caractère.

La critique qui suit ces expositions magistrales est loin de les égaler, je ne dis point par le talent, qui ne se dément ni ne faiblit jamais, mais par l'impartialité, l'impartialité à l'égard des doctrines, non à l'égard des personnes. A celles-ci, quelles que soient leurs opinions, il n'épargne point les éloges qu'il croit leur être dus, il ne conteste point le rang qu'elles ont obtenu dans l'estime ou dans l'admiration publique ; par un sentiment de bienveillance qui lui est naturel, il est plus porté à l'exagérer qu'à l'amoindrir. Mais les doctrines, par l'effet d'une illusion dont il ne se rend pas compte, il les traite avec une choquante inégalité. Ainsi, tandis qu'il poursuit avec une sorte d'acharnement intellectuel le kantisme et le spiritualisme, les retournant sur toutes les faces, les pressant sur tous les points, leur demandant, par les procédés d'une argumentation outrée plus que subtile, de rendre raison de la raison même, de prouver l'évidence par une évidence supérieure, il accepte bénévolement, avec une facilité surprenante de la part d'un esprit aussi rebelle dans d'autres cas, les plus arbitraires hypothèses, les plus incompréhensibles chimères de l'évolutionnisme. On dirait, à l'entendre, que rien n'est plus étranger à la nature humaine, plus insaisissable à notre raison et plus absent de notre conscience que l'idée du devoir, et il admet, sur les traces d'Herbert Spencer, que la moralité est un effet de la sélection, de l'hérédité, d'un organisme à l'état de transformation éternelle ; que nous acquerrons avec le temps une *moralité organique* par la puissance de laquelle chaque homme travaillera irrésistiblement au bonheur de la société et de l'humanité, comme l'oiseau construit son nid et l'abeille sa cellule hexagone. Par un raisonnement plus qu'étrange, son esprit et même son cœur se refusent à concevoir un Dieu unique, un Dieu parfait, souverainement bon et souverainement sage, qui a créé un monde inférieur à lui-même, où nécessairement le mal tient une certaine place ; en même temps il ne voit aucune difficulté à croire, selon le principe fondamental de l'évolutionnisme, qu'une force brute, sans intelligence, sans volonté, sans conscience, dépourvue même des attributs les plus subalternes d'un être vivant, a produit les merveilles d'organisation, d'harmonie, de vie, d'instinct, d'intelligence, que nous apercevons dans l'univers et dans l'homme. M. Fouillée n'est pas embarrassé de cet axiome d'une évidence mathématique, que le moins ne peut donner le plus, que l'inférieur, comme dit Auguste Comte, ne peut produire le supérieur. Selon lui, il suffit qu'une supériorité soit, chez un être quelconque, une condition d'existence et de durée, pour que, par cela même, elle prenne naissance ; il n'y faut rien de plus. « Il peut y avoir, dans l'effet, ajoute-t-il, plus que dans la cause, sous le rapport de la qualité et de la relation, c'est-à-dire de l'effet même ; mais il ne peut y avoir plus, sous le rapport de la quantité de force [1]. »

Si nous voulions faire l'application de cette règle à des choses particulières dont nous avons une idée précise, nous trouverions qu'il y a beaucoup plus dans une tragédie de Corneille et de Racine que dans le génie même de ces deux poètes ; qu'il y a beaucoup pl... dans le calcul infinitésimal que dans les deux génies réunis de Newton et de Leibniz, qui, simultanément, à l'insu l'un de l'autre, en ont été les inventeurs. C'est exactement de la même manière que dans l'homme, être doué de conscience, de raison, de volonté, sinon de liberté, il y a plus que dans la nature dont il est le résultat.

Il semble toutefois que M. Fouillée ait quelque peine à rester fidèle à cette incompréhensible affirmation. A peine a-t-il déclaré l'effet supérieur à la cause, qu'il nous montre la cause au moins égale et semblable à l'effet. « Produit de la nature, dit-il, l'homme peut trouver des raisons toutes naturelles et morales de croire que la pensée et la volonté réfléchies expriment la pensée et les tendances spontanées de la nature entière [2]. » Il y a dans cette courte phrase deux points excessivement obscurs. On nous dit que l'homme peut trouver des raisons pour se reconnaître lui-même dans le mouvement général des existences ; on ne dit pas qu'il les trouve : ce qui serait pourtant intéressant à savoir. Ensuite, s'il était vrai que la nature entière fût douée d'une pensée et d'une volonté non seulement semblables, mais identiques à celles de l'homme, alors nous

---

1. Page 357.
2. Page 358.

serions en présence non plus de l'évolutionnisme, mais du panthéisme.

Évidemment c'est pour l'évolutionnisme que se prononce M. Fouillée, et puisqu'il en est ainsi, nous avons le droit de lui dire que, fussent-ils tous absolument faux, aucun des systèmes que son implacable dialectique réduit en poussière ne choque autant la raison que celui qu'il a adopté. Les obscurités mêlées à toutes les philosophies et même les dogmes, les mystères et les miracles de toutes les religions sont plus faciles à accepter que cette chimère d'une éternelle et universelle métamorphose ; d'une transsubstantiation des lois de la mécanique en phénomènes organiques, physiologiques, psychologiques, intellectuels et moraux ; d'un progrès illimité de tous les êtres vers un terme qui n'existe pas et dont la raison ni l'expérience ne nous donnent aucune idée.

Ce qui met le comble à la surprise, c'est que l'évolutionnisme, pour M. Fouillée, est loin d'être une vérité démontrée ; il n'y voit qu'une hypothèse ; mais cette hypothèse, selon lui, est destinée à être universellement admise « par les savants et les philosophes[1] ». C'est s'aventurer beaucoup, ce me semble. La grande majorité des philosophes de notre temps et plusieurs naturalistes de grande autorité repoussent ou ont repoussé la doctrine à laquelle, sans l'avoir inventée, Darwin et M. Herbert Spencer ont attaché leur nom ; mais quand la prophétie de M. Fouillée devrait s'accomplir, ce ne serait pas encore une raison, à quelque degré de faveur qu'elle pût être parvenue, de prendre une hypothèse pour une découverte acquise à la science. Si la morale de M. Fouillée, cette morale absolument nouvelle qu'il se flatte de substituer à toutes les morales anciennes ou contemporaines, repose essentiellement sur l'évolutionnisme, elle n'est cependant pas le naturalisme anglais ou le positivisme français. D'un autre côté, parce qu'il combat à outrance le kantisme, le spiritualisme, la morale esthé-

---

[1]. Page 14.

tique et mystique de M. Ravaisson, la morale théologique de M. Secrétan, et l'on peut ajouter le principe même du mysticisme et de la théologie soit naturelle soit traditionnelle, il ne faudrait pas en conclure qu'il a horreur de l'idéalité, et que son but est de renfermer l'intelligence humaine, l'activité humaine, la moralité humaine dans la sphère étroite de l'expérience des sens et des faits qu'elle a la prétention de constater, plus souvent encore de deviner ; non, de ces deux éléments si opposés en apparence, les faits positifs et le pur idéal, et des deux types de philosophie par lesquels ils sont représentés, il veut faire une seule et même morale. C'est ce dessein qu'il expose dès les premières pages de sa préface. « Nous acceptons, dit-il, tout le réalisme des écoles naturalistes, positivistes, évolutionnistes, et en même temps l'idéalisme des autres écoles, sans accepter en rien le dogmatisme métaphysique de ces dernières [1]. » La même pensée, il l'exprime dans ces lignes par lesquelles se termine le chapitre consacré à la morale anglaise : « Le naturalisme a insisté principalement sur la force de l'instinct. L'idéalisme doit insister de préférence sur la force des idées et montrer dans la science même une puissance qui tend à dominer le monde. Ces deux points de vue, loin de s'exclure, s'appellent et se complètent ; ils sont également nécessaires à une morale vraiment positive, qui tient compte de tous les faits, y compris les faits importants qu'on nomme les idées humaines [2]. »

Ne dirait-on pas un disciple de l'école éclectique qui veut accorder Kant, peut-être Platon et Malebranche, avec Darwin et Herbert Spencer? Ne vous fiez point à ces apparences. Tout ce que Kant et l'école spiritualiste enseignent comme des vérités certaines, comme les conditions, non seulement logiques, mais réelles et nécessaires de la moralité humaine, par conséquent de la science morale : la liberté, le devoir, le bien, distingué du bien-être ou du

---

1. Préface, page x.
2. Page 35.

bonheur, la perfection, conçue comme la totalité du bien, l'unité réelle ou substantielle de notre personne, de notre moi, M. Fouillée le rejette, le supprime, le nie ou, quand il se pique d'être généreux, le relègue dans la catégorie des généreuses hypothèses [1]. Ce qu'il nous donne pour un emprunt fait à ces écoles et à celles qui leur ressemblent dans l'antiquité, ce qui représente la part qu'il fait à l'idéalisme, se réduit à je ne sais quel résidu indéfinissable et indéfini, à une ombre fuyante et sans forme dont on fait ce qu'on veut, excepté quelque chose qui tire à conséquence.

Ce serait peine perdue et chose tout à fait impossible ici de suivre M. Fouillée dans la forêt d'objections qu'il élève contre la liberté. Un livre ne serait pas assez pour réfuter pied à pied tous ceux où il revient sur cette matière. Je me contenterai de remarquer que la liberté à laquelle il s'attaque n'est pas celle que nous connaissons, celle dont nous usons à tous les instants de notre vie, et dont notre conscience, notre expérience personnelle confirmée par celle du genre humain, est l'unique preuve, mais une liberté imaginaire, impossible, surhumaine, surnaturelle, qui ne pourrait pas même figurer parmi les attributs de Dieu dans la raison de ceux qui démontrent son existence. Qu'on en juge par les objections suivantes : « S'il y a en moi une nature toute faite que j'ai reçue, une existence dont je ne me sais pas la cause, il y a par cela même en moi un fond déterminé, nécessité, impénétrable à ma conscience, parce qu'il n'est pas le résultat de mon action consciente. Dès lors, je pourrai toujours me demander si l'action qui parait venir de ma conscience ne vient pas de ce fond inconscient, si je ne suis pas en réalité, comme dit Plotin, « esclave de mon essence », c'est-à-dire de la nature propre et de l'existence que j'ai reçues de mon créateur. Par conséquent, pour être certain d'être libre, il faudrait que je fusse entièrement l'auteur de moi-même, de mon être comme de mes manières d'être, et que j'en eusse l'entière con-

---

[1]. Voir particulièrement la page 316.

science. En d'autres termes, il faudrait que j'eusse l'existence absolue comme la conscience absolue, il faudrait que je fusse Dieu [1]. »

En vérité, voilà une façon de raisonner bien extraordinaire. Si, pour être libre, il faut se donner à soi-même l'existence ou se créer soi-même, cela revient à dire qu'on ne peut être libre qu'avant d'être, puisqu'on n'est pas au moment où l'on se crée soi-même; et cependant comment se créerait-on soi-même, si l'on n'était pas au moment où cette création a lieu? C'est du Gorgias tout pur. Ramené à de plus justes proportions, cet argument signifie que la liberté est chose absolument impossible, absolument contradictoire, absolument inconcevable. Mais alors pourquoi dites-vous que, à défaut de la liberté elle-même, nous avons l'idée de la liberté, et que cette idée de la liberté dont vous faites une force, bien qu'elle se détruise elle-même, nous rend réellement de plus en plus libres?

Reste pourtant cette autre difficulté : nous existons et nous ne sommes pas les auteurs de notre existence. Ne peut-on pas dire que ce qui en fait le fond, un fond qui nous a été donné, est la cause déterminante de toutes nos actions? Il ne s'agit pas de ce qu'on peut dire ou supposer, mais de ce qui est. Or, encore une fois, la liberté est un fait, un fait d'expérience, qui s'explique sans peine par notre nature même, puisque notre nature est celle d'un être libre. C'est nous qui avons le droit de soutenir qu'il faudrait être le créateur pour élever la prétention de démontrer qu'une telle nature est impossible. Ce qui est vrai, c'est que la liberté de l'homme n'est pas la liberté divine, une liberté absolue, illimitée. Elle est soumise à des conditions et, comme la conscience qui en est en quelque façon l'enveloppe, elle subit des interruptions et des éclipses. Nous ne sommes pas libres dans le sommeil, dans le délire, dans la folie, dans la première enfance; mais quand nous le sommes aucun raisonnement au monde ne peut nous persuader le

---

1. Page 287.

contraire, et, de plus, il est toujours au pouvoir de la liberté
de se prouver à elle-même et à ceux qui la nient, comme
Diogène prouvait le mouvement. A tous les motifs qui la
sollicitent elle peut résister, à toutes les décisions que lui
conseillent soit l'intérêt, soit la raison, elle peut opposer
une décision contraire, dans le seul but de faire acte de puissance et d'indépendance, ou de constater expérimentalement qu'elle-même est une vérité et que le déterminisme
est une erreur. Cette preuve n'est pas seulement à l'usage
des philosophes, elle est à la portée de tous les hommes de
bon sens, tout le monde peut la faire.

Ce sont aussi des raisonnements en nombre infini, accompagnés des considérations les plus ingénieuses et les plus
savantes, que M. Fouillée oppose à l'idée du devoir. Son
esprit, qui comprend tant de choses, ne peut comprendre,
je veux dire s'imagine ne pas comprendre l'obligation
morale, ce que Kant appelle du nom si original d'*impératif
catégorique*. Une loi absolue, inviolable, qui s'impose à
un être soi-disant libre; une loi universelle qui s'adresse
à une existence aussi bornée, aussi fugitive et aussi variable
que l'homme, lui parait pleine de contradictions. De plus,
cette loi ne nous étant connue que par le caractère absolument et universellement obligatoire qui lui est attribué,
tandis qu'on nous laisse ignorer ses commandements,
c'est-à-dire les actions mêmes qu'elle exige de nous ou
qu'elle nous défend, la fin suprême qu'elle nous propose, il
l'accuse d'être dépourvue de fond, de matière, comme
disent les philosophes, et de n'offrir à la pensée qu'un
formalisme stérile. Telles sont, non pas toutes les objections, mais les objections les plus importantes de M. Fouillée
contre l'existence de la loi morale ou contre l'idée qu'on
s'en fait non seulement dans les écoles spiritualistes et
idéalistes, mais dans la pratique de la vie et des institutions
sociales.

Qu'y a-t-il cependant dans cette idée qui ne se justifie et
ne s'explique de soi? S'il y a, dans quelque mesure que ce
soit, des êtres libres, ces êtres ont leurs lois, comme ceux

qui sont soumis aux seules forces de la nature ; et les lois des êtres libres, ne pouvant être accomplies que par la liberté même, n'existent et ne se conçoivent que sous la forme de lois obligatoires ; l'obligation ou le devoir, loin d'être en contradiction avec la liberté, en est la plus haute expression et la condition la plus nécessaire. Des lois obligatoires, nécessaires en tant qu'obligatoires, les mêmes pour tous les êtres libres, sont des lois universelles, c'est-à-dire des lois de la raison ; car la raison seule commande à la liberté et la suppose ; l'instinct et la sensation ou la passion l'amoindrissent ou la détruisent. Le devoir n'est donc pas autre chose que cette vérité évidente par elle-même : que l'homme ne reste digne de son nom, digne de son propre respect et de celui des autres qu'en se conduisant comme un être raisonnable et libre. Ce n'est point là un formalisme vide, comme on l'a dit : c'est l'énoncé sommaire de toutes les prescriptions de la morale et du droit naturel ; car cette raison et cette liberté que je dois conserver, que je dois cultiver en moi, que je dois aimer, puisque je n'ai rien de plus précieux et de plus cher, je dois les conserver, les cultiver, les aimer chez mes semblables et dans l'humanité entière.

Qu'est-ce que M. Fouillée met à la place de cette morale, de cette *vieille* morale qu'il condamne ? Quels sont les fondements de la morale nouvelle qu'il nous présente ou plutôt qu'il nous annonce en attendant qu'il en ait rédigé tous les préceptes ? Selon M. Fouillée, le seul principe du mal, du mal social et moral, de celui que les hommes se font souffrir les uns aux autres, c'est le dogmatisme ou la croyance que nous possédons, en quoi que ce soit, la vérité vraie, la vérité absolue. Le seul principe du bien, nous parlons également du bien moral, du bien social, du droit, de la justice, du respect et de l'amour de nos semblables, c'est, il ne faut pas dire le scepticisme, mais la *relativité* de nos connaissances. Que le dogmatisme soit le principe du mal, en voici l'explication et la preuve. L'égoïste qui ne recule devant aucun moyen de satisfaire ses passions et qui sacrifierait le monde entier à lui-même, agit comme s'il savait que les jouissances qu'il recherche aux dépens d'autrui sont le seul bien réel. Le fanatique fait le contraire, il nous impose ses doctrines, sa façon de penser et d'agir, parce qu'il les prend pour l'expression de la vérité absolue et du bien universel. Il y a aussi une charité intolérante qui veut nous rendre heureux malgré nous, d'après le type immuable qu'elle a conçu du bonheur.

Il n'est pas besoin d'un grand effort de réflexion pour s'apercevoir que cette première proposition est de tout point inadmissible. Ce n'est pas le dogmatisme qui pousse l'égoïste, l'ambitieux, le voluptueux, l'avare, le tyran dans les voies de l'injustice et de la violence, mais l'empire de ses préoccupations étroites ou l'énergie de ses passions. Peu lui importe que les choses qu'il désire soient des biens réels ou non, et encore moins que ce soient les seuls biens qui existent; ces choses, il les désire, il les veut, il les poursuit de toutes ses forces, voilà tout; il vous accordera tant que vous voudrez, si vous raisonnez avec lui, qu'il y a d'autres moyens d'être heureux et que le bonheur des autres surpasse peut-être le sien. Est-ce qu'il n'y a pas eu des despotes souillés de tous les crimes, un Denys de Syracuse, un Côme et un Laurent de Médicis, qui prenaient plaisir à écouter les leçons de la philosophie et de la sagesse? Quant aux fanatiques, ce qui en fait des persécuteurs, ce n'est pas le dogmatisme philosophique, contre lequel on veut nous mettre en garde, c'est le dogmatisme théologique, une foi imposée par la tradition, non une doctrine justifiée par la raison, et plus souvent encore l'esprit de domination, l'orgueil d'un maître, soit individuel, soit collectif, qui ne supporte pas la dissidence ou la contradiction. On pensera aussi que la charité intolérante n'est plus de la charité. Les âmes que remplit cette noble passion ne verront jamais qu'un outrage dans un bienfait imposé par la force.

Voyons maintenant si l'on aura moins de peine à comprendre que la relativité de nos connaissances soit un principe de justice et de moralité. « Puisque nous ne savons pas le fond de tout, ni par conséquent le fond du bien même, il est irrationnel d'agir comme si nous avions pénétré ce fond, comme si nous étions certains, par exemple, que le plaisir, l'intérêt, la puissance sont quelque chose d'absolu, la réalité fondamentale et essentielle, le dernier mot et le secret de l'existence. La limitation de l'égoïsme sensible sort donc logiquement de la limitation même de la connaissance sensible [1]. » Voilà le principe, tel que le définit et l'explique M. Fouillée lui-même. Mais ce principe est susceptible de plusieurs applications.

Quand mon activité s'exerce sur une chose que je connais parfaitement, qui ne contient aucun secret, soit pour la science, soit pour mon expérience personnelle, je puis en disposer comme il me plaît, sans restriction et sans condition. Telle est la machine que j'ai fabriquée moi-même, ou les matériaux bruts dont elle est formée, matériaux presque toujours empruntés au règne minéral.

Il en est autrement quand je passe de mes propres œuvres à celles de la nature, « dont je ne possède pas la formule complète ». Ici je rencontre une restriction d'autant plus étroite que ma science elle-même est plus bornée; et ma science est plus bornée à mesure que je m'élève des minéraux aux végétaux et des végétaux au règne animal. La vie est une propriété commune à tous les végétaux; la sensibilité et un commencement de volonté se montrent chez les animaux. Ce qu'est le fond de la vie, ce qu'est le fond de la sensibilité et de la volonté, je l'ignore. D'où me viendrait le droit d'user à ma fantaisie de ces objets dont la nature et la vraie destination m'échappent? Pourquoi me serait-il permis de les déformer, de les briser, de les détruire?

Nous voilà en pleine doctrine de Bouddha; et, de fait, rien n'empêche M. Fouillée d'aller jusque-là, car il voit dans le pessimisme, ce bouddhisme occidental, « un indes-

---

1. Page 391.

tructible élément de la vérité métaphysique et morale ¹ », une doctrine supérieure à l'optimisme philosophique ou religieux. Il n'oublie pas l'énorme consommation et le terrible massacre que notre alimentation, notre sécurité, et les arts de la civilisation nous obligent de faire de ces existences à l'égard desquelles il nous prescrit l'abstention.

Mais quand il nous a recommandé de ne pas dépasser la mesure de ce qui nous est utile ou nécessaire, il croit avoir sauvé son principe, et il le présente résolument comme la règle de nos relations avec nos semblables.

« N'agis pas, dit-il, envers les autres hommes comme si tu savais le fond des choses et le fond de l'homme, comme si tu savais que ce dernier fond de tout, c'est ton plaisir, ton intérêt, ton égoïsme ². » Tel est le fondement de toute justice, l'unique motif qui condamne toutes les actions malhonnêtes, à plus forte raison tous les crimes.

Comment! c'est parce que nous ignorons le fond des choses et le fond de l'homme qu'il est défendu ou qu'il doit être défendu de tuer, de voler, de mentir, de tromper, de séduire la femme ou la fille de son prochain, de porter atteinte à sa liberté ou à son honneur, de refuser la restitution d'un dépôt ou de violer un serment! Il suffit d'énoncer un tel paradoxe pour le réfuter, et telle en est l'extraordinaire hardiesse, qu'on n'ose pas croire qu'on l'ait compris. Cependant il est bien la conséquence de cette guerre implacable que fait M. Fouillée au dogmatisme. Ce n'est pas ce que nous ignorons de l'homme, mais ce que nous en savons, qui fait de lui pour lui-même et pour ses semblables un objet de respect et d'amour. Supprimez la liberté et la raison, c'est-à-dire ce qui fait de chacun de nous l'arbitre de sa propre destinée, ce qui met dans chacun de nous sa propre fin et lui défend de se dégrader à l'état d'instrument ou de chose, vous supprimez par la

---

1. Page 318.
2. Page 394.

même la justice, la morale et le droit; vous ôtez à l'esclavage, à la tyrannie ce qu'ils ont d'odieux.

La justice n'ayant que des effets négatifs ou restrictifs, M. Fouillée demande qu'on y ajoute la fraternité; et la fraternité elle-même ne lui suffit pas, il assigne, non pas à la conscience morale de l'homme, chose qui n'existe pas pour lui, mais à la soif de bonheur dont l'homme est dévoré, un but plus élevé : « Tant qu'il reste, dit-il, devant ma raison un être privé de bonheur, elle n'est pas satisfaite dans sa tendance à l'universalité : pour que je sois vraiment heureux en tant qu'être raisonnable, il faut que tous les autres êtres soient heureux [1]. »

Quoi! tous les êtres! même les animaux, et jusqu'aux plus vils d'entre eux, peut-être aussi les végétaux, puisqu'ils vivent! Cela même n'est pas encore assez. M. Fouillée nous répète à plusieurs reprises que c'est le monde entier qu'il faut élever jusqu'à l'idéal qui est en nous [2]. La vieille morale est beaucoup moins exigeante; elle se borne à nous prescrire des devoirs envers nos semblables, envers la famille, envers la patrie, envers l'humanité. Il est vrai que ce sont des devoirs, tandis que la sphère d'activité ouverte devant nous par M. Fouillée se confond avec celle des rêves.

Et qu'est-ce qui explique ou qui justifie cette illusion? D'autres suppositions non moins imaginaires. L'une, c'est que nos idées sont des forces, et que par là elles sont capables de se réaliser elles-mêmes sans le concours de notre volonté et surtout de notre liberté. Les êtres, leurs qualités et leurs mouvements ne sont qu'un effet que ces forces produisent par leur propre énergie. Aussi à la célèbre proposition de Descartes : « Je pense, donc je suis », M. Fouillée veut qu'on substitue celle-ci : « Je pense, donc je deviens [3]. » Si je deviens, je ne suis pas, et si je ne suis pas, je ne saurais penser.

---

1. Pages 18-19.
2. Pages 279-280.
3. Préface, page xiv.

D'après une autre hypothèse de M. Fouillée, les sensations dispersées entre les différents organes du corps se fondent en une seule conscience, et les consciences elles-mêmes, comme plusieurs gouttes de rosée réunies entre elles sur une feuille, se fondent en une conscience unique, « reflétant le même idéal [1] ».

Mais ceci, encore une fois, ce n'est plus de l'évolutionnisme : c'est du panthéisme. En somme, M. Fouillée est plutôt un adversaire qu'un partisan du système d'Herbert Spencer et du positivisme français. En dépit de ses arguments inattendus contre l'unité et la perfection de la nature divine [2], on peut dire de lui qu'il est ivre d'idéal, comme on a dit de Spinoza qu'il était ivre de Dieu. Si l'idéal n'est pas un mot vide de sens, qu'est-ce autre chose que le parfait, l'infini, l'absolu, le divin ? L'idéal est le nom sous lequel nos modernes païens adorent le Dieu inconnu.

1. Page 396.
2. Pages 345-348.

FIN

TABLE DES MATIÈRES

L'histoire naturelle dans l'antiquité...................... 1
La philosophie chrétienne au troisième siècle.............. 13
La philosophie au moyen age............................... 59
Un réformateur politique et religieux au quatorzième siècle.
    Marsile de Padoue...................................... 121
Le mysticisme et l'alchimie au seizième siècle............ 141
Optimisme et mysticisme au commencement du dix-septième siècle. 183
Les apôtres de la démocratie et du droit divin. De Maistre,
    de Bonald.. 193
Un éclectique en dehors de l'éclectisme. François Thurot.... 239
La morale anglaise.. 253
Un philosophe chrétien au dix-neuvième siècle............. 311
Un révolutionnaire en morale.............................. 331

Coulommiers. — Typ. P. Brodard et Gallois.

www.ingramcontent.com/pod-product-compliance
Lightning Source LLC
Chambersburg PA
CBHW050256170426
43202CB00011B/1711